U0896770

陈有信 主编

协和眼科百年史话

生活·讀書·新知 三联书店

协和眼科百年史话

主　　编：陈有信
副 主 编：陈　哲
顾　　问：赵家良
特邀审稿：戴申倩

编写者（按姓氏拼音字母排序）

才　瑜　陈　哲　陈有信　程甜甜　戴荣平　陆基民
孟丽慧　于伟泓　张吉平　张梦雨　张铭志　赵　潺
赵　清

致谢

在本书的成书过程中，北京协和医院眼科全员行动，群策群力，对还能联系到的科内外老教授及其家人进行了“抢救性”采访，请他们回忆相关历史，并提供了很多珍贵的史料；还有一些院外专家，积极回忆、撰写当年与协和相关的经历，在此对大家的大力支持和付出表示深深的感谢！

特别感谢以下人员对本书的编写给予的帮助：

金玉梅、李东辉、汪燕、王雪娇、肖俊彦、谢丹、谢海燕、杨治坤、张雯斐、张潇、张燕宁、张扬等（按姓氏拼音字母排序）。

感谢北京协和医学院档案中心给予的支持。

目录

CONTENTS

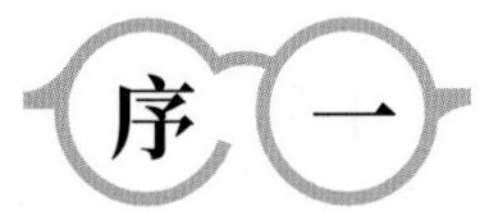

序 一

北京协和医院眼科是我国最早成立的眼科，被誉为“东方的维也纳眼科中心”。百年芳华，继往开来，秉持着“严谨、求精、勤奋、奉献”的协和精神，一代代协和人以执着的医志、高尚的医德、精湛的医术、严谨的医风，护佑健康、立德树人、矢志创新，在中国眼科医学发展史上书写了浓墨重彩的一笔。

以史鉴今，薪火传承，讲好学科故事是推进新时代医院文化建设的重要组成部分。《协和眼科百年史话》一书，为我们打开了全面了解眼科发展历程的窗口。从推动眼科亚专科发展到注重培养学科带头人，从创新性开展国际前沿技术到强化眼病预防和筛查，从健康快车眼科公益项目到担当国家重大援外医疗任务，前辈的事迹、生动的案例让我们深刻感悟到了学科历史的厚度、宽度和温度，也带领我们一起重温协和眼科百年发展历程，共同见证党领导下卫生健康事业的蓬勃发展。

希望《协和眼科百年史话》的出版，能够让广大医务工作者从书中汲取知识、获取力量，不忘初心、追光前行。也希望协和眼科在新的起点上，弘扬优良传统，勇于探索创新，持续攻坚克难，注重培养人才，始终站在学科发展最前沿，继续引领和推动中国眼科事业的高质量发展。

2024年9月29日

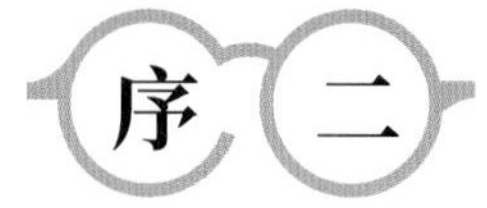

序 二

新近，喜读陈有信教授主编的《协和眼科百年史话》，感慨颇多。

这本书是对协和眼科百年历史的回顾和对未来的展望，是一部编年史，也是一本有趣的科学故事，有人、有事、有情景。

首先是人。书中不吝笔墨地推出了协和百年发展中各个年代的眼科领袖和专家，有国外来的，更有中国本土的。我在协和工作了60年，目睹了他们的大医精神和动人风采，也曾直接向罗宗贤、劳远琇、胡铮、张承芬、胡天圣、费佩芬等老师请教、学习，那些情景历历在目。过去因为和已故的胡铮老先生同住在一个院子里，会经常看见，互相打招呼，非常亲切。胡天圣大夫是我的妇产科老师吴葆桢大夫的协和同班，风趣多才。还有一些是与我差不多的同辈或前后者，如庞国祥、赵家良、李维业、董方田、刘玉华以及后起之秀、青年才俊陈有信等。可贵的是，这些老中青同事都在本书中“闪耀登场”，几无疏漏，可见编者的衷爱之情和良苦用心。

其次是事。百年协和，百年眼科，历经沧桑、跌宕起伏。在书中，对于新中国成立前的历史描述很细腻，那也是协和发展的一个难忘历程，但更重要的是新中国成立70多年以来，协和眼科和协和医院同步，跨越向前。

最后是情景。本书是眼科发展的史话，不囿于历史的枯燥记事和学术的艰涩叙述，而是有人、有事、有情、有景的描述和表达，阅读起来不枯燥、不生硬；品味起来特别顺畅、舒展，这是本书作为科学史话的有创意的撰写形式，值得称道。

“史话”不仅让我们温习和洞察历史，也让我们展望和开拓未来；眼科史话不仅让我们深入了解眼科学，也让我们打开视野，观察体悟整个医学及其各个学科。

“协和史话”不仅是协和的，也是中国的，甚至是国际的一部分。

“史话”不仅是眼科的，也是其他各学科的。

“史话”让我们不忘记过去，牢记它的发展和为此做出贡献的前辈们，并始终牢记使命，砥砺前行。

正是：无论我们走了多远，都不要忘记为什么出发。

谢谢编著者。

赵景和

2024年秋

前言

一百年，在历史的长河中，只是短暂的一瞬！

一百年，却又可以是一部厚重的历史！

与党同龄，与医院同龄，北京协和医院眼科已经走过了整整一百个年头。

温故知新，以史为鉴。回溯、总结协和眼科的辉煌而不平凡的历史，可以了解我们的身世，了解一代代眼科前辈如何高瞻远瞩地规划和设计我们的眼科，又如何通过一步一步的努力，创造出“东方维也纳”的辉煌，形成北京协和医院眼科的文化和精神气质。

整理和总结历史，我们可以看到，从建科开始，第一任主任郝文德（Harvey Howard）教授就制定了医、教、研一体全面发展科室的蓝图：要有一定数量的床位，要设置病理室，要有图书馆，要招收研修生，要进行教学培训。尤其突出的是，建科一开始就特别注重人才的培养，注重对眼科医师的全面培训，如系统讲授视光学、药理学、细菌学、神经科学等。1922年还邀请当时国际上最知名的眼科学家，恩斯特·富克斯（Ernst Fuchs）来协和做了为期一个月的授课。1921年，眼科招收了14名研修生，其中7名来自国外；而1925年，眼科的各种授课就达到284小时之多。另外，轮番将科室人员送去先进国家学习（主要是奥地利的维也纳）。正是通过这样的高强度和全面扎实的培训，协和眼科培养出毕华德、林文秉、周诚浒、潘作新、罗宗贤、张晓楼等眼科大师。

协和眼科的先辈们特别重视临床诊疗，解决人民的疾苦。20世纪20年代的中国，沙眼横行，协和眼科为此设立沙眼专病门诊，开展大量的临床、病理和治疗研究，并且开展沙眼防治的流行病学干预研究，开创了眼科流行病研究的先河。

新中国成立后，罗宗贤主任首先在科内开辟了亚专业设置，如眼底病、神经眼科、青光眼、眼病理等。罗宗贤教授提出的糖尿病视网膜病变分期，后来成为中华医学会眼科分会眼底病学组提出的糖尿病视网膜病变分期的基础。同时，以罗宗贤教授手稿为蓝本编写的国内第一部关于眼底病的专著《眼底病》出版，推动了中国眼底病事业的发展。张承芬教授继承发扬了罗老的精神，继续带领团队在糖尿病视网膜病变、眼底激光治疗、玻璃体视网膜手术等方面做出了很多创新性工作，同时历经数载编写出版了《眼底病学》一书，获得了北京市科技进步一等奖。劳远琇教授先后编著并修订了三版《临床视野学》，为培养我国神经眼科人才和推动神经眼科学的发展起到了奠基性的作用。

一百年来，协和眼科人不断创新进取，胡铮教授在国内首开以人群为基础的眼科流行病学研究。20世纪80年代初，胡天圣教授率先开展葡萄膜炎门诊并在葡萄膜炎诊疗方面进行了开创性的探索；庞国祥教授、秦梅教授等相继开展了眼科遗传病研究；李维业教授创立了协和眼科“绿洲”生化实验室，他有关糖尿病视网膜病变的基础研究，两次获得卫生部科技进步一等奖，并在国内率先开展角膜屈光手术；赵家良教授在眼病流行病学研究、眼科防盲以及青光眼领域成绩瞩目，曾获得国际防盲协会防盲顶尖专家“视觉卓越奖”和库普弗防盲奖，是我国首位国际眼科科学院院士；董方田教授是国内最早开展玻璃体切除手术的专家之一，他创新性地开展了复杂玻璃体视网膜手术和黄斑下膜、视网膜移植等手术；叶俊杰教授在艾滋病眼病的诊疗方面卓有成绩；等等。同时，协和眼科也为国家培养了大量杰出人才，践行了办科之初医、教、研并重的传统理念。

一百年来，协和眼科人迈出去的每一步都是坚实的，一百年的努力，一百年的沉淀和积累，凝练出协和眼科厚重、坚实、严谨、求精和勤奋奉献的精神。百年之交，编纂此书，旨在总结历史，重拾初心，从历史中汲取前行动力。

衷心感谢医院吴沛新书记为本书写了序言并对本书的编纂给予了充分的肯定。北京协和医院是我国近现代医学的摇篮，百年求索，形成了医院深厚的文化底蕴，保证了医、教、研持续高质量发展，这是我们最为宝贵的财富。医院十分重视这种文化传承并鼓励科室挖掘整理历史、保存历史。本书正是积极响应医院号召的体现。

特别感谢我院妇产科逾八十高龄的郎景和院士，他为本书作序并题写了书名。郎院士是德高望重的医学大家，除了在妇产科学方面的高深造诣之外，他特别重视传统的弘扬和文化的传承。他的序言充满真情实感，他的书法更是潇洒飘逸、浑然天成。感谢郎院士的肯定和鼓励。

本书从策划到整个编写过程，全程得到已故赵家良教授的指导，编写此书也是他的一个心愿。遗憾他没能看到本书的出版，感谢他对本书的审阅和付出的心血。愿他在天堂安息！要特别感谢北京协和医学院戴申倩老师非常专业的指导和帮助，她追求完美的精神令我们感动。同时要感谢科室各级人员付出的努力，特别感谢陈哲医师，她从资料的收集和翻译，到对采访的组织以及文字的撰写，付出了极大的努力。感谢科室很多老同志及其家属，如艾凤荣、孙玉敏、姜茹欣老师，以及罗宗贤教授之女罗传祺教授、胡铮教授之子胡立中教授等，他们为我们提供了很多珍贵的图片或回忆资料，衷心感谢他们。

感谢北京协和医学院档案中心和美国中华医学基金会（CMB）在本书编辑过程中提供的帮助和大力支持。感谢三联书店编校团队的尽心尽力。

本书是为庆祝协和医院和协和眼科成立100周年而编纂整理的，因此，所记述的人物和事件主要限定于1921—2021这百年的时间内。更多的篇幅落在年代更为久远的时间段，这是由于某些特殊原因，如20世纪40年代太平洋战争爆发时期和“文革”时期的资料收集非常困难，很多文物遗失，也没有图文资料的留存，能够见证百年历史的见证者多已故去。加之时间仓促，水平有限，因此，本书难免有遗漏和不准确的地方，期待科室同事和读者们，一定不吝指正，以期更好地还原历史，更真实地展现协和眼科的百年历程。

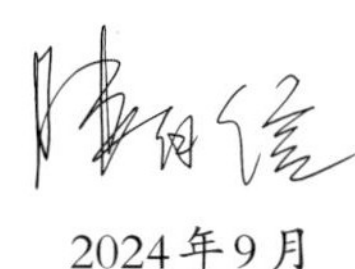

2024年9月

老协和眼科知名教授（部分）一览表

在协和任职

1939—1942

隋仁增
（Sui Jen-Tsung）

外院任职 / 成就

青岛眼科医院院长

中国人民解放军空军总医院眼科主任

上海铁路医学院眼科主任

青岛市第二人民医院（后更名为青岛市中心医院）眼科主任

—1942

E）

职 / 成就

学院眼科主任，广

民医院眼科主任

1940—1942

张晓楼
（Chang Hsiao-lou）

外院任职 / 成就

北京同仁医院副院长

北京市眼科研究所首任副所长，后任所长

学会任职

中华医学会眼科分会主委，任职20年

-1930,
-1933

at)

的主要成就
纳大学格拉兹
席
纳医院第一眼

眼科学会，并
席

交通

医院

1929—1930

汤泽光
(Tang Tze-Kuang)

外院任职 / 成就
我国著名的病理生理学家
岭南大学医学院院长兼博济医院院长
中山医科大学病理生理学教授、教研室主任

学会任职
中华医学会广东分会会长
中国病理生理学会第一届名誉理事长

1929—1939

张式溥
(Chang Shih-Pu)

外院任职 / 成就
创办溥洲医院

学会任职
北京眼科学会会长

1929—1934

姜辛曼
(Kiang Sing-Mei)

外院任职 / 成就
南京中央医院（南京军区总医院的前身，今更名为中国人民解放军东部战区总医院）眼科主任
江苏医学院眼科主任
浙江大学医学院附属第一医院眼科主任

学会任职
杭州眼科学会首任主委

1930—1931

路德维希·冯·索曼
(Ludwig von Sallmann)

第三任主任

离开协和后的主要成就
奥地利维也纳伊丽莎白皇后医院眼科主任
美国纽约赫尔曼·克纳普眼科医院实验室负责人
美国哥伦比亚大学纽约长老会医院教授
美国国立眼科研究所神经紊乱及卒中研究所主任
美国马里兰州贝塞斯达国家神经疾病和失明研究所胚胎眼科分会主任
美国国家盲人神经疾病研究所眼科分会主任

1930—1934

潘作新
(Pan Tso-Hsin)

外院任职 / 成就
南京中央医院（南京军区总医院的前身，今更名为中国人民解放军东部战区总医院）眼科主任
山东大学附属医院院长兼眼科主任
青岛医学院及其附属医院院长

学会任职
山东省眼科学会主委

1931—1942

林景奎
(Lin Ching-Kuei)

外院任职 / 成就
天津中纺医院眼科主任
天津市眼科医院挂牌后首任院长（该院历史上第三任）
与他人合办天津恩光医院

学会任职
天津眼科学会第一届委员

1932—1942,
1948—1974

罗宗贤
(Luo Tsung-Hsien)

新中国成立后首任眼科主任、第一位华人主任

外院任职 / 成就
中和医院（今北京大学人民医院）眼科主任（1945—1952）
德国医院（今北京医院）特约医师
北京市眼科研究所首任所长

学会任职
中华医学会眼科分会新中国成立后第一届副主委

1934—1936

陈文润
(Chen Wen-Yuin)

外院任职 / 成就
天津市第一中心医院眼科第一任主任

1934—1935

齐续哲
(Chi Hsu-Che)

外院任职 / 成就
新中国成立前：江西医学院、中正医学院教授，中央大学医学院系主任、教授
新中国成立后：华东军区医院眼科主任，第五军医大学教授，南京军区总医院眼科主任

学会任职
总后勤部卫生部医学科技委员会委员

1934—1938

孔培德
(Peter Clemens Kronfeld)

第四任主任

离开协和后的主要成就
美国伊利诺伊州眼耳医院教育主任
美国伊利诺伊大学的第一个全职校长
获得过当今眼科学的大部分荣誉

1934—1935

瞿承方
(Chu Cheng- Fang)

外院任职 / 成就
1937年协助其父创办上海瞿直甫医院，任院长，1956年该院与德济医院合并为静安医院，迁址后改称静安老年医院

学会任职
1957年调任卢湾区中心医院院长

1937—194

刘家琦
(Liu Gia-Chi)

外院任职 / 成就
北京同仁医院眼科
北大医院眼科主任

学会任职
北京眼科学会会长
中华医学会眼科
成立后第二届副主

1917

1917—1927

李清茂
(Li Tsing-Meu)

协和第一位眼科专职教授，毕业于美国宾夕法尼亚大学

外院任职 / 成就

上海圣约翰大学教授

1918—1939

毕华德
(Pi Hua-Teh)

外院任职 / 成就

创办北京眼科医院

学会任职

北大第一医院眼科主任
北京眼科学会首任会长
中华医学会眼科分会新中国成立后首届主委
《中华眼科杂志》首任总编辑

1920—1927

郝文德
(Harvey J. Howard)

第一任主任

离开协和后的主要成就

美国华盛顿大学医学院眼科主任
创立美国奥斯卡强生医疗中心
美国密苏里州盲人委员会董事
美军军医部上尉、后备医疗部中尉

1920—1933

林文秉
(Ling Wen-Ping)

外院任职 / 成就

南京中央医院（南京军区总医院的前身，今更名为中国人民解放军东部战区总医院）眼科主任
上海军医大学（今第二军医大学，即中国人民解放军海军军医大学）眼科教研室主任

学会任职

中华医学会眼科分会第一届副会长、第二届会长

1922—1929

李腾彪
(Lee Tan-Piew)

外院任职 / 成就

海南医院眼耳鼻喉科主任
岭南大学博济医院（今中山大学附属第二医院）眼耳鼻喉科主管

1924—1925

张祖棻
(Chang Tsu-Feng)

外院任职 / 成就

首任甘肃省卫生实验处处长
图云关中国红十字会救护总队总务股主任
贵阳陆军医院院长，1949年11月15日贵阳解放时去了台湾

1925—1926

陈翼平
(Chan Yik-Ping)

外院任职 / 成就

于1931—1932年及1947—1948年两度出任国立中山大学第一医院（今中山大学附属第一医院）院长

学会任职

1935—1936年任第四届广东省医学会副会长

1926—1927

凌炽桓
(Ling Chin-Huan)

外院任职 / 成就

岭南大学医学院（今中山大学医学院的前身之一）耳鼻喉科教授

1927—1928

林世熙
(Lin Shin-Hsi)

外院任职 / 成就

1930—1949年任上海医学化验所所长
后到香港，历任九龙医院、玛丽医院及广华医院等公共医院耳鼻喉科主任

1927—1929

周诚浒
(Chou Chen-Hu)

外院任职 / 成就

中国红十字会第一医院（今华山医院）眼科主任
上海第六人民医院眼科主任

学会任职

上海眼科学会首任会长
中华医学会眼科分会首任会长

1928—

刘宝华
(Liu Pao-Hu

外院任职 / 成

国立北平医
大学医学部
创办启明医
平津区铁路
院长兼眼科

学会任职

北京眼科学会

[第一章]

缘起

1906年，英国新教传教会联合其他几所教会，在北京创建的协和医学堂（Union Medical College in Beijing），也就是北京协和医学院（Peking Union Medical College, PUMC）的前身，正式落成，成为当时唯一得到中国政府承认的教会医学教育机构。曾在晚清中国海关担任要职长达四十年之久的英国赫德爵士（Sir Robert Hart，1835—1911），在开幕仪式上对这所学堂的未来做出展望："将为这个永昌帝国的每个角落传播最真实的学问和最广博的文化。"

然而，历史风云变幻。仅仅过去了5年，1911年，孙中山领导的辛亥革命爆发，推翻了清王朝的统治，结束了在中国延续了两千多年的封建君主制度。这也意味着协和医学堂每年来自清政府上万两白银的经费支持就此中断。此后，它的财政状况每况愈下，至1915年已难以维持日常开支。当时的中国，依然政治混乱、积贫积弱，很多方面远远落后于西方发达国家，虽然拥有4亿人口，但饱受流行病、地方病和营养缺乏性疾病的侵袭，现代医学和公共卫生知识非常缺乏，十分需要西医的普及。

清王朝未实现赫德爵士所颂之永昌，但是，协和医学堂却在清末民初

北京协和医学堂

的暴风骤雨中生存了下来。因为医学堂的缔造者之一——苏格兰传教士科龄（Thomas Cochrane）同意将协和医学堂的一切产权出售给洛克菲勒基金会（Rockefeller Foundation，1913年在美国纽约州注册成立，小洛克菲勒担任第一届董事会主席）。至此，协和医学堂完成了它的历史使命，而洛克菲勒基金会即将登上协和历史的舞台。

1914年，在北京成立的"美国中华医学基金会"（China Medical Board，CMB）作为洛克菲勒基金会在中国的执行机构，明确提出了要建立一所可与西方发达国家顶尖机构相媲美的医学院的目标，于是花费20万美元，买下了协和医学堂的全部产权，此时，作为中国早期的西医教育机构之一，协和医学堂已成功培养了38名优秀的毕业生。为了扩建医学院和建立医院，基金会又花费重金12.5万美元买下了东单三条胡同原豫王府的全部房产。这样，这片坐落在北京心脏地区、与繁华热闹的王府井大街只有一街之隔的协和老建筑群，总面积达到了25英亩（约150亩）。

1917年，刻着"民国六年"字样的巨大奠基石沉稳落下，以约翰·霍普金斯大学医学院为蓝本的北京协和医学院和医院正式破土动工。新的医学院

1917年，北京协和医学院破土奠基

和医院几经商讨，保留了“Union”的名字，雅译为“协和”；由美国建筑设计业的佼佼者、曾设计建造哈佛医学院和洛克菲勒医学研究所新大楼的柯立芝（Charles A. Coolidge）担任总设计师；受战争等因素的影响，项目实际花费远高于100万～150万美元的预算，总耗资达到了750万美元之巨，建成了如今大家看到的中西合璧、雕梁画栋的协和建筑群。

北京协和医院作为教学医院，于1921年落成启用，正式典礼在9月16日举行，一位心情激动的到场者这样描述道：

> 初秋的北京分外美丽。胡同里不像平时那样尘土飞扬令人窒息……透过清洁的空气，远处的西山呈现出绿色和紫色；点缀着玲珑小亭的景山在眼前突兀而起，还有皇城那巨大的城门和金色屋顶的紫禁城，绿色大屋顶的豫王府（北京协和医学院和医院是购置此块地皮而建立的）与之相比并不逊色，那是我们的新医学院和医院。

光临启用典礼的科学代表团来自世界各地，包括日本、朝鲜、印度尼西亚、菲律宾、英格兰、苏格兰、爱尔兰、加拿大和美国，中国的许多省也派来了代表。这其中，就包括当时的美国医学会（American Medical Association）主席及1922年于美国华盛顿举办的国际眼科大会（International Congress of Ophthalmology, ICO）的后任主席——眼科教授乔治·德·施韦尼茨博士（Dr. George E. de Schweinitz）。除了参加庆典之外，他在北京待了3周，与协和眼科医生们以及其他对眼科感兴趣的内科医生们进行了密切的交流。协和眼科的李清茂医师，于1922年前往华盛顿，受邀参加了这年的世界眼科大会，并被选为大会副主席。

世界首富、石油大亨洛克菲勒先生之子小洛克菲勒先生也从美国远道而来致开幕词，展望未来并希望有朝一日将这所学校交给中国人。

> 显而易见的是，无论西方医学能为中国提供什么援助，对中国人民来说

1921年，北京协和医学院启用纪念，全体员工在协和医院西门广场上合影

小洛克菲勒（前排黑色西装者）与董事会成员共同见证启用典礼

都用处不大，除非它被中国人接管，并成为中国国民生活的组成部分。让我们携手朝着这一目标向前迈进，这将使西方所能提供的最佳医学永远扎根于中国的土壤。

百年之后的今天，小洛克菲勒先生当初的愿望已成为现实，北京协和医院连续多年蝉联复旦大学“中国医院综合排行榜”榜首，早已成为业界同行和老百姓心目中声誉最高的医院。而协和眼科，同样也获得了广大眼科病患和学界的高度认可，连年位居好评前列。

全球杰出的华人眼科学家——陈之昭教授，曾担任美国国立卫生研究院（National Institute of Health, NIH）国立眼科研究所（National Eye Institute, NEI）免疫学实验室免疫病理学主任和组织病理学核心主任30多年，她来自眼科世家，父亲是中国近代眼科事业的奠基人之一陈耀真教授，母亲是中国眼科著名学者毛文书教授，这两位教授都曾在协和工作过数年。基于这层渊源，她对协和眼科有着特殊的情感，于2013年的《亚太眼科杂志》（*Asia Pacific Jourvnal of Ophthalmology*）上发表了《十位北京协和医院眼科的主任》（“Ten

Ten Chairpersons of the Ophthalmology Department at Peking Union Medical College

Chi-Chao Chan, MD and Daniel Ardeljan, BS

Abstract: With the full academic and financial support of the China Medical Board of the Rockefeller Foundation, Peking Union Medical College (PUMC) was officially inaugurated in 1921. Since then, PUMC has been one of the most prestigious medical schools in China and the only one that is connected to the Chinese Academy of Medical Science. From its founding, there have been 10 chairpersons at the PUMC Department of Ophthalmology. The first 4 chairpersons, Howard, Pillat, Von Sallmann, and Kronfeld, were trained in Vienna and established the program's Western system. The latter 6 chairpersons, Luo, Hu, Zhang, Li, Zhao, and Dong, who were educated mainly in China, have maintained the program's excellence and made significant contributions to ophthalmology and medicine in China and the world. Under the strong leadership still in place today, PUMC will continue to provide generations of leaders for academic modern medicine and health care in China. Accordingly, the Department of Ophthalmology, one of the oldest ophthalmology departments in China, will continue making significant contributions to the global realm of eye and vision research and health care.

Key Words: Peking Union Medical College, history, Department of Ophthalmology, department chairperson

(*Asia-Pac J Ophthalmol* 2013;2: 3–8)

Their recommendation for an institution devoted to the natural sciences as a whole was considered; however, it was proposed by the commission that a specific focus on the branch of medical science be established. Before any action was taken, a second commission was sent to China in 1914. The second commission was lead by Harry Pratt Judson, president of the University of Chicago, and included Dr Francis W. Peabody from Harvard Medical School and Mr Roger S. Greene, then consul general at Hankow and later appointed resident director of the China Medical Board. Their report endorsed medical work be undertaken and outlined a program for aiding medical schools and hospitals. Consequently, the China Medical Board was soon formed as a branch of the Rockefeller Foundation. In the summer of 1915, a third commission was sent. This third and final group was composed of the following: Johns Hopkins University's first dean of the Medical School (1893–1898) and then president of the National Academy of Sciences, Dr William H. Welch (1850–1934); the first director of the Rockefeller Institute for Medical Research, Dr Simon Flexner; secretary of the General Education Board of the Rockefeller Foundation, Rev Dr Wallace Buttrick; and the Rockefeller Institute's Dr Frederick L. Gates. They recommended the establishment of

陈之昭教授发表于2013年、介绍协和眼科的文章（部分）

Harvey J. Howard
郝文德

Arnold Pillat
裴乐德

Ludwig von Sallmann
路德维希 · 冯 · 索曼

Peter Kronfeld
孔培德

Luo Tsung-Hsien
罗宗贤

Hu zheng
胡铮

Zhang Chengfen
张承芬

Li Weiye
李维业

Zhao Jialiang
赵家良

Dong Fangtian
董方田

文中介绍的十位主任

Chairpersons of the Ophthalmology Department at Peking Union Medical College”）一文，用英语向全世界系统性地介绍了协和眼科截至该文刊发时九十多年历史中的十位主任。这篇重要的文献，隆重地向世界眼科学界阐明，在遥远的东方，还有一个历史如此悠久且至今仍生机勃勃的科室。

百年协和眼科，留下过足迹、留下过故事的人物，其实远不止这十位主任。多少先贤、前辈都曾在这漫长的岁月长河中，为协和眼科的发展，不畏艰难、辛勤耕耘、奉献自我。一百年来，风云激荡，变化万千。作为后人，我们迫切地感觉到编写一部协和眼科百年科史的必要性。我们希望，通过抢救性地采访尚健在的曾在协和眼科工作过的老人，或者已过世的协和眼科人的家人、亲朋和后人，加上对各种来源的海量的史料的整理，把协和眼科的故事，从尘封的历史尘埃中发掘出来，介绍给更多的人，以勉励后辈。

（陈哲）

［第二章］

建院之前的协和眼科

Eye, Ear, Nose and Throat:
Adenoids ....
Cataract ....
Conjunctivitis ....
Cornea Ulcer ....
Entropion ....
Eye Removed ....
Mastoid ....
Infected Antrum ....
Polypus ....
T. B. Adenitis ....
Tonsilitis ....

在建院之初，医院设立了内科（包括精神科、儿科、皮肤科）、外科（包括骨科、泌尿外科、牙科）、耳鼻喉科、眼科、妇产科和放射科等科室。眼科，是协和医院最早成立的几个科室之一。实际上，眼科是1918年6月从眼耳鼻喉科独立出来的。因此，协和眼科的建科时间早于协和医院正式启用的1921年。甚至在更早的协和医学堂时代，就已有眼科先贤们从事和眼科相关的临床诊疗和教学活动。

提到最初的协和眼科历史，离不开三个人，即詹姆士·英格拉姆（James H. Ingram）医师、爱德华·斯塔基（Edward J. Stuckey）医师和李清茂（Li Tsing-Meu）医师。

詹姆士·英格拉姆博士，是一名来自美国的传教士，毕业于美国宾夕法尼亚大学，获医学博士学位。他在北平及其周边生活了将近五十年，把一生都献给了旧中国的医学事业。他的主要专业为眼内科，早期在通州的一家医院任院长达26年，1904年左右，开始亲自教授技师各种配镜处方的镜片研磨技术，将现代制镜方法传到中国北方。他自身五音不全且色盲，因此不善于表达中文，无法识别血液，无法从事眼外科工作，反而更能专注于文献方面，专注于阅读象形文字，因而成了一名优秀的翻译家。他曾将许多医学著作译成中文，其中的代表作为《哈氏治疗学》（*Hare's Therapeutics*），他数次更新，使其保持与最新版本同步。在协和医学堂期间，他主要负责教授医科学生们眼科知识，是协和医学堂眼科早期仅有的两名教职员工之一。

爱德华·斯塔基博士，是一名澳大利亚医学传教士，理学、医学双学士，1905年来到中国，从事相关医疗工作。他是协和医院元老级成员，早在1914年的协和医学堂时代，李清茂医师正式入职医院之前，他作为协和医学堂早期仅有的两名教职员工之一，担任眼外科的工作。1916年，他作为教员代表，与顾临（Roger Sherman Greene，洛克菲勒基金会秘书兼董事，建院之前基金会的首批中国医学考察团三成员之一，美国中华医学基金会成立后的首任驻华主任）以及时任协和医学堂校长的杨怀德（Charles W. Young，协和医院内科感染性疾病专家，曾向洛克菲勒基金会提交对黑热病进行现场研究的建议书，成立了医院的黑热病专项现场研究组，提出用胸骨穿刺替代脾穿刺来协助黑热病的诊断）代表洛克菲勒基金会下属的美国中华医学基金会，组成了协和重组时期的管理委员会，负责北京协和医学院的建设工作。平时，爱德华·斯塔基博士负责协和医学堂第四年医学生的教学工作，以《富克斯眼科学》（*Fuch's Ophthalmology*）为教材，每周3次，每次1小时，讲授正常眼、眼部疾病及其治疗的课程；同时，他还兼职讲授医学法理学与毒理学的课程。第一次世界大战期间，从1917年3月至1918年6月，爱德华·斯塔基博士被调往同属于协约国阵营的同盟国家——法国的一所中国劳动营担任外科医师一职。他缺席期间，李清茂医师正式入职协和医学堂附属医院接替他的眼科工作。

李清茂博士，籍贯广东，1884年出生在夏威夷檀香山，1909年毕业于美国宾夕法尼亚大学，毕业后，曾任美国数个大医院的眼耳鼻喉科医师。1916年，李清茂回国，受聘成为协和医学堂眼耳鼻喉科副教授，与爱德华·斯塔基博士一起，负责第五年医学生的临床实习，在门诊部训练他们诊断外眼疾病，做视网膜检影及基础的屈光验配，每周3次，每次3小时。1917年3月，李清茂医师正式入职医院，成为眼内外科专职医师，1918年6月，眼科与耳鼻喉科分开后，他成为我国第一位专职眼科医师。

SPECIAL SURGICAL DISEASES MEN'S HOSPITAL.

July 1914—June 30. 1915.

TOTAL SPECIAL SURGICAL CASES 97.

DISEASE	Total Number	Cured	Improved	Not improved	Worse	Died	Result not entered in notes
Accessory Sinus suppuration	1		1				
Adenoids	2		2				
Bullet wound in Eye ball	1	1					
Blepharitis	2		1				1
Brain Abscess	1					1	
Cataract	1	1					
Conjunctivitis	2	1		1			
Convergent Strabismus	1			1†			
Corneal Opacity	1		1				
〃 Staphyloma	1	1					
〃 Ulcer	5		3				2
Cystic Tumour of Epiglottis	1	1					
Dachryocystitis	1	1					
Deflected Septum	13	9	1	1			2
Empyaema of Antrum	1	1					
Entropion	3		2	1			
Ethmoiditis	1		1				
Gangrene of Lung (2ndy)	1					1	
Glaucoma	2		1				1
Gonorrhl Ophthalmia	1	1					
Hypertroph. Turbinate	4	4					
Iritis	4	1					3

† Refused Operation

1914—1915年男病人医院部分眼科手术

当时协和医学堂附属医院的眼科，只有门诊部对外营业（受限于旧中国男女有别的传统观念，分为男病人医院和女病人医院，分别收治病人），虽然也有少量住

Eye, Ear, Nose and Throat:

Adenoids	2
Cataract	5
Conjunctivitis	3
Cornea Ulcer	1
Entropion	4
Eye Removed	1
Mastoid	1
Infected Antrum	1
Polypus	2
T. B. Adenitis	1
Tonsilitis	1

1914—1915年女病人医院眼科相关住院人数统计

院病人，但并没有成立专门的病房。早期的眼科门诊，与耳鼻喉科共用，有四间诊室，一间咨询室、一大一小两间暗室和一间仪器室。每年向医院提交的年度报告显示，眼科门诊部对当年所遇到的特殊病例进行了详细的汇总和个案报道。

在旧中国，感染性眼病肆虐，尤其是沙眼、淋病。为了更好地服务众多患者，眼科从1919年起，就专门设立了沙眼门诊，每个工作日上午9：30开始，专门接待沙眼患者，由于沙眼的常规治疗十分有效，患者络绎不绝，使得眼科的整体门诊量翻了一番。眼部手术则以外眼手术为主，包括沙眼治疗、霰粒肿切除、睑内翻/睑外翻矫正等。

从耶鲁大学保存的《协和年鉴》（1914—1921）资料来看，眼科在协和的历史中，从一开始就是医院重点发展的科室，取得了辉煌的成绩，是医院临床科室的重要组成部分，并逐步随着医院的壮大而蓬勃发展。

（陈哲　孟丽慧）

REPORT OF EYE CLINIC.

October 1915 to June 1916.

Since October of last year, a complete record of eye cases visiting the men's clinic has been kept. The classification of these appears below. Some cases appear more than once in the classification, e.g. both trachoma and corneal ulcer may be present in the same eye, or the two eyes may have different diseases.

The classification is founded on clinical evidence only. In classifying conjunctivitis, the department is not yet sufficiently organized to enable us to obtain a bacteriological examination of each case. Another difficulty is that patients often come only for a single visit and are not under observation long enough for a final diagnosis. It is often very difficult to determine on one examination whether trachoma is present or not.

One of the most interesting cases was a man who came complaining of "worms in the eye." The first examination revealed nothing and we were prepared to class his story with those cases of imaginary worms in various parts of the body which we so often meet among the Chinese. However he produced a bottle with what looked like a piece of white thread, which, he said, had come out of his eye. A further search revealed a small moving body in the fornix of the right eye. Under cocaine 4 worms 9-13 m.m. long were removed. These worms are still under investigation. Dr. Houghton of Shanghai ventures the tentative opinion that they are identical with the Filaria palpebralis of the horse. By a coincidence I heard that Rev. T. Biggin of Tungchow College had seen a case of worms in the conjunctival sac of a dog. He allowed us to have these for examination; so far they have not been identified.

A number of patients come to us for treatment of the results of "t'iao yen" (Eye treatment). It is invariably administered by old women, who set up as practitioners of ophthalmic surgery. The implements used are various. Sometimes it is a needle, with which the conjunctiva is picked at. Others use a silver hair-pin to scrape the inside of the lid. A frequent method is to rub an ear of wheat upon the everted conjunctiva of the lid.

1915—1916年的《协和年鉴》眼科年度报告节选

第三章

民国时期概况

1918年6月，眼科正式从早期的眼耳鼻喉科独立出来，成为北京协和医学院眼科系及北京协和医院眼科。尽管当时只有门诊部对外营业，并没有成立专门的病房，但协和医院应该是我国第一个将眼科作为独立科室的医院。在建院初期，眼科是“众多杰出临床科室中最好的科室之一”，《眼科学总论》（*General Ophthalmology*）一书的主编丹尼尔·沃恩（Daniel G. Vaughan）曾于1981年在《太平洋沿岸耳眼科学会》（*Transactions of the Pacific Coast Oto-Ophthalmological Society*）上发表文章，称当时协和医院的眼科为“眼科的黄金时代”。

Peking Union Medical College: A Golden Age in Ophthalmology

Daniel G. Vaughan, MD
SAN JOSE, CALIFORNIA

THROUGH THE Rockefeller Foundation, established in 1913, its founder, John D. Rockefeller, Jr, was able to achieve the distinction of becoming the greatest benefactor in the history of American Medicine. An exotic chapter in the history of the Foundation is the establishment of Peking Union Medical College (PUMC), one of the most successful overseas educational efforts in United States history.

1913 to 1915 and then served at Harvard in Shanghai before migrating to PUMC at the request of Dr Houghton. Dr Howard's first action was to bring to PUMC for 1 year (1921–1922) the world's leading ophthalmologist of that era, Professor Ernst Fuchs of Vienna. At that time, Vienna was the center of the universe for ophthalmology, and for almost 20 years PUMC was a second Vienna. Ernst Fuchs was followed by his son Adalbert, and

1981年，丹尼尔·沃恩发表的介绍协和眼科的文章（部分）

第一节　老协和眼科的概况

那时，这个“东方维也纳”的构架，起点就非常完备和高端。医、教、研并举，各种门诊设置完备，甚至在百年后的今天看来，仍具有相当的先进性。

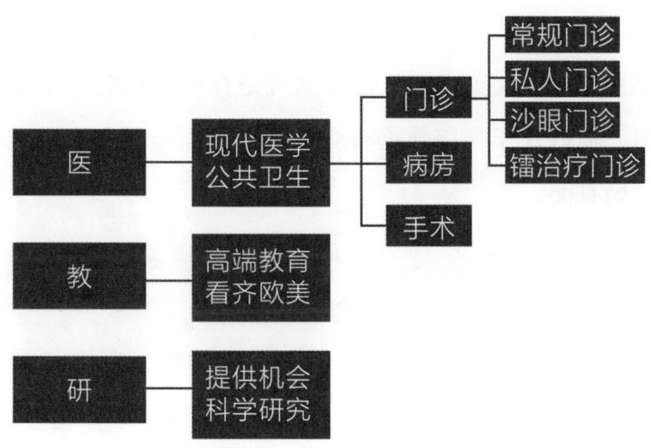

协和眼科初创时期的构架

老协和眼科的常规门诊工作

在常规门诊方面，眼科有着规范而高效的诊断流程，即初诊病人由主治医师与主任医师共同参与诊断，主治医师处理不了的时候，转给主任医师，而复诊病人则由主治医师主导。如今，协和医院内科楼二层的走廊里挂着一张20世纪30年代初的老照片，是当年裴乐德主任带领协和眼科的医师们看诊的情景（见本书第64页），这张照片，让我们今天也能知晓当时协和眼

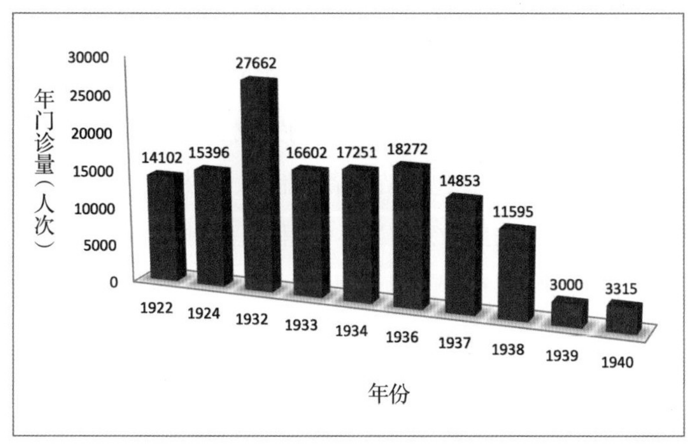

据1920—1944年的《协和年鉴》所统计的眼科年门诊量

科门诊的繁忙景象。从图中可以看出，当时协和眼科的门诊量蔚为可观，在1932年，竟达到27662人次，要知道，这可是在积贫积弱、中医仍占据主导地位的旧中国。随后几年，该数据有所下降，可能与科室人员变动以及当时逐渐混乱的时局有关。

老协和眼科的沙眼专科门诊

鉴于当时沙眼在中国肆虐、“十人九沙”的国情，在协和眼科门诊开始运转后不久，即1919年，就专门设立了沙眼专科门诊，每个工作日上午9：30开始，专门接待沙眼患者。至1922年，沙眼门诊几经调整渐趋成熟，眼科医生以及参与实习的研究生，都在大量治疗沙眼患者的过程中吸取了丰富的经验。越来越多的沙眼患者能够实现定期随诊，直至完全治愈。几年之后，沙眼门诊的患者数量有所减少，部分原因是从原来的到门诊随访治疗，改为在家用沙眼门诊所开具的药物（例如，裴乐德主任时代的枸橼酸铜油膏和后来孔培德主任时代的硫酸奎宁）点眼治疗，实现此目标的前提是协和眼科对沙眼治疗药物不断的科学研究和临床经验的摸索。

老协和眼科的镭治疗门诊

镭治疗门诊最早开办于1923年，治疗疾病种类包括结膜淀粉样变、眼睑/眼眶/眼球肿瘤、浆细胞瘤等。其中，1931—1932年，约翰（John）和桑德科夫（Peter S. Soudakoff）医师每个周四出诊，共同完成了61例镭治疗；1932—1933年，完成了45例镭治疗，病种包括结膜浆细胞瘤、结核继发的慢性泪囊炎等，这些均记载于时任主任向院里提交的当年《协和年鉴》报告中。

老协和眼科的手术工作

沙眼门诊接收的患者，占据了需要进行手术的患者总量的极大部分。这对于当时在协和眼科的青年医生和研修生来说，是难能可贵的实践机会。当时的沙眼门诊，不但可以进行常规治疗沙眼的手术，而且能够对一些特定的病例进行整形手术，如睑板切除、睑内翻和倒睫的矫治以及翼状胬肉移除等。其他需手术的疾病种类包括青光眼、白内障、眼球摘除以及由于眼外肌不平衡而引起的斜视。当时，需要做青光眼手术的病人较白内障病人多，究其原因，毕华德医师分析道："老年性白内障发病率远较世界各国为低，这与当时中国人的平均寿命甚短及贫穷愚昧、惧行手术、不愿到医院就医有关。"

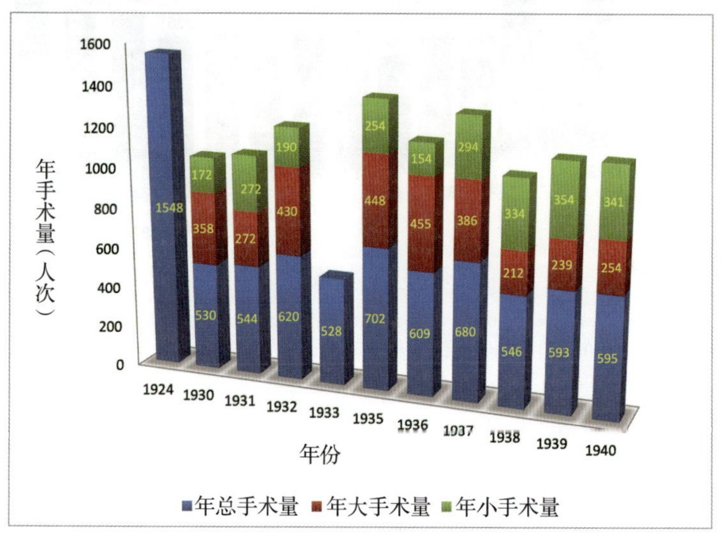

据1920—1944年的《协和年鉴》所统计的眼科手术量
（大手术指需要进医院大手术室完成的手术，小手术指门诊手术）

老协和眼科的会诊工作

由于北京协和医院是综合性医院，因此，眼科每年承担了大量的院内会诊工作。从下页图中可以看出，那时的眼科会诊工作量是惊人的，1925年竟高达2000人次。会诊工作十分重要，对那些被会诊的科室，对教导眼科学生眼部与全身疾病的联系，以及对训练初级医务人员，都具有重要意义。

关于老协和眼科的会诊工作，一桩逸闻

伪满洲国立法院院长赵欣伯，在第二次世界大战前，以其夫人赵碧琰的

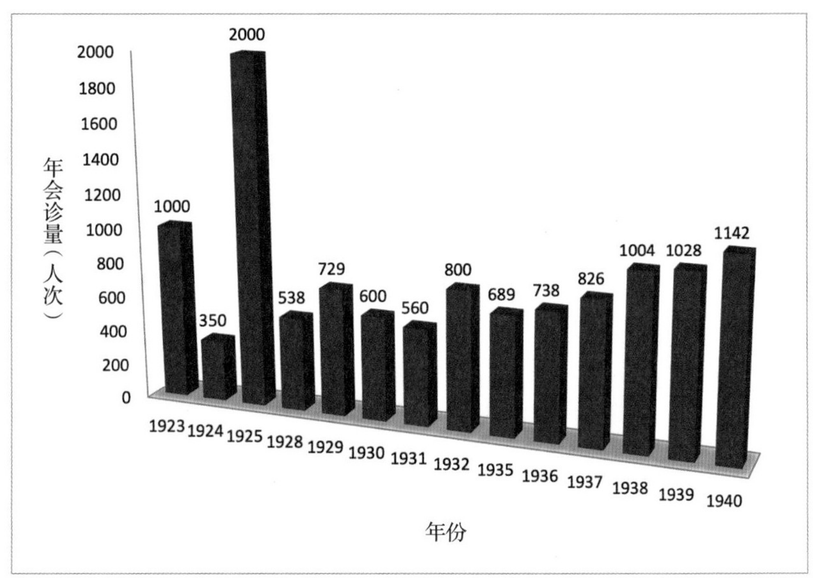

根据1920—1944年的《协和年鉴》所统计的院内眼科年会诊量

名义在日本购买了土地等财产，价值240亿日元。战后赵欣伯、赵碧琰夫妇去向不明。直到1951年7月20日赵欣伯在北京病逝，赵碧琰和她儿子对这笔财产也一无所知。从1962年起，这笔巨额财产就成了20多名骗子追逐的目标。1976年3月10日，刊于日本《产经新闻》的《漂浮在宇宙中的240亿日元》一文引起读者广泛注意。早在1964年，正在东京办公室里办公的时任中日友好协会会长廖承志[①]，即察觉到了骗子的行径。为了维护中国公民的正当权益，中国政府决定过问此事，在北京找到赵碧琰和其子赵宗阳。为了取得这笔财产合法继承人的证据，国家有关部门于1981年先后三次到北京协和医院查找赵宗阳儿时住院的病案，均未果。最后该事件交到病案科，由马家润接待、协助查找。马家润要求来访者详细提供患者当时住院的有关信息，包括患儿年龄、家长姓名、住址、住院时间、所患疾病等。来访者叙

① 廖仲恺、何香凝之子，是优秀的中国共产党党员、无产阶级革命家、杰出的社会活动家、党和国家的优秀领导人。

述：患儿3岁时曾患脑膜炎住院，左眼盲视。马家润分析其提供的情况，抓住最可靠的信息，直接从患儿年龄、疾病入手，推算其住院时间约在1927年，于是从住院患者疾病分类索引检索脑膜炎的疾病编目卡片，从1926—1927年索引中查找3~5岁的病历，再按病案号找出病案筛选，终于在十余册病案中找到一份“1927年、3岁、姓赵的”病例。但病案首页及病历记录中记录的患者姓名为威氏拼音Chao Chun-Ying，当年的全部记录为英文书写，没有中文，汉字音译不是赵宗阳。查看首页其他项目，家庭住址为北池子大街，此内容与来访者提供的信息符合；联系人为Chao Hsin-po，正是其父赵欣伯的拼音。病历记录中有当年眼科会诊的记录，据此可以证实这就是赵宗阳的住院病案。由于这份病案记录了其父赵欣伯的姓名，证实了赵欣伯与赵宗阳的父子关系，这册病案即为证实赵宗阳成为该财产合法继承人的有力证据。

此外，许多知名教授当年的论文，都出自会诊工作所涉及的病例，尤其是全身疾病的眼科表现方面。详见后文。

因此，眼科会诊的意义即使早在建院之初的20世纪20年代，就已得到凸显。

老协和眼科的病房工作

眼科病房的设立晚于门诊部的成立，据《协和年鉴》记载，从建院到1922年6月，床位只有6张半（半张床位是和别的科室共用，灵活调配的），因为床位数量的限制，住院病人的数量并不算多，都是需要手术或者患有严重感染的病人才会住院。1923年，床位增加到9张，1924年增加到11张，之后多年维持不变，尤其是战争岁月里（如1925—1926年北京周围的军阀混战），眼科病房常常被外科征用数周之久，用于收治在战斗中受伤的士兵和平民。到1928年秋天，由于G-3病房的开放，床位数增加到17张，1931年进一步扩增到19张，但入院患者的数量并没有因为床位数的增加而增多，因为不少已入院的患者都需要长期的住院护理。1934年5月，病床数量从19张减少到18张。1920—1944年的住院量统计如下图所示。

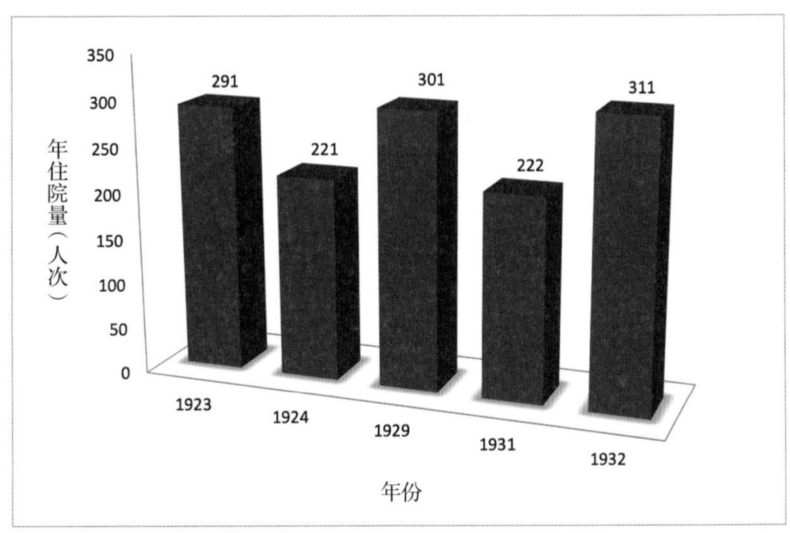

据1920—1944年的《协和年鉴》所统计的眼科年住院量

老协和眼科的私人医疗服务

早在建院之初，北京协和医院就向中外患者提供了私人医疗服务，包括来院进行诊间咨询和院外访视两种，需要专门提前给私人会诊办公室打电话预约。其中眼科可以提供此种服务的时间为每周二、四、六上午10—12时。复诊也需要预约。当时对于私人服务以及眼科的相关检查，都有明确的定价，如果院外访视距离过远、时间过长或者旅途费用过高，还有合理的额外收费。而像眼科这样需要额外进行特殊检查的科室，还会有相关的检查费用。这样的私人门诊是协和国际医疗部的雏形，而那个时候主要服务于本院员工、学生和家属，疾病谱包括屈光不正、斜视、调节麻痹等，其中许多病人需要眼外肌手术。

OFFICE CONSULTATIONS (FOREIGN PATIENTS)	$10 to $15 for first visits $5 to $10 for subsequent visits
OFFICE CONSULTATIONS (CHINESE PATIENTS)	$5 to $15 for first visits $5 for subsequent visits

1923年《协和年鉴》记载的诊间私人医疗服务定价

VISITS OUTSIDE THE HOSPITAL (FOREIGN PATIENTS) ... $15
(Visits made only in emergencies)
VISITS OUTSIDE THE HOSPITAL (CHINESE PATIENTS) ... $10

1923年《协和年鉴》记载的院外访视私人医疗服务定价

Ophthalmological Examinations
Complete eye examinations $50
Refractions under cycloplegic drops
Two visits $25
Three visits $30
Refractions of presbyopes without drops $25
CONSULTATIONS OUTSIDE THE HOSPITAL
(FOREIGN AND CHINESE PATIENTS) $25 minimum for all services

1923年《协和年鉴》记载的眼科私人诊疗中的特殊检查的定价

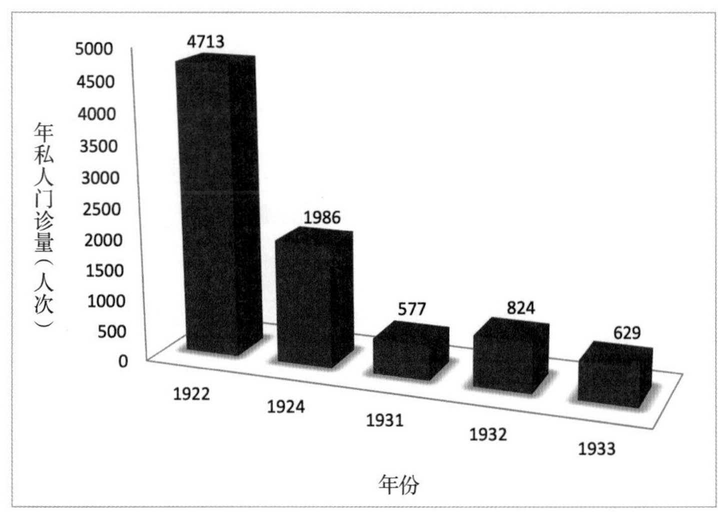

1920—1944年的《协和年鉴》所统计的眼科年私人门诊量

老协和眼科病理实验室的创立

1922年春，协和眼科即开始了眼科病理实验室的工作。G. Titus Dzen 医师之前有过两年半的临床眼科经验，在接受了数月的眼组织学以及眼球和眼眶的大体解剖学学习之后，被委以这项工作。Kuan Wen-yu 先生，曾在医院的中心病理实验室接受过数月训练，此时也已准备好了接受眼科病理实验室技术员的工作。当时，除了眼科之前三年所积攒下来的大量病理标本之外，还有从全国各地医院送过来的数量庞大的标本，其中不乏少见、有意思的病例。时至1925年，眼科病理实验室的工作已经相当繁忙，要做大量的病理标本切片和涂片染色，每份标本都有专门的病理报告送往医院的中心病理实验室。1926年，李清茂医师开始负责眼科病理实验室的研究工作，由桑德科夫医师辅助他工作。1927年，林文秉医师接替李清茂医师负责眼科病理实验室的主管工作，据《协和年鉴》记载，1929—1930年，对109例病理标本进行了细致的研究和描述；1931—1933年，年均对大约5000份组织病理切片进行了检验，工作量可谓相当大。1932—1933年，林文秉医师在经过一段“手把手”的指导之后，逐渐将病理实验室的主管工作交到潘作新医师手上。林文秉医师自1933年6月从协和眼科退出，去往南京和上海任职。潘作新医师接手眼科病理实验室的主管工作之后，积极开展科研，1933年发表了《中国人的眼球测量》(“Measurement of the Chinese Orbit”)一文，得出了首个中国人的眼眶测量数据。毕华德医师多年来则主要专注于眼部的细菌学研究和眼屈光学研究，于1934年发表了论文《慢性泪囊炎中的干燥症棒状杆菌》(“Xerosis Bacillus in Chronic Dacryocystitis”)。其间周诚浒医师也参与了大量实验室的研究工作。

老协和眼科的业务学习周会

从1927年下半年开始，眼科专门留出每周二下午4：30到5：30的时间，举行员工学习会议，回顾和讨论当时文献中的各种有价值的文章，学习协和医院自有的和外院转来的病理标本。这一惯例，被数任主任坚持下来，一直持续到1942年年初老协和医院因日本人的占领而被迫关闭。新中国成

MEASUREMENT OF THE CHINESE ORBIT

BY DR T. H. P'AN.

From the Departments of Ophthalmology and Anatomy, Peiping Union Medical College, Peiping, China

IT is a remarkable fact that although the complete measurements of the bony orbit have been recorded for many races, there has hitherto been no exhaustive investigation of the peculiar characteristics of the orbit of the Chinese. This is the more remarkable since the facial peculiarities of the Chinese, especially with regard to the orbit, have long attracted the attention of physical anthropologists.

It is well known to ophthalmic surgeons practising in China that the standards as laid down by European authorities are not strictly applicable in the case of the Chinese. It is, therefore, a matter of some importance that full measurements carried out upon a satisfactory series of skulls should be available. In the present investigation the orbits of 90 skulls of known age and sex have been measured. The skulls belong to the collection of the Department of Anatomy and are those of Northern Chinese ranging in age from 19 to 65 years and all the crania included in the series are those of males. The measurements taken were the orbital height, orbital width, orbital depth and orbital volume. The figures for the right and left sides have been combined.

The height was taken along the line running parallel to the lateral and medial margins at the mid-point of the horizontal diameter. Since the orbital width has been taken in so many different ways by various workers, it has been thought best to record the three most usual measurements: (*a*) from the maxillary-frontal point, (*b*) from the dacryon point, where the upper end of the lacrimo-maxillary suture meets the frontal bone, and (*c*) from the lacrimal point, where the upper end of the lacrimal crest meets the frontal bone. Measurements from these three points upon the nasal aspect of the orbit have been taken to the outer wall along a line parallel to the upper and lower orbital margins.

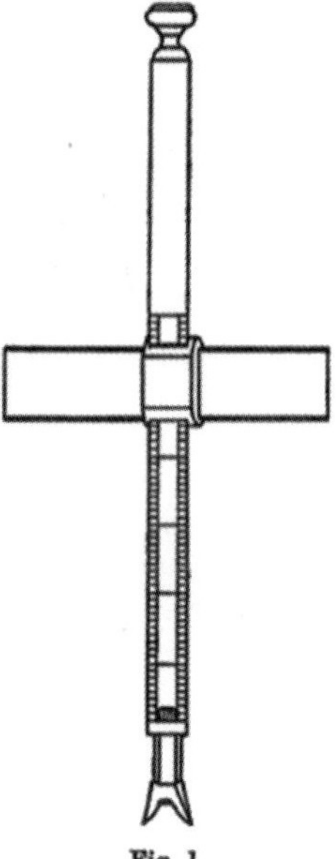

Fig. 1.

The measurements of height and width were taken by using a pair of fine

潘作新医师接手眼科病理实验室后于1933年发表的论文（部分）

THE
CHINESE MEDICAL JOURNAL

VOLUME 48 September 1934 NUMBER 9

XEROSIS BACILLUS IN CHRONIC DACRYOCYSTITIS

H. T. PI, M.D.
Department of Ophthalmology, Peiping Union Medical College, Peiping, China.

According to the bacteriologic studies made in chronic dacryocystitis by different investigators, the organisms found in the secretion of the tear sac may be noted as follows: *Pneumococci, Hemolytic streptococci, B. influenzae, Diplobacilli Morax-Axenfeld, Staphylococci, Bacillus pneumoniæ Friedländer, B. subtilis, B. proteus vulgaris, B. fusiformis, B. typhoid, B. coli,* Gram-negative Rods, *Micrococcus catarrhalis, Xerosis bacilli,* Sarcina Spirochaetes, Sporotrichun, Actinomyces, and *Aspergillus fumigatus*. Of these the Pneumococcus is most frequently met clinically, either in pure culture or at times with other organisms like the staphylococcus, Diplococcus Morax-Axenfeld, etc. The Xerosis bacillus on the other hand, is one of the rarest organisms that has ever been isolated in the secretion of the tear sac. A search of literature reveals that up to the present time only two cases have been recorded, one by Marx (6), the other by Fage (2), in both of which a pure culture was isolated. Due to the unavailability of Marx's original report the source of infection of his case cannot be ascertained, but in Fage's case it was clearly stated to be non-virulent bacillus of the diphtheric type. According to the latter, the result of inoculation on rabbit's eye was negative; the inoculation in the pharynx of a pigeon produced a small, false membrane containing the same organism; and 3 cc of Bouillon culture injected subcutaneously into a guineapig did not kill the animal. The writer has observed another case which may be reported as follows:

毕华德医师于1934年在《中华医学杂志》(*The Chinese Medical Journal*)上发表的论文(部分)

立以后，协和眼科重新恢复了学术活动，每周三下午3：00到5：30是雷打不动的学术活动时间，直至今天。

第二节 《协和年鉴》记载的老协和眼科员工

从现在保存下来的资料看，1922—1940年的《协和年鉴》对每年的眼科员工组成都做了详细记载。除了之后在我国大陆、台湾地区以及香港地区的眼科学界、耳鼻喉科学界甚至病理学界大名鼎鼎的李清茂（Li Tsing-Meu，1916年进入协和眼耳鼻喉科）、毕华德（Pi Hua-Teh，1918年进入协和眼科）、林文秉（Ling Wen-Ping，1920 年进入协和眼科）、李腾彪（Lee Tan-Piew，1922年进入协和眼科）、张祖棻（Chang Tsu-Feng，1924年进入协和眼科，1949年去了台湾）、陈翼平（Chan Yik-Ping，1925年进入协和眼科）、凌炽桓（Ling Chin-Huan，1926年进入协和眼科）、林世熙（Lin Shin-Hsi，1927年进入协和眼科）、周诚浒（Chou Chen-Hu，1927年进入协和眼科）、刘宝华（Liu Pao-Hua，1928年进入协和眼科）、汤泽光（Tang Tze-Kuang，1929年进入协和眼科）、张式溥（Chang Shih-Pu，1929年进入协和眼科）、姜辛曼（Kiang Sing-Mei，1929年进入协和眼科）、潘作新（Pan Tso-Hsin，1930年进入协和眼科）、林景奎（Lin Ching-Kuei，1931年进入协和眼科）、罗宗贤（Luo Tsung-Hsien，1932年进入协和眼科）、陈文润（Chen Wen-Yuin，1934年进入协和眼科）、齐续哲（Chi Hsu-Che，1934年进入协和眼科）、刘家琦（Liu Gia-Chi，1937年进入协和眼科）、张峨（Chang E，1938年进入协和眼科）、隋仁增（Sui Jen-Tsung，1939年进入协和眼科）、张晓楼（Chang Hsiao-lou，1940年进入协和眼科）之外，还有很多我们并不熟悉，需要查阅协和医学院档案才能翻译出中文名字的人员，他们或者为老协和眼科做出过巨大贡献，或者在协和接受培训并在离开协和之后成为海内外知名眼科学者，其共同点是，他们都有着不可磨灭的“协和印记”。让我们记住这段岁月中曾在协和工作，并为前述统计数字做出过贡献的人们。

下文，仅介绍了当年新入职眼科的员工，或者行政职务有变动的员工，如新担任代理主任（执行主任）或导师的人员。

DEPARTMENT OF OPHTHALMOLOGY

HARVEY J. HOWARD, M.D., Oph.D. ..Professor and Head of Department
LI TSING-MEU, M.D. ....Associate
(On leave of absence from March 19, 1922)
PAUL R. T'ANG, M.D. ....Assistant
(From January 1, 1922)
G. TITUS DZEN, M.D. ....
PI HUA-TEH, M.D. .... } Clinical Assistants
LING WEN-PIN, M.D. ....First Assistant Resident
JOHN HONG, M.D. ....Second Assistant Resident
(Until May 10, 1922)

1922年《协和年鉴》记载的眼科员工

郝文德（Harvey J. Howard）医师，1920年起受聘成为协和眼科首任主任。详见后文专门传略。

李清茂（Li Tsing-Meu）医师，毕业于美国宾夕法尼亚大学，1916年加入协和医学堂及其附属男病人医院、女病人医院，负责眼科的教学和内外科工作，详见后文专门传略。

保罗·唐（Paul R. Tang）医师，1916年毕业于美国爱荷华大学，来协和工作之前，曾在美国和中国中部有过5年的工作经历，1922年因病重，被迫休养，后于当年6月19日死于结核性脑膜炎。

G. Titus Dzen 医师，最早开展协和眼科病理实验室工作的人（见前述），1922年12月，因病重被迫返回杭州老家休养。

毕华德（Pi Hua-Teh）医师，1918年从协和医学堂毕业，作为实习生留院，详见后文专门传略。

林文秉（Ling Wen-Pin）医师，1920年毕业于美国哈佛大学医学院，同年加入协和眼科，详见后文专门传略。

约翰·洪（John Hong）医师，1922年，因病重被迫退休，回老家宁波。

DEPARTMENT OF OPHTHALMOLOGY

HARVEY J. HOWARD, M.D., OPH. D.	Professor and Head of the Department
*LI TSING-MEU, M.D....	Associate
**PAUL R. T'ANG, M.D....	Assistant
G. TITUS DZEN, M.D.	Assistant
PI HUA-TEH, M.D.	Assistant
LING WEN-PING, M.D.	Assistant
LEE TAN-PIEW, M.D.	First Assistant Resident *(From August 1, 1922)*
JAMES HINQUONG HALL, M.D. ...	First Assistant Resident *(From September 1, 1922)*

1923年《协和年鉴》记载的眼科员工

李腾彪（Lee Tan-Piew）医师也是我国现代眼科学第一代开拓者之一。1922年8月1日加入协和眼科做住院医师，1925年3月离开，前往天津的北京至木登铁路（Peking-Mukden Railway，即我国第一条铁路——京奉铁路）的一家私立医疗机构，1925年9月又回到协和，1926年9月升任助理医师（相当于现在的主治医师）。在协和期间，他于1924年在《美国眼科杂志》（*American Journal of Ophthalmology*）上发表了《中国中部黑热病的眼部发现》[“Ocular Finds in Kala-Azar in Central China”，Kala-Azar 译为“黑热病”，旧中国时期曾长期流行于我国长江以北地区，是当时威胁人们生命健康的一大疾病，在北京协和医院建院后的很长一段时间内，黑热病都是内科病房的常见病种；同年，林文秉医师也在《美国眼科杂志》上发表了一篇题为《北京黑热病的眼部改变》（“Ocular Changes in Kala-Azar in Peking”）的论文；次年，林文秉医师还在《中华医学杂志》上发表了《黑热病患者眼底表现的进一步观察》（“Further Observations on the Fundus of Kala-Azar Patients”）一文。李腾彪医师和林文秉医师的文章从侧面反映了眼科与内科之间的交流合作十分密切，两科会诊往来频繁]；他于1925年在《中华医学杂志》上发表了《尸检标本的脉络膜粟粒状结核表现》（“The Findings of Miliary Tubercules of Choroid in Autopsy Specimens”）；在郝文德主任指导下，他于1926年在《实验生物学与医学学会进展》（*Proceedings of the Society for Experimental*

Biology and Medicine）杂志上发表了《滴入一种10%伪麻黄碱溶液的眼部效果》（"The Effect on the Eye of Instillations of a Ten Percent Solution of Pseudoephedrine"）；1927年，他又在同一杂志上发表了《滴入肾上腺素溶液的眼部效果》（"The Effect of Instillations of Ephedrine Solution upon the Eye"），同年，他在《眼科档案》（*Archives of Ophthalmology*）杂志上发表了《一种测定调节近点和散光轴的简单方法》（"A Simple Apparatus for Determining the Near Point of Accommodation and the Astigmatic Axis"）。1929年，他离开协和，初任海南医院眼耳鼻喉科主任，1932—1933年及1937—1938年任岭南大学博济医院（今中山大学附属第二医院）眼耳鼻喉科主管。

詹姆士·霍尔（James HinQuong Hall）医师，作为协和医院正式开张后的第一位住院医师，于1922年9月1日入科，1923年8月31日离开。

另有年度报告中记录的玛格丽特·伍德曼（Marguerite V. Woodman）女士，在协和眼科做全职秘书三年，于1922年8月离开医院返回美国，参与过协和眼科当时的许多重要工作。

李清茂医师，在郝文德医师缺席期间担任协和眼科代理主任（执行主任）之职。

赖宗尧（Lai Tsung-Yao）医师，1923年10月，结束了在美国宾夕法尼亚大学为期1年的研究生工作，进入协和眼科履职，1925年接任李腾彪医师在天津的北京至木登铁路的私立医疗机构的职位。

DEPARTMENT OF OPHTHALMOLOGY

*Harvey J. Howard, M.D., Oph.D., F.A.C.S.	Professor and Head of the Department
Li Tsing-meu, M.D.	Associate Professor and Acting Head of the Department
Pi Hua-teh, M.D.	Assistant
Ling Wen-ping, M.D.	Assistant
Lee Tan-piew, M.D.	Assistant and Resident
Lai Tsung-yao, M.D., D.T.M. ..	Assistant *(From August 1, 1923)*
Kenneth B. Johnston, M.D. ..	First Assistant Resident

1924年《协和年鉴》记载的眼科员工

肯尼思·约翰斯顿（Kenneth B. Johnston）医师，1923—1924年在协和眼科实习。

DEPARTMENT OF OPHTHALMOLOGY

HARVEY J. HOWARD, M.D., Oph.D., F.A.C.S.	Professor and Head of the Department
LI TSING-MEU, M.D.	Associate Professor
*PI HUA-TEH, M.D.	Assistant
LING WEN-PING, M.D.	Assistant
LEE TAN-PIEW, M.D.	Assistant *(Until March 31, 1925)*
LAI TSUNG-YAO, M.D., D.T.M. ..	Assistant
PETER S. SOUDAKOFF, M.D. ...	Part-Time Assistant *(From September 16, 1924)*
CHANG TSU-FENG, M.D.	Assistant Resident
ELBERT Y. CHUNG, M.D.	Assistant Resident

1925年《协和年鉴》记载的眼科员工

彼得·桑德科夫（Peter S. Soudakoff）医师，之前做了多年的眼科志愿助理，从1924年9月开始，以兼职助理身份，正式来协和眼科工作，直到后来升任副教授。他在协和眼科前后工作了14年，直到1938年离开，经历了整个前四位主任的时代，是眼科的元老级员工。这段时间里，他做了大量的工作，例如，辅助过李清茂医师进行病理学研究，主管过镭治疗门诊，专注研究过球后注射酒精引起的病理解剖改变、实验性神经麻痹性角膜炎、维生素A缺乏相关性疾病的暗适应，报道过许多当时临床上少见的病例，等等；还发表了数量众多的论文。老协和病历库里，很多患者的入院病案上都留下了他图文并茂的记录。1937年的《协和年鉴》眼科部分的内容，因孔培德主任休假，由他执笔完成。1938年12月，桑德科夫医师休假前往美国，后来因太平洋战争爆发，协和关闭，他没有再回来，定居于美国加州直到去世。

张祖棻（Chang Tsu-Feng）医师（后来担任首任甘肃省卫生实验处处长、图云关中国红十字会救护总队总务股主任、贵阳陆军医院院长，1949年11月15日贵阳解放，他随后去了台湾），1924—1925年在协和眼科做住院医师。

钟·艾尔伯特（Elbert Y. Chung）医师，1924—1925年在协和眼科做住院医师。

Reprinted from the PROCEEDINGS OF THE SOCIETY FOR EXPERIMENTAL BIOLOGY AND MEDICINE, 1931, xxviii, pp. 787-789

5534

Resistance of the Eye to Bacterial Infection Following Neuroparalytic Keratitis.

P. S. SOUDAKOFF AND T. J. KUROTCHKIN. (Introduced by Hsien Wu.)

From the Department of Ophthalmology and the Department of Bacteriology and Immunology, Peiping Union Medical College.

Neuroparalytic keratitis is regarded as a trophoneurosis caused by injury of the Gasserian ganglion or nerves emanating from it or of the ciliary ganglion. Recently we succeeded in the experimental production of neuroparalytic keratitis through the injection of one cc. of 80% alcohol into the rabbit's orbita.[1] Immediately after the retrobulbar injection of alcohol the cornea loses its sensitivity and in 24 hours the corneal epithelium begins to exfoliate. This usually is associated with more or less profuse discharge from the cul-de-sac and chemosis of the bulbar conjunctiva. Keratitis of various degrees develops in the course of 3-7 days after the injection. In some cases this process is aggravated by the ulceration of the cornea characteristic of neuroparalytic keratitis. Out of 34 experiments done in connection with this study, neuroparalytic keratitis failed to develop only in 4 instances.

Among the hypotheses on the pathogenesis of this disease, one supports the bacterial origin of the affection. Davies and Hall[2] found a pseudo-diphtheritic type of bacillus in human eyes affected with neuroparalytic keratitis to which they attributed the specific etiological rôle. Other authorities are of opinion that neuroparalytic keratitis is due to a secondary infection of the eye, the resistance of which has been diminished by the trophic disturbance of the nervous supply of the organ.

The readiness with which neuroparalytic keratitis can experimen-

[1] Soudakoff, P. S., An experimental study on neuroparalytic keratitis, in press.
[2] Davies, H. M., and Hall, G., *Brit. Med. J.*, 1908, **1**, 71.

1931年，彼得·桑德科夫医师发表于《中华医学杂志》上的与细菌和免疫学系合作的论文（部分）

Chinese Medical Journal, **48**: *975-981, 1934.*

SENILE DISCIFORM DEGENERATION OF THE MACULA.

REPORT OF THREE CASES.

P. SOUDAKOFF.

Department of Ophthalmology, Peiping Union Medical College, Peiping.

Senile disciform degeneration of the macula lutea was first described by Oeller (10) in his atlas of "Rare Ophthalmoscopic Conditions". Later on he admitted that another case described in the same atlas under the title of "Chorioretinitis centralis with arteriovenous anastomosis" was a variety of the same disease. Since that time this morbid condition has been observed and reported by many authors but the most comprehensive work on this subject has been done by Junius and Kuhnt (9).

The disease is not exceptionally rare, but since an ophthalmologist does not come across it frequently and, as far as we know, no case of this affection has been published yet in China, a report of three cases may be of general interest.

Case 1. C.V., a Russian woman, aged 81, came to the Eye Clinic of the P.U.M.C. on March 24, 1932, stating that she had been able to earn her living with fine sewing until November, 1931, when sight gradually failed.

R.E. was externally normal except for incipient senile cataract. Fundus: The disc was normal. Veins were engorged and tortuous; arteries were moderately contracted. Gunn's crossing symptom was present. The macula was normal in color and reflex.

L.E. Incipient senile cataract. Fundus: The disc was covered by a hemorrhage which extended into the macula region. Around this hemorrhage were scattered numerous yellowish gray dots. Besides these an accumulation of pigmented dots was found temporal to the hemorrhage. In the area beneath the fovea sclerosed choroidal vessels were visible. Periphery was normal. Vision: R.E. 6/18 with corr. Plus 3.00, Jaeger 5; L.E. counting of fingers at 1 meter. No glasses improved vision. Central absolute scotoma for white and colors was present, within 5°at nasal side and confluent with the blind spot at temporal side.

The patient was generally weak and her blood pressure was 160/90.

The patient was reexamined one year later on March 31, 1933. The fundus of the right eye was invisible on account of cataract. Red reflex was present. Vision was reduced to hand movement at 20 cm. Left Eye: The senile cataract had progressed very little since the last examination. The disc was normal. In the foveal region was found an elevation about $1\frac{1}{4}$ P.D. in diameter,

1934年，彼得·桑德科夫医师发表于《中华医学杂志》上的眼底病方面的论文（部分）

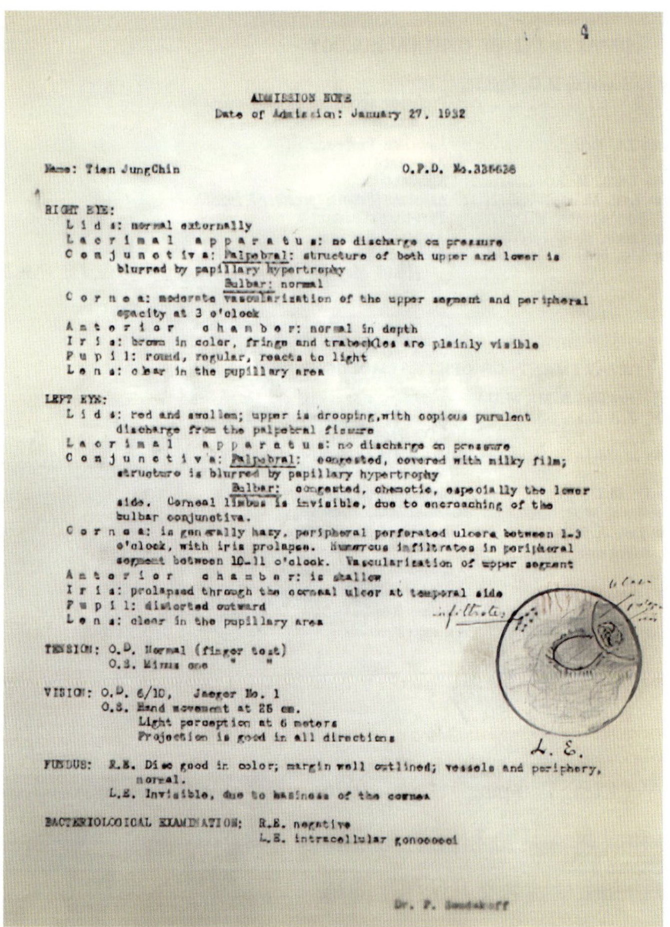

4

ADMISSION NOTE
Date of Admission: January 27, 1932

Name: Tien JungChin　　　　O.P.D. No.336638

RIGHT EYE:
Lids: normal externally
Lacrimal apparatus: no discharge on pressure
Conjunctiva: Palpebral: structure of both upper and lower is blurred by papillary hypertrophy
Bulbar: normal
Cornea: moderate vascularization of the upper segment and peripheral opacity at 3 o'clock
Anterior chamber: normal in depth
Iris: brown in color, fringe and trabeckles are plainly visible
Pupil: round, regular, reacts to light
Lens: clear in the pupillary area

LEFT EYE:
Lids: red and swollen; upper is drooping, with copious purulent discharge from the palpebral fissure
Lacrimal apparatus: no discharge on pressure
Conjunctiva: Palpebral: congested, covered with milky film; structure is blurred by papillary hypertrophy
Bulbar: congested, chemotic, especially the lower side. Corneal limbus is invisible, due to encroaching of the bulbar conjunctiva.
Cornea: is generally hazy, peripheral perforated ulcers between 1-3 o'clock, with iris prolapse. Numerous infiltrates in peripheral segment between 10-11 o'clock. Vascularization of upper segment
Anterior chamber: is shallow
Iris: prolapsed through the corneal ulcer at temporal side
Pupil: distorted outward
Lens: clear in the pupillary area

TENSION: O.D. Normal (finger test)
O.S. Minus one " "

VISION: O.D. 6/10, Jaeger No. 1
O.S. Hand movement at 25 cm.
Light perception at 6 meters
Projection is good in all directions

L. E.

FUNDUS: R.E. Disc good in color; margin well outlined; vessels and periphery, normal.
L.E. Invisible, due to haziness of the cornea

BACTERIOLOGICAL EXAMINATION: R.E. negative
L.E. intracellular gonococci

Dr. P. Sendakoff

1932年，彼得·桑德科夫医师所写的图文并茂的入院记录

陈翼平（Chan Yik-Ping）医师，1922年毕业于北京协和医学院［1931—1932年及1947—1948年两度出任国立中山大学第一医院（今中山大学附属第一医院）院长，1935—1936年任第四届广东省医学会副会长］，1925—1926年在协和眼科做住院医师。

刘书万（Liu Shu-Wan）医师（系病理科住院医师，当时在协和眼科轮转），1925年开始在协和眼科做住院医师，直到1926年5月离开。

DEPARTMENT OF OPHTHALMOLOGY

Harvey J. Howard, M.D., Oph.D., F.A.C.S.	Professor and Head of the Department
Tsing-meu Li, M.D.	Associate Professor
**Hua-teh Pi, M.D.	Assistant
**Wen-ping Ling, M.D.	Assistant
Tan-piew Lee, M.D.	Assistant *(From September 1, 1926)*
Peter S. Soudakoff, M.D.	Part-time Assistant
Yik-ping Chan, M.D.	Assistant Resident
Shu-wan Liu, M.D.	Assistant Resident *(Until May 16, 1926)*

1926年《协和年鉴》记载的眼科员工

DEPARTMENT OF OPHTHALMOLOGY

Harvey J. Howard, A.M., M.D., Oph.D., F.A.C.S.	Professor of Ophthalmology and Head of the Department
***Tsing-meu Li, M.D.	Associate Professor of Ophthalmology *(Resigned May, 1927)*
Hua-teh Pi, M.D.	Assistant in Ophthalmology
Wen-ping Ling, M.D.	Assistant in Ophthalmology
Tan-piew Lee, A.B., M.D.	Assistant in Ophthalmology
Peter S. Soudakoff, B. Ph., M.D.	Assistant in Ophthalmology
Pao-ping Liang, M.D.	Assistant in Ophthalmology
Richard Y. Y. Chiang, M.D.	Assistant Resident
Chih-huan Ling, M.D.	Assistant Resident

1927年《协和年鉴》记载的眼科员工

梁宝平（Liang Pao-ping）医师，1926年进入协和眼科，是协和医学院首届（此处指以协和医学院名义开始招生的第一届，不包括协和医学堂时代）为数不多的毕业生之一，获医学博士学位，并于之前的两年（1924—1926）在美国宾夕法尼亚大学医学院学习，1927—1928年，他转到内科从事实验室工作，之后加入位于天津的自家哥哥开的私人执业机构。

1924年协和医学院首届毕业生（左一为梁宝平）

理查德·蒋（Richard Y. Y. Chiang）医师，1926—1927年在协和眼科做住院医师。

DEPARTMENT OF OPHTHALMOLOGY

ARNOLD PILLAT, M.D.,
Associate Professor of Ophthalmology and Head of the Department (from February, 1928)

HUA-TEH PI, M.D.,
Instructor in Ophthalmology

WEN-PING LING, M.D.,
Assistant in Ophthalmology

TAN-PIEW LEE, A.B., M.D.,
Assistant in Ophthalmology

PETER S. SOUDAKOFF, B.PH., M.D.,
Clinical Assistant in Ophthalmology

CHEN-HU CHOU, B.SC.,
Assistant in Ophthalmology

SHIH-HSI LIN, M.D.,
Assistant Resident

MENG-CH'UN TAI, M.D.,
Assistant Resident (from March, 1928)

1928年《协和年鉴》记载的眼科员工

凌炽桓（Ling Chin-Huan）医师，1926年毕业于北京协和医学院，1948年受聘成为岭南大学医学院（今中山大学医学院的前身之一）耳鼻喉科教授，1926—1927年在协和眼科做住院医师。

裴乐德（Arnold Pillat）医师，从1928年2月开始，接替郝文德医师，担任协和眼科第二任主任。详见后文专门传略。

毕华德（Pi Hua-Teh）医师，1927—1928年担任眼科导师。

周诚浒（Chou Chen-Hu）医师，1922年毕业于协和医学院，1927年加入协和眼科，详见后文专门传略。

林世熙（Lin Shin-Hsi）医师，系耳鼻喉科住院医师，当时在协和眼科轮转。祖籍广东，生于天津。1921年、1925年先后获得约翰·霍普金斯大学医学学士、博士学位。1926年回国入协和医学院做眼科研究生，1927—1928年在协和眼科做住院医师。1928年在天津自行开业，1930年至1949年在上海行医，并担任上海医学化验所所长。后到香港，历任九龙医院、玛丽医院及广华医院等公共医院耳鼻喉科主任。

戴孟群（Tai Meng-Chun）医师（毕业于湘雅医学院，后来到北京协和医院眼科做研究生，之后任职于颜福庆在长沙创办的仁术医院，即湖南省

DEPARTMENT OF OPHTHALMOLOGY

Arnold Pillat, M.D.,
Associate Professor of Ophthalmology and Head of the Department
Hua-teh Pi, M.D.,
Associate in Ophthalmology
Wen-ping Ling, M.D.,
Assistant in Ophthalmology
Tan-piew Lee, A.B., M.D.,
Assistant in Ophthalmology
*Pao-hua Liu, M.D.,
Assistant in Ophthalmology
Peter S. Soudakoff, B. Ph., M.D.,
Clinical Assistant in Ophthalmology
Chen-hu Chou, B.Sc., M.D.,
Assistant in Ophthalmology
Hsi-teh Ch'en, M.D.,
Assistant Resident
Meng-ch'un Tai, M.D.,
Assistant Resident
*Shih-pu Chang, M.D.,
Assistant Resident

1929年《协和年鉴》记载的眼科员工

刘宝华

人民医院的前身），1928年3月开始在协和眼科做住院医师，到1929年2月底结束任职。

刘宝华（Liu Pao-Hua）医师，1897年出生于河北完县（今顺平县，隶属保定市），1915年毕业于保定育德中学，次年考入北京大学预科，继而考入北京医学专门学校（中国政府依靠自己的力量开办的第一所专门传授西方医学的国立医学校，也是北京大学医学部的前身）。1924年夏，赴德国、奥地利、捷克诸国医科大学专攻眼科，在欧洲接受了眼科专科训练达4年。1928年底，作为志愿助理在协和眼科工作了两个月，于1929年1月开始正式在眼科做主治医师，同年11月，在国立北平医学院（National Medical College of Peiping，北洋政府时期唯一的国立高等医学院。1937年“卢沟桥事变”之后，全校西迁，与国立北平师范大学、国立北洋工学院合组国立西安临时大学，经过历史沿革，现在成为西安交通大学医学部）的紧急敦促下，非常不情愿地放下手头工作，出任了该院的眼科主任。1932年5月和毕华德医师及裴乐德医师一起，在北京协和医院召开会议成立北平眼科学会，会议推举毕华德医师为首任会长，刘宝华医师为副会长（后1934—1935年任会长）。1933年春，他辞去教授职务，创办启明眼科医院，直至1945年8月抗战胜利，应铁道部聘任成为北京铁路医院院长兼眼科主任，不幸于1949年2月14日因心脏病逝世，享年53岁。

陈锡德（Chen Hsi-The）医师，1928—1929年在协和眼科做住院医师。

张式溥（Chang Shih-Pu）医师，1917年毕业于北京医学专门学校，1929年加入协和眼科，详见后文专门传略。

DEPARTMENT OF OPHTHALMOLOGY

Arnold Pillat, M.D.,
Associate Professor of Ophthalmology and Head of the Department to February 1930

Ludwig Sallmann, M.D.,
Associate Professor of Ophthalmology and Acting Head of the Department from February 1930

Hua-teh Pi, M.D.,
Associate in Ophthalmology

Isa John, M.D.,**
Associate in Ophthalmology

Wen-ping Ling, M.D.,
Instructor in Ophthalmology

Peter S. Soudakoff, B. Ph., M.D.,
Assistant in Clinical Ophthalmology

Shih-pu Chang, M.D.,
Assistant in Clinical Ophthalmology

Sing-mei Kiang, M.D.,
Assistant Resident

Tin-kwan Lam, M.D.,
Assistant Resident

Tze-kuang T'ang, M.D.,
Assistant Resident

1930年《协和年鉴》记载的眼科员工

路德维希·冯·索曼（Ludwig von Sallmann）医师，在裴乐德主任前往美国考察期间，从1930年2月开始担任协和眼科第三任主任，直到1931年2月卸任。详见后文专门传略。

伊萨·约翰（Isa John）医师，来自维也纳，由于人手紧缺，于1929年11月开始在协和眼科做主治医师，直到1932年下半年随裴乐德主任的离任而离开。

林文秉（Ling Wen-Ping）医师，1929—1930年任眼科导师。

姜辛曼（Kiang Sing-Mei）医师，1924年毕业于江苏公立医学专门学校（上海医学院前身），1929年加入协和眼科，1929—1934年在协和眼科从住院医师做到主治医师，详见后文专门传略。

林天均（Lam Tin-Kwan）医师，1929—1930年在协和眼科做住院医师。

汤泽光（Tang Tze-Kuang）医师（系内科住院医师，在协和眼科轮转；后来成为我国著名的病理生理学家，中国病理生理学会第一届名誉理事长），1929—1930年在协和眼科做住院医师，1931年曾与协和医院皮肤科的胡传揆（Hu C. K.）医师（当时已是副教授，后来成为我国著名的医学教育家和皮肤性病学家）合作，在《中国国家医学杂志》（*National Medical Journal of China*）上发表论文《结膜穹隆部的硬下疳》（"Chancre of the Retrotarsal Fold"），这是又一老协和时代眼科与其他科密切合作的案例。

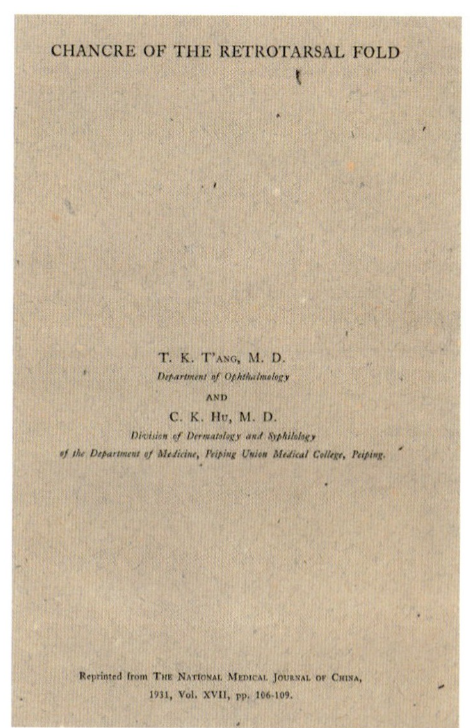
CHANCRE OF THE RETROTARSAL FOLD

T. K. T'ANG, M. D.
Department of Ophthalmology
AND
C. K. HU, M. D.
Division of Dermatology and Syphilology of the Department of Medicine, Peiping Union Medical College, Peiping.

Reprinted from THE NATIONAL MEDICAL JOURNAL OF CHINA, 1931, Vol. XVII, pp. 106-109.

汤泽光医师与皮肤科胡传揆医师合作，于1931年在《中国国家医学杂志》上发表的论文（部分）

孔宪杰（Kung Hsien-Gieh）医师（系耳鼻喉科住院医师，当时在协和眼科轮转），1930—1931年在协和眼科做住院医师。

潘作新（Pan Tso-Hsin）医师，1930年毕业于协和医学院，同年留科，1930—1934年在协和医院从住院医师做到主治医师，详见后文专门传略。

DEPARTMENT OF OPHTHALMOLOGY

ARNOLD PILLAT, M.D.,
Professor of Ophthalmology and Head of the Department from January, 1931

LUDWIG SALLMANN, M.D.,
Assistant Professor of Ophthalmology and Acting Head of the Department to February, 1931

HUA-TEH PI, M.D.,
Associate in Ophthalmology

ISA JOHN, M.D.,
Associate in Ophthalmology

WEN-PING LING, M.D.,
Associate in Ophthalmology

PETER S. SOUDAKOFF, B. PH., M.D.,
Assistant in Clinical Ophthalmology

SHIH-PU CHANG, M.D.,
Assistant in Clinical Ophthalmology

SING-MEI KIANG, M.D.,
Assistant Resident

HSIEN-GIEH KUNG, M.D.,
Assistant Resident

TSO-HSIN P'AN, M.D.,
Assistant Resident

1931年《协和年鉴》记载的眼科员工

DEPARTMENT OF OPHTHALMOLOGY

ARNOLD PILLAT, M.D.
Professor of Ophthalmology and Head of the Department

HUA-TEH PI, M.D.
Associate in Ophthalmology

ISA JOHN, M.D.
Associate in Ophthalmology

WEN-PING LING, M.D.
Associate in Ophthalmology

PETER S. SOUDAKOFF, B. PH., M.D.
Assistant in Clinical Ophthalmology

SHIH-PU CHANG, M.D.
Assistant in Clinical Ophthalmology

SING-MEI KIANG, M.D.
Assistant in Ophthalmology and Assistant Resident

TSO-HSIN P'AN, M.D.
Assistant Resident

WEI-TU P'AN, M.D.
Assistant Resident

1932年《协和年鉴》记载的眼科员工

DEPARTMENT OF OPHTHALMOLOGY

ARNOLD PILLAT, M.D.
Professor of Ophthalmology and Head of the Department to November 30, 1932

HUA-TEH PI, M.D.
Associate in Ophthalmology

WEN-PING LING, M.D.
Associate in Ophthalmology

PETER S. SOUDAKOFF, B. PH., M.D.
Associate in Ophthalmology

SHIH-PU CHANG, M.D.
Associate in Ophthalmology

SING-MEI KIANG, M.D.
Assistant in Ophthalmology

TSO-HSIN P'AN, M.D.
Assistant in Ophthalmology

HUI-HSI FENG, M.D.
Assistant Resident

CHING-K'UEI LIN, M.D.
Assistant Resident

TSUNG-HSIEN LUO, M.D.
Assistant Resident

1933年《协和年鉴》记载的眼科员工

冯惠熹医师，1932年毕业于北京协和医学院，后成为一名国际知名的眼科医生

潘为杜（Pan Wei-Tu）医师，1931—1932年在协和眼科做住院医师。

冯蕙熹（Feng Hui-Hsi）博士，又名玛丽·冯（Marie Feng），1932年毕业于北京协和医学院，获医学博士学位，1932—1935年在协和眼科从住院医师做到主治医师。1937年在美国纽约哥伦比亚长老会医院（Columbia-Presbyterian Hospital）做了1年研修生，后前往香港，晚年居住于加拿大渥太华。

林景奎（Lin Ching-Kuei）医师，1931年毕业于北京协和医学院，留协和眼科工作，直到1942年协和关闭时离开，彼时已升任副教授，详见后文专门传略。

DEPARTMENT OF OPHTHALMOLOGY

PETER C KRONFELD, M.D., *Professor of Ophthalmology and Head of the Department from January 15, 1934*
HUA-TEH PI, M.D., *Assistant Professor of Ophthalmology and Acting Head of the Department to January 15, 1934*
PETER S. SOUDAKOFF, B. PH., M.D., *Associate in Ophthalmology*
SHIH-PU CHANG, M.D., *Associate in Ophthalmology*
SING-MEI KIANG, M.D., *Assistant in Ophthalmology*
TSO-HSIN P'AN, M.D., *Assistant in Ophthalmology*
JUN-TEH TANG, M.D., *Assistant in Ophthalmology*
HUI-HSI FENG, M.D., *Assistant Resident Ophthalmologist*
CHING-K'UEI LIN, M.D., *Assistant Resident Ophthalmologist*
TSUNG-HSIEN LUO, M.D., *Assistant Resident Ophthalmologist*

1934年《协和年鉴》记载的眼科员工

罗宗贤（Luo Tsung-Hsien）医师，1932年毕业于北京协和医学院，同年入职协和眼科，后来成为协和眼科第五任主任，也是协和第一位中国人主任和任期最长的主任，详见后文专门传略。

孔培德医师，从1934年1月开始，接任裴乐德医师，担任协和眼科第四任主任。详见后文专门传略。

毕华德医师，1932年11月裴乐德主任离任至1934年1月孔培德主任上任之前，担任眼科的执行主任（代理主任）。

汤润德（Tang Jun-Teh）女士，毕业于燕京大学，获理学学士学位，1933年入职协和眼科，任眼科助理。

陈文润（Chen Wen-Yuin）医师（后来成为始建于1956年的天津市第一中心医院眼科第一任主任），1934—1936年在协和眼科做住院医师。

齐续哲（Chi Hsu-Che）医师，满族，1933年毕业于北平大学医学院（后来在新中国成立前，历任江西医学院、中正医学院教授，中央大学医学院系主任、教授，西北大学医学院教授；新中国成立后，历任华东军区医院眼科主任，第五军医大学教授，南京军区总医院眼科主任、主任医师，总后勤部卫生部医学科技委员会委员）。1934—1935年在协和眼科做住院医师。1936年曾在《中华医学杂志》上发表论文《临床报告与讨论：沙眼局部使用奎宁疗法的临床经验》(“Clinical Reports and Discussions: Clinical Experiences with Local Quinine Therapy in Trachoma”),总结了孔培德主任任期内已在协和眼科广泛应用于沙眼临床治疗的硫酸奎宁疗法。1952年开展角膜移植术，并创制角膜移植固定盘。1956年发现丝虫在眼内寄生，研究还涉及眼外伤、外伤所致脉络膜视网膜炎、某些全身性疾病的眼部病变，著有《眼外伤》等。

DEPARTMENT OF OPHTHALMOLOGY

PETER C. KRONFELD, M.D.,
Professor of Ophthalmology and Head of the Department

HUA-TEH PI, M.D.,
Assistant Professor of Clinical Ophthalmology

PETER S. SOUDAKOFF, B. PH., M.D.,
Associate in Ophthalmology

SHIH-PU CHANG, M.D.,
Associate in Ophthalmology

HUI-HSI FENG, M.D.,
Assistant in Ophthalmology

CHING-K'UEI LIN, M.D.,
Assistant in Ophthalmology

TSUNG-HSIEN LUO, M.D.,
Assistant in Ophthalmology

WEN-YUIN CH'EN, M D.,
Assistant Resident Ophthalmologist

HSU-CHE CH'I, M.D.,*
Assistant Resident Ophthalmologist

CH'ENG-FANG CH'U, M.D.,
Assistant Resident Ophthalmologist

CH'ANG-SUNG FAN, M.D.,
Assistant Resident Ophthalmologist

1935年《协和年鉴》记载的眼科员工

瞿承方(Chu Cheng-Fang)医师，1933年毕业于北京协和医学院，获医学博士学位。1934—1935年在协和眼科做住院医师。1936年去美国哈佛大学医学院做博士后研究。1937年归国，协助其父在上海华山路360号复建瞿直甫医院，任院长，各科主任医师均为协和医学院同学。新中国成立后，瞿直甫医院由于管理严格规范，医疗水平较高，被上海市人民政府授予“典型医院”称号，瞿承方作为私立医院的代表当选为上海市第一届人民代表大会

Chinese Medical Journal, **50**: *1401-1404, 1936.*

CLINICAL REPORTS AND DISCUSSIONS

CLINICAL EXPERIENCES WITH LOCAL QUININE THERAPY IN TRACHOMA

H. C. CH'I, M.D.

Department of Ophthalmology, Peiping Union Medical College, Peiping, China

In the American Journal of Ophthalmology, V. 18, No. 7, 1935,* Dr. Selinger (University of Chicago) published a preliminary report of a new treatment for trachoma which had been tried in 8 cases and had given remarkably satisfactory results. The drug used was quinine bisulphate.

Dr. Selinger in his paper mentions and discounts a large number of drugs which are widely used for trachoma. The drawback of the corrosive drugs has been that they require such a long time, often years, for satisfactory term of treatment, and besides, their usage causes severe pain, so severe at time, that it can not be tolerated.

He further points out that the ideal drug should possess destructive action on the cellular elements of the follicles and papillary hypertrophy, and also should be a bactericide, but not too irritative for prolonged use. Such a drug he has found in quinine; he describes its properties as follows:—

Quinine, besides being an astringent and a bactericide, is a protoplasmic poison. Because of its alkaloidal properties, it can pass through the living cells and penetrate deeply into the tissues on being applied locally to mucous membranes. It destroys the pathological accumulation of lymphoid tissue by its action as protoplasmic poison.

In order to determine whether local application of quinine would cause any harm to the living tissue, animal experiments were done and these showed no evidence of irritation or damage to the normal tissues of the eye.

*See also this issue of C.M.J. pp. 1449-1452.

1936年，齐续哲医师在《中华医学杂志》上发表的论文

上海瞿直甫医院

代表，后又当选为第二届人民代表大会代表，第三届市政协委员，1956年加入农工民主党。1956年，上海的私立医院全部改为公立，瞿直甫医院与德济医院合并为静安医院，迁址后改称静安老年医院。1975年调任卢湾区中心医院院长。1975年退休后创建老年医学会，编写《老年病防治知识》一书。1987年10月受聘成为上海市文史馆馆员。①

樊长松（Fan Chang-Sung）医师，内科住院医师，1934年7月开始在协和眼科做住院医师，同年12月开始，因病休养了大约9个月，1935年9月回来继续工作，直到1937年。齐续哲医师则从1934年底开始，在樊长松医师离开期间，担任协和眼科住院医师。

DEPARTMENT OF OPHTHALMOLOGY

PETER C. KRONFELD, M.D.,
Professor of Ophthalmology and Head of the Department
HUA-TEH PI, M.D.,
Assistant Professor of Clinical Ophthalmology
PETER S. SOUDAKOFF, B. PH., M.D.,
Associate in Ophthalmology
SHIH-PU CHANG, M.D.,**
Associate in Ophthalmology
CHING-K'UEI LIN, M.D.,
Assistant in Ophthalmology
TSUNG-HSIEN LUO, M.D.,
Assistant in Ophthalmology
WEN-YUIN CH'EN, M.D.,
Assistant Resident Ophthalmologist
RENALD P. CH'ING, M.D.,
Assistant Resident Ophthalmologist
CH'ANG-SUNG FAN, M.D.,*
Assistant Resident Ophthalmologist
CHIH-CHIANG TENG, M.D.,
Assistant Resident Ophthalmologist

1936年《协和年鉴》记载的眼科员工

雷纳德·秦（Renald P. Ching）医师，1935—1937年在协和眼科做住院医师。

邓志强（Teng Chih-Chiang）医师，1935—1937年在协和眼科做住院医师。

① 资料来源：《学明县志》1985—2000。

DEPARTMENT OF OPHTHALMOLOGY

PETER C. KRONFELD, M.D.,
Professor of Ophthalmology and Head of the Department
HUA-TEH PI, M.D.,
Assistant Professor of Clinical Ophthalmology
PETER S. SOUDAKOFF, B. PH., M.D.,
Associate in Ophthalmology
SHIH-PU CHANG, M.D.,
Associate in Ophthalmology
CHING-K'UEI LIN, M.D.,
Associate in Ophthalmology
TSUNG-HSIEN LUO, M.D.,
Associate in Ophthalmology
RENALD P. CH'ING, M.D.,
Assistant Resident Ophthalmologist
CH'ANG-SUNG FAN, M.D.,
Assistant Resident Ophthalmologist
CHIH-CHIANG TENG, M.D.,
Assistant Resident Ophthalmologist
HSI-LI CHEN, M.D.,
Assistant Resident Ophthalmologist

1937年《协和年鉴》记载的眼科员工

DEPARTMENT OF OPHTHALMOLOGY

*PETER C. KRONFELD, M.D.,
Professor of Ophthalmology and Head of the Department
HUA-TEH PI, M.D.,
Assistant Professor of Clinical Ophthalmology
PETER S. SOUDAKOFF, B. PH., M.D.,
Assistant Professor of Ophthalmology
SHIH-PU CHANG, M.D.,
Associate in Ophthalmology
CHING-K'UEI LIN, B.S., M.D.,
Associate in Ophthalmology
TSUNG-HSIEN LUO, B.S., M.D.,
Associate in Ophthalmology
CHEN-NEI CHAO, M.D.,
Assistant Resident Ophthalmologist
HSI-LI CHEN, M.D.,
Assistant Resident Ophthalmologist
GIA-CHI LIU, M.D.,
Assistant Resident Ophthalmologist

1938年《协和年鉴》记载的眼科员工

另有年度报告中记载的鲁比·丹尼尔（Ruby K. Daniel）医师，来自梅奥诊所，于1935年12月加入协和眼科，1936年11月离开。

陈希礼（Chen Hsi-Li）医师（鼓浪屿医学世家陈氏兄弟中的陈天恩之子，父辈、同辈多人从医，后来各成为一方名医），1936—1940年在协和眼科从住院医师做到主治医师。

DEPARTMENT OF OPHTHALMOLOGY

Peter C. Kronfeld, M.D.,
Professor of Ophthalmology and Head of the Department
Hua-teh Pi, M.D.,
Assistant Professor of Clinical Ophthalmology
Peter S. Soudakoff, B. Ph., M.D.,
Assistant Professor of Ophthalmology
Shih-pu Chang, M.D.,
Instructor in Ophthalmology
Ching-k'uei Lin, B.S., M.D.,
Associats in Ophthalmology
Tsung-hsien Luo, B.S., M.D.,
Associate in Ophthalmology
Hsi-li Chen, B.S. M.D.,
Assistant in Ophthalmology
Gia-chi Liu, M.D.,
First Assistant Resident Ophthalmologist
E Chang, M.D.
Assistant Resident Ophthalmologist
Shao-chao Liang, M.D.,
Assisiant Resident Ophthalmologist
Chen-nei Chao, M.D.,
Assistant Resident Ophthalmologist

1939年《协和年鉴》记载的眼科员工

Chao Chen-Nei医师，1937—1939年在协和眼科做住院医师。

刘家琦（Liu Gia-Chi）医师，1937年毕业于协和医学院，同年留科，1937—1940年从住院医师做到主治医师，详见后文专门传略。

张式溥（Chang Shih-Pu）医师，1938—1939年任协和眼科导师。

张峨（又写作张莪，Chang E）医师，1938年毕业于协和医学院，同年留科，1938—1940年在协和眼科做住院医师，详见后文专门传略。

梁绍造（Liang Shao-Chao）医师，1938—1940年在协和眼科做住院医师。

罗宗贤医师，1939—1940年任协和眼科导师及执行主任，前主任孔培德

DEPARTMENT OF OPHTHALMOLOGY

TSUNG-HSIEN LUO, B.S., M.D.,
Instructor in Ophthalmology and Acting Head of the Department
*PETER S. SOUDAKOFF, B. PH., M.D.,
Assistant Professor of Ophthalmology
CHING-K'UEI LIN, B.S., M.D.,
Instructor in Ophthalmology
HSI-LI CHEN, B.S., M.D.,
Assistant in Ophthalmology
GIA-CHI LIU, B.A., M.D.,
Assistant in Ophthalmology
E CHANG, M.D.,
Assistant Resident Ophthalmologist
MARION Y.M. LI, M.D.,
Assistant Resident Ophthalmologist
SHAO-CHAO LIANG, M.D.,
Assistant Resident Ophthalmologist
JEN-TSUNG SUI, M.D.,
Assistant Resident Ophthalmologist

**FRANK E. BURCH, M.D.,
Visiting Professor of Ophthalmology

1940年《协和年鉴》记载的眼科员工

1935年，隋仁增医师结婚照

先生已于1938年离开协和，前往美国，由于时局关系，此时，美国中华医学基金会及医院暂未委派新的主任前来协和眼科接任。

林景奎（Lin Ghing-Kuei）医师，1939—1940年任协和眼科导师。

马里恩·李（Marion Y. M. Li）医师，1939—1940年在协和眼科做住院医师。

隋仁增（Sui Jen-Tsung）医师，山东威海文登人，青岛总商会会长隋石卿之子，早年在国立北平大学学医，毕业后去日本九州国立大学医学部眼科进修，于1938年进入协和眼科做住院医师。1942年日本关闭协和医院后，回到青岛，开设眼科诊所。1956年任中国人民解放军空军总医院眼科主任。1958年任上海铁路医学院眼科主任、主任医师。1963年任青岛市第二人民医院（后更名为青岛市中心医院）眼科主任。他一生从事眼病研究和治疗，50年代即开展白内障手术、青光眼手术、视网膜脱离热凝固术、眼内异物取出手术等。曾任青岛市眼科学会副主任，为青岛市第五届、第六届政协常委。①

富兰克·伯奇（Frank E. Burch）医师，于1940年1—4月在协和眼科做访问教授。

以上，就是老协和眼科工作人员的概况。

1937年，日本发动“七七事变”，全面抗战序幕拉开，同年8月，北平沦陷，当时的美日关系尚未破裂，有美国背景的北京协和医学院与协和医院尚能维持“正常”运转。许多教职员工纷纷加入抗日救亡运动，甚至开赴前线开设战地医院。医学泰斗张孝骞不愿在沦陷区工作，毅然离开协和，回到湘雅医学院，同年秋代理院长职务。在日军侵略至湖南之后，他多方筹措，率全院师生迁往贵阳。协和热带病学家和医学教育家、抗战后成为协和医学院校长的李宗恩，以及公共卫生学专家朱章赓和妇产科专家杨崇瑞等，也做出了类似选择，迁往大后方贵阳，共同筹建了国立贵阳医学院。

1939年后，有关北京协和医学院将要关闭的流言已经传开，因此学校发表了一个声明：“不会考虑改变北京协和医学院的计划，除非出现董事会无法控制的局面而有此必要。”

这段时间，眼科仍然在坚守，尽管门诊量减少，病房床位也常常被外科征用来收治伤员，但手术量依然维持在与前几年持平的高位，会诊量甚至较前几年还有所增加（见前述统计数字）。

1941年12月8日，日本偷袭珍珠港，上述“董事会无法控制的局面”出

① 资料来自《青岛市卫生志（1891—1990）》。

现了，珍珠港的战火打破了协和暂时安定的局面。

1942年2月的一个清晨，一队日本兵闯入协和，包围了整个建筑群，设立了警戒线，贴起“日美宣战”大字，禁止所有人出入，背着枪在院内到处搜查。刚开始时，包括“敌对的外国人”在内的大多数工作人员都被允许报到上班，日本军方甚至敦促这样做。但后来，根据日本官员的命令，病房不得接收任何新患者，门诊部也被关闭；日本指挥官命令协和医学院停课，1200名中国籍员工被遣散，所有学生必须离校，学医疗和护理的毕业班学生提前得到了通常于6月才颁发的毕业证书。北京协和医学院和医院完全落入了日本人手中。

1942年是协和眼科历史上一个重要的时间节点。这个时候，“老协和”时代结束了，大量老员工四散飘零，转往他处继续各自的医学事业。例如，罗宗贤医生转往北平中和医院（今北大人民医院）和德国医院（今北京医院）；林景奎医生转往天津，同他人一起创办恩光医院；张峨医生先是前往河北，后转往西北兰州，最后加入广东省人民医院。老协和的优良传统和先进理念，也随着他们被带往中国各处，极大地促进了我国眼科事业的发展，不可不说是“塞翁失马，焉知非福”。在这个旧时代里，协和眼科的四位外籍主任、数位后来在全国各大医院成为“开山鼻祖”或主任或知名教授的人物的光辉经历，尤其值得作为后辈的我们，永远传唱。

“老协和”眼科的知名中国教授（部分）

姓名	在协和的年限	外院任职	学会任职
李清茂（Li Tsing-Meu）	1917—1927	协和眼科第一位眼科专职教授，毕业于美国宾夕法尼亚大学，上海圣约翰大学教授	
毕华德（Pi Hua-Teh）	1918—1939	创办北京眼科医院、北大第一医院眼科主任	北京眼科学会首任会长，中华医学会眼科分会新中国成立后首任主委

续表

姓名	在协和的年限	外院任职	学会任职
林文秉（Ling Wen-Ping）	1920—1933	南京中央医院（南京军区总医院的前身，今更名为中国人民解放军东部战区总医院）眼科主任；上海军医大学（今第二军医大学，即中国人民解放军海军军医大学）眼科教研室主任	中华医学会眼科分会第一任副会长、第二任会长
李腾彪（Lee Tan-Piew）	1922—1929	海南医院眼耳鼻喉科主任，岭南大学博济医院（今中山大学附属第二医院）眼耳鼻喉科主管	
张祖棻（Chang Tsu-Feng）	1924—1925	首任甘肃省卫生实验处处长，图云关中国红十字会救护总队总务股主任，贵阳陆军医院院长，1949年11月15日贵阳解放后去了台湾	
陈翼平（Chan Yik-Ping）	1925—1926	于1931—1932年及1947—1948年两度出任国立中山大学第一医院（今中山大学附属第一医院）院长	1935—1936年任第四届广东省医学会副会长
凌炽桓（Ling Chin-Huan）	1926—1927	岭南大学医学院（今中山大学医学院的前身之一）耳鼻喉科教授	
林世熙（Lin Shin-Hsi）	1927—1928	1930—1949年任上海医学化验所所长；后到香港，历任九龙医院、玛丽医院及广华医院等公共医院耳鼻喉科主任	
周诚浒（Chou Chen-Hu）	1927—1929	中国红十字会第一医院（今华山医院）眼科主任，上海第六人民医院眼科主任	上海眼科学会首任会长，中华医学会眼科分会首任会长
刘宝华（Liu Pao-Hua）	1928—1929	国立北平医学院（今西安交通大学医学部）眼科主任，创办启明眼科医院，平津区铁路管理局铁路总医院院长兼眼科主任	北京眼科学会第一届副会长
汤泽光（Tang Tze-Kuang）	1929—1930	我国著名的病理生理学家，岭南大学医学院院长兼博济医院院长，中山医科大学病理生理学教授、教研室主任	曾任中华医学会广东分会会长，中国病理生理学会第一届名誉理事长

续表

姓名	在协和的年限	外院任职	学会任职
张式溥（Chang Shih-Pu）	1929—1939	创办溥洲医院	曾任北京眼科学会会长
姜辛曼（Kiang Sing-Mei）	1929—1934	曾任南京中央医院（南京军区总医院的前身，今更名为中国人民解放军东部战区总医院）眼科主任，江苏医学院眼科主任，浙江大学医学院附属第一医院眼科主任	杭州眼科学会首任主委
潘作新（Pan Tso-Hsin）	1930—1934	曾任南京中央医院（南京军区总医院的前身，今更名为中国人民解放军东部战区总医院）眼科主任，山东大学附属医院院长兼眼科主任，青岛医学院及其附属医院院长	山东省眼科学会主委
林景奎（Lin Ching-Kuei）	1931—1942年“老协和”关闭	曾任天津中纺医院眼科主任，天津市眼科医院挂牌后首任主任（该院历史上第三任），与他人合办天津恩光医院	天津眼科学会第一届委员
罗宗贤（Luo Ts-ung-Hsien）	1932—1942年“老协和”关闭；1948年协和复院至1974年去世	中和医院（今北京大学人民医院）眼科主任（1945—1952），德国医院（今北京医院）特约医师，北京市眼科研究所首任所长	中华医学会眼科分会新中国成立后第一届副主委
陈文润（Chen Wen-Yuin）	1934—1936	天津市第一中心医院眼科第一任主任	
齐续哲（Chi Hsu-Che）	1934—1935	新中国成立前：江西医学院、中正医学院教授，中央大学医学院系主任、教授 新中国成立后：华东军区医院眼科主任，第五军医大学教授，南京军区总医院眼科主任、主任医师	曾任总后勤部卫生部医学科技委员会委员
瞿承方（Chu Cheng-Fang）	1934—1935	1937年协助其父创办上海瞿直甫医院，任院长；1956年该院与德济医院合并为静安医院，迁址后改称静安老年医院	1957年调任卢湾区中心医院院长

续表

姓名	在协和的年限	外院任职	学会任职
刘家琦（Liu Gia-Chi）	1937—1942年“老协和”关闭	曾任北京同仁医院眼科主任，北大医院眼科主任	北京眼科学会会长，中华医学会眼科分会第二届副主委
张峨（Chang E）	1938—1942年“老协和”关闭	曾任兰州医学院眼科主任，广东省人民医院眼科主任	
隋仁增（Sui Jen-Ts-ung）	1939—1942年“老协和”关闭	曾任青岛眼科医院院长，中国人民解放军空军总医院眼科主任，上海铁路医学院眼科主任，青岛市第二人民医院（后更名为青岛市中心医院）眼科主任	
张晓楼（Chang Hsi-ao-lou）	1940—1942年“老协和”关闭	曾任北京同仁医院副院长，北京市眼科研究所首任副所长，后任所长	曾任中华医学会眼科分会会长，任职20年

（陈哲）

〔第四章〕

旧中国历届主任及知名教授传记

第一节 郝文德（Harvey J. Howard）博士

郝文德（1880—1956）博士是北京协和医院眼科第一任主任，任期从1920年直到1927年。1880年，他出生于美国纽约州彻奇维尔（Churchville）一个来自英国的非常古老的家族（最早可追溯到9世纪）——诺福克公爵（Duke of Norfolk）家族的一支后裔家庭，该家族是美国新大陆上历史最悠久的家族之一。1908年，郝文德毕业于美国宾夕法尼亚大学，获医学博士学位。1918年，他又获得科罗拉多大学眼科博士学位。

郝文德博士

1910年，郝文德博士带着全家，来到中国岭南大学医学院的广州博济医院（Canton Boji Hospital，中国第一家西医医学院和医院）任眼耳鼻喉科主任，任期5年。20 世纪初，广泛流行的传染性疾病仍是世界性难题。当时的中国，沙眼肆虐，是致盲的元凶。在广东任职期间，他救治了包括大批沙眼患者在内的众多患者，这是他为自己近50年的从医生涯积累了第一份可贵的临床经验，也与中国结下了不解之缘。

1916年，郝文德博士回到美国，在洛克菲勒基金会的支持下，在哈佛大学学习眼科病理学。在此期间，眼部相关先天畸形是他的研究重点，因为出色的研究，1917年他当选为美国眼科学会（American Ophthalmological Society）成员。

“一战”期间，郝文德博士成为美军军官，受命于新泽西州美军通信医学实验室（U.S. Army Signal Corps Medical Laboratory），与当时享誉世界的著名眼科专家威廉·威尔默（William H. Wilmer）上校、珀西瓦尔·多尔曼（Percival Dolman）上尉、康拉德·贝伦斯（Conrad Berens）中尉并肩工作。郝文德博士将精力集中于研发医疗仪器，开发了霍华德－多尔曼（Howard-Dolman）深度觉测试仪，用于筛选空军飞行员，以了解候选飞行员在几千米高的空中飞行过程中能否正确判断距离。其后几十年，霍华德－多尔曼深度觉测试仪始终是筛选飞行员的“金标准”。直到如今，这一测试仍在被广泛应用。

因为在眼科学领域的资深实践经验，郝文德博士在1919年获得了每一个美国医学工作者都梦寐以求的殊荣——免试通过美国执业医师资格认证。而更加凸显美国执业医师协会对郝文德博士认可的是，同年他便成了美国执业医师考试的考官。

在时任北京协和医学院院长胡恒德（Henry S. Houghton）博士的邀请下，郝文德于1920年来到协和医院眼科上任，他在给洛克菲勒基金会之美国中华医学基金会的回信中，对未来的协和眼科制定了如下规划：眼科要包括光学、病理学部分，要医、教、研一体，每天至少要保证50个门诊量，要有20张床位且其中5张是淋病和沙眼专床，要有专门的眼科图书室（他带来大量的眼科书籍），初期计划每年招收5名研修生。

然而，在北京协和医学院与协和医院创立的最初几年里，中国的大环境并不安稳，政治动荡，战火纷飞。1923年，国共合作。1924年冯玉祥派系与吴佩孚派系进行军阀混战。1925年3月，孙中山逝世。同年，国民政府在广州成立。随后，蒋介石于1926年开始北伐。1927—1928年，国民党内的激进派与温和派之间发生了激烈的冲突，汉口汪伪政权和南京政府成了对立的两方。

郝文德博士正是在这样的动荡岁月背景下，怀揣着作为开创者对协和眼科未来蓝图的构想，积极投身于协和眼科初创时期的各项繁杂工作之中。

他上任的第一个大动作，就是邀请当时世界首屈一指的眼科巨匠——

维也纳的恩斯特·富克斯（1851—1930，Ernst Fuchs）教授，来协和眼科开展研究生讲座（1922年10月23日至11月22日）。当时，吸引了大量不同国籍的医生前来听课，其中甚至有人从千里之外远道而来。路德维希·冯·索曼博士于1930年恩斯特·富克斯教授去世时写下的这段回忆文字，见证了这一重要历史事件的意义："富克斯教授的访问作为一项历史性事件的重要意义在于，它表明了中国的这一小群眼科医师为维持他们所设立的高标准的决心和能力。"（The importance of Prof. Fuchs' visit as a historical event will be proportionate to the determination and ability of the little group of ophthalmologists in China to maintain and perpetuate the high ideals that have been set.）

恩斯特·富克斯

不久之后，恩斯特·富克斯的儿子，同样身为20世纪最伟大的眼科学家之一的阿德尔伯特·富克斯（1887—1973，Adalbert Fuchs），于1923年与稍后到来的裴乐德一起，也来到协和眼科，以访问教授的身份任职，后者留任下来，并在1928年成为协和眼科第二任主任。他们和其他老师，如李清茂、毕华德等，一道在协和眼科进行了开创性的教学工作。根据北京协和医院年鉴记载，1921年当年有研修生14人，其中7名中国人，7名外国人。此外，1923年，还首次开设了9个月的本科课程和春季强化课程，授课内容包括药理学、细菌学、梅毒学、全身结核对眼部的影响、神经和神经病理学、物理光学、屈光、眼外肌、视野等，主要由阿德尔伯特·富克斯执教，还有协和医院内科的其他数位教授以及林文秉、毕华德和赖宗尧的协助。

阿德尔伯特·富克斯不仅在20世纪20年代中期担任过协和眼科客座教授，

举办过学习班，还在日本投降之后的1946年，随联合国善后救济总署（United Nations Relief and Rehabilitation Administration，UNRRA）的中国行动再次归来，在近一年的时间里，几乎踏遍中国各主要城市，在上海、南京、沈阳、成都、汕头、北京等地，进行学术讲座，看门诊，表演手术。1947年，在他即将离开之际，受邀写下《中国眼科学现状》（"Ophthalmology in China"）一文，作为特约述评，发表于《中华医学杂志》（英文版）上，在今天看来，这篇述评，仍有借鉴和指导价值。

阿德尔伯特·富克斯

1947年2月，阿德尔伯特·富克斯教授在华西医院做病理学讲课（右一为青年时代的胡铮教授）后留影

THE
CHINESE MEDICAL JOURNAL

VOLUME 65 NOVEMBER-DECEMBER, 1947 NUMBERS 11 & 12

GUEST EDITORIAL

OPHTHALMOLOGY IN CHINA*

Diseases of the eye play an important role in the social economy of China, affecting the working efficiency of the population through the widespread debilitating conditions resulting in diminished vision and blindness. Many of these cases trace their origin to trachoma, and therefore attempts are being made at the present time to combat this widespread disease. It is my firm conviction, gathered from my previous and recent experiences* in China, that in taking up this challenge, three important phases of the problem need special consideration.

Firstly, "What is trachoma?" Even our well-trained ophthalmologists entertain different conceptions. Official statistics gathered from the same locality varied from 35 percent in one report to 75 per cent in another. A survery made in conjunction with nine well-trained eye specialists in the Tsao Ho Ching Reform Camp for Destitute Children in Shanghai showed an incidence of 25 per cent., while figures up to 100 per cent were reported by others working with the same material (children), under the same social surroundings and conditions of nourishment.

Then "How should trachoma be treated?" Opinions also differ. At a meeting of ophthalmologists held in the National Institute of Health, Nanking, some specialists denied any effect of the sulfonamides on the treatment of trachoma, while others heartily endorsed

* The writer, Dr. Adalbert Fuchs, was visiting professor of ophthalmology at the Peking Union Medical College in 1923-24, during which time he also made a lecture tour through Central China. In 1946, he was asked to join the UNRRA China Mission, and for the past year or so, had travelled extensively, giving post-graduate lectures and clinics, and demonstrating operations in many colleges and eye departments in Shanghai, Nanking, Chinkiang, Chengtu, Kiating, Chungking, Hankow, Swatow and Peiping. On the eve of his departure for America, he was good enough to formulate some of his suggestions for us in this guest article.—ED.

1947年，阿德尔伯特·富克斯教授发表于《中华医学杂志》（英文版）上的特约述评《中国眼科学现状》（部分）

全文翻译如下（田蓉译，陈有信校，2012年发表于《眼界》第二卷，总第8期）：

目前中国的眼科疾病在中国社会经济中扮演着重要角色，这些疾病通过广泛传播，从而导致感染者视力下降和失明，因而影响人群的工作效率。而许多这种病例源自沙眼，因此，目前我们正在与沙眼这种流行病作斗争。鉴于我之前和最近在中国的经验，我坚信，接受这一挑战，值得我们思考的问题有以下三个重要方面。

首先，“什么是沙眼？”。这一问题即使是有经验的眼科专家亦持有不同观念。在同一地区收集的患病率，官方统计数据在不同报告中从35%到75%不等。由9位眼科专家联合进行的对上海曹和勤贫困儿童收容所的调查显示，沙眼患病率为25%，而在相同社会环境和营养条件下，其他人对相同研究对象（儿童）报告的患病率则高达100%。

其次，“沙眼如何治疗？”。对这一问题的选择依然迥异。在南京国家卫生学院举行的眼科医师大会上，一些专家完全否定磺胺类药物对沙眼治疗的效果，而其他人则极力支持这一治疗方法。

一些专家热衷于苯酚疗法，一些支持铜棒涂擦治疗，而其他人则完全反对这些治疗措施。因此，对大规模人群的常规治疗目前很难统一。

这些矛盾源于这样的事实，当今中国存在太多由不同国家和教会组织举办的医学院，各个院校对这一问题所持有的观念不同。另外一个非常重要的原因是，在中国沙眼的初期阶段，其表现类似于由灰尘和光线引起的慢性结膜炎，这种病在中国非常流行。对二者的鉴别诊断很困难，笔者在很多情况下亦难以给出明确意见，除非该病例已详细进行了细菌学检查并被观察了1—2个月的时间。

因此，我建议对沙眼的诱因或致病原因进行深入的研究和调查。在肯定任何一种治疗方法的治疗价值前，必须彻底解决沙眼的鉴别诊断问题。基于这些原则，标准化的治疗应该源于采用别国已采用，并证实有效的不同方法，以治疗大规模的沙眼病例。

实施这一研究任务最合适的地点可能是上文提到的上海附近的曹和勤收容所，这儿有从最穷困阶层收容的、集中于高效管理机制监管下的两三千名儿童。仅需少量经费和两名眼科医师的协助，一位沙眼专家便可在6个月内完成这一项目。

再次，中国眼科医师迫切需要研究生培养中心。大量眼科医师被派遣出国进行研究生学习。其中大部分年轻的候选人因精通业务而入选，他们已经非常训练有素了。这些医师在国外自然受益良多，但是他们仅仅看到了在国内有效工作所需知识的很小一部分，因为在美国和欧洲的现代化城市中常见的眼科疾病与中国完全不同。因此，三十年以前，发现角膜翼状胬肉对于一些欧洲眼科诊所来说是一大轰动新闻，并被作为罕见疾病向所有年轻医师示教，而在中国这种疾病在眼科每天都能见到。

所以，最重要的事情是培训相对大量的眼科医师，尤其是适应他们日后在国内将承担的眼科工作类型，例如，处理各种各样的外眼疾病如沙眼、角膜溃疡、虹膜脱出等的医师。此外，这些日后将在小城市工作的医师，必须接受培训以使用简单的仪器进行工作，因为小型医院并不具备电子设备和昂贵仪器。无论如何也应当谨记，即使没有昂贵仪器和现代机械设备，只要医师们善于利用可及的简单仪器设备，仍然能够做好比较令人满意的临床工作。就像我们的前辈，我们的上一代，没有今天的现代化设备亦成绩斐然。

1．一名经验丰富的眼科学教师。

2．由4—6名对科学、研究和眼科教学感兴趣的助手组成的团队。

3．设立一个门诊，并拥有最低的经费保障，保证即使穷人也能够参与到研究之中。同时应当有可利用的基金以保证需要时可对有意义的病例进行长期随访。

4.30—60张病床，其中大部分病床，约20—40张，对穷人免费。最重要的是有大量且多种多样的研究对象以提供足够的病例示教机会，并保证年轻医师能够学会详细而彻底地检查他们的病例。

5.仪器中应该包括现代设备，但更强调利用廉价的简便设备进行快速和仔细的病例检查。

6．应当设立两种类型的课程。首先是由科室主任和他的助手们所教授的为期10个月的课程。只有日后将在医学院眼科学习至少四年的医师才允许参加这一课程。其次，每年一次或者两次，向需要该专业特殊培训的医师教授为期一个月的完整课程。这些课程的招生人数应当分别限制在10—20人。课程期间应该为学员提供食宿。笔者在1923—1924年曾经尝试过这一课程计划，结果非常令人满意。

7．配备一名绘制外眼和眼底疾病图谱的美术家。

8．出于参考和培训目的，拥有大量标准教科书的好的图书馆至关重要。

9．良好的上皮镜。

与研究生部门关联得好的病理学实验室非常重要。现在全世界的眼科学病理检查均由受过培训的眼科医师实施，而非一般病理医师，因为制备眼球切片很困难，需要接受过特别培训的专门人员进行。这样的病理学实验室的仪器设备和检修花费并不多。实验室的负责人应该是一名眼科医师及病理专家，并且能够在他的日常诊疗工作之外承担这一任务。还应当雇用一两名受过培训的技术员，因为这样的独立实验室需要特别的助手。

所有国内的眼科和眼科医师应当知晓他们可以将切除的眼球送到这里来进行检测，以及是否在政府安排之内免除邮资。实验室应将病理学检查报告连同一些眼球的幻灯一并返回。通过这种方式可以激发眼科医师的兴趣，扩展他们的知识，正如尸检对于临床医师的作用那样。

鉴于眼科学在中国医疗实践中至关重要，且现状步履维艰，我强烈建议设立这样一些并不昂贵却对公众健康和中国医疗教育帮助巨大的项目。

除此之外，得益于郝文德博士与维也纳非同寻常的关系，他还组织了一系列高水平的教学活动，为协和眼科引进了一大批可能在当时将近20年的时间里都算得上伟大的教师，这些卓越而专注的人，后来均位列眼科学巨匠之列，并且他们的部分学生——例如，当时所培养的多位我国本土杰出的眼科学家，包括毕华德、林文秉、周诚浒等大帅，他们发表的研究成果在那时就被收录于全世界各大医学图书馆。

作为首任主任，郝文德博士对科室构架的设计，花费了很多心血，把东洋和西方先进医院的经验引进这所新建立不久的医院，还发表过介绍这些医院的文章。他做了很多协和眼科初创时期的管理、规划工作，比如，建立协和眼科初创时期的基本形制，包括一间诊室、一间门诊手术室、一间暗室、一间办公室、一间独立的实验室；最初还没有设立专门的眼科病房。他规定，从1918年6月开始，北京协和医院眼科门诊每个工作日下午接待门诊患者，并特别安排每周二上午接待淋病性眼炎患者，而每个工作日上午9：30开始则是专门接待沙眼患者的专科门诊；同时，还专门设立了提供给医院内部职工及家属做诊疗的私人门诊（当今国际医疗部的雏形）。

HARVEY J. HOWARD AND W. G. LENNOX
Hospitals in Japan
The Modern Hospital, February, 1923

郝文德博士发表的介绍日本医院的文章题目

在任期间，除了繁

忙的常规诊疗工作，郝文德博士还结合中国国情，领导科室成员进行了许多实用性的治疗研究，比如，在1925年，研究使用注射牛奶治疗淋病性眼炎，用尿酸钠溶液治疗眼部黏膜的急性炎症，用大风子油的乙酯化物和荧光素铜治疗沙眼；在1926年，研究伪麻黄碱溶液在眼表的应用，以及用非常有临床价值的甲状腺－甲状旁腺疫苗治疗严重的眼内炎症，并在国内外期刊上发表了众多具有影响力的论文。

1921—1925年，郝文德博士还担任了末代皇帝溥仪的眼科医生。

在中国期间，郝文德博士还有过一段特殊的经历，他根据这段经历写成了一本传奇之书——《与中国土匪在一起的十周》（*Ten Weeks with Chinese Bandits*），该书曾被译作7国语言，8次再版。

1925年，他和12岁的儿子吉姆（Jim），前往满洲里的农场访问朋友——摩根·帕尔默（Morgan Palmer）上校，没想到这位朋友被黑龙江土匪帮派“红胡子”杀害，而他自己则不幸被掳（1925年7—10月）。在接下来的10周时间里，他随同土匪一道辗转迁移，途中多次受到生命威胁。幸运的是，土匪头子Tzu Jihppen，饱受沙眼所致的双侧角膜溃疡之痛，而郝文德博士正好可以用自己流利的中文和专业之所长，来缓解这名匪首的痛苦。因此他的性命得

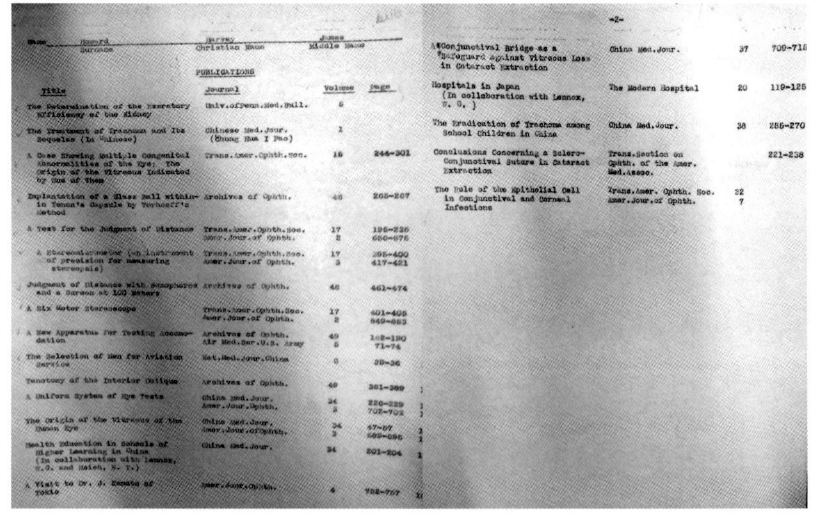

Name Howard (Surname) Harvey (Christian Name) James (Middle Name)

PUBLICATIONS

Title	Journal	Volume	Page
The Determination of the Excretory Efficiency of the Kidney	Univ.ofPenn.Med.Bull.	6	
The Treatment of Trachoma and Its Sequelae (In Chinese)	Chinese Med.Jour. (Chung Hua I Pao)	1	
A Case Showing Multiple Congenital Abnormalities of the Eye: The Origin of the Vitreous Indicated by One of Them	Trans.Amer.Ophth.Soc.	15	244-301
Implantation of a Glass Ball within in Tenon's Capsule by Verhoeff's Method	Archives of Ophth.	48	265-267
A Test for the Judgment of Distance	Trans.Amer.Ophth.Soc. Amer.Jour.of Ophth.	17 2	195-238 656-675
A Stereomicrometer (an instrument of precision for measuring stereopsis)	Trans.Amer.Ophth.Soc. Amer.Jour.of Ophth.	17 3	395-400 417-421
Judgment of Distance with Semaphores and a Screen at 100 Meters	Archives of Ophth.	48	461-474
A Six Meter Stereoscope	Trans.Amer.Ophth.Soc. Amer.Jour.of Ophth.	17 2	401-405 849-853
A New Apparatus for Testing Accommodation	Archives of Ophth. Air Med.Ser.U.S. Army	49 5	182-190 71-74
The Selection of Men for Aviation Service	Nat.Med.Jour.China	6	29-36
Tenotomy of the Interior Oblique	Archives of Ophth.	49	381-389
A Uniform System of Eye Tests	China Med.Jour. Amer.Jour.Ophth.	34 3	226-229 702-703
The Origin of the Vitreous of the Human Eye	China Med.Jour. Amer.Jour.ofOphth.	34 3	47-87 689-696
Health Education in Schools of Higher Learning in China (In collaboration with Lennox, W.G. and Hsieh, N.T.)	China Med.Jour.	34	201-204
A Visit to Dr. J. Komoto of Tokio	Amer.Jour.Ophth.	4	752-757

-2-

Title	Journal	Volume	Page
A Conjunctival Bridge as a Safeguard against Vitreous Loss in Cataract Extraction	China Med.Jour.	37	709-715
Hospitals in Japan (In collaboration with Lennox, W. G.)	The Modern Hospital	20	119-125
The Eradication of Trachoma among School Children in China	China Med.Jour.	38	255-270
Conclusions Concerning a Sclero-Conjunctival Suture in Cataract Extraction	Trans.Section on Ophth. of the Amer. Med.Assoc.		221-238
The Role of the Epithelial Cell in Conjunctival and Corneal Infections	Trans.Amer. Ophth. Soc. Amer.Jour.of Ophth.	22 7	

郝文德博士在协和医院期间，发表论文20余篇

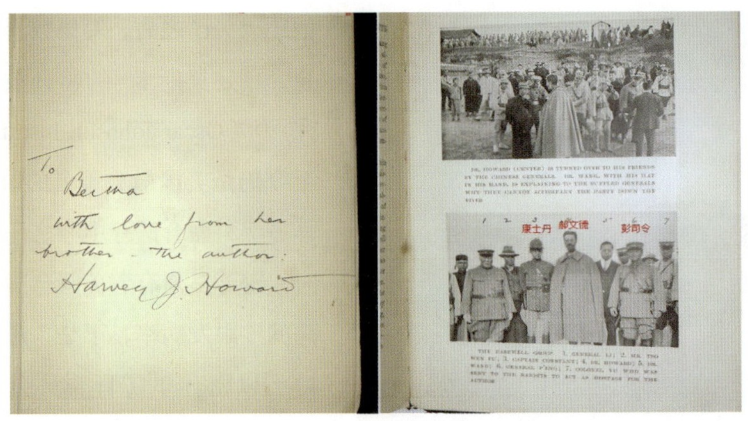

带有郝文德博士亲笔签名页的《与中国土匪在一起的十周》一书

The Peking Leader

Independent Liberal Constructive

Peking, Sunday, September 27th 1925.

American Baseball Leason

DR. HARVEY J. HOWARD, FREE FROM BANDITS AFTER BATTLE, ON WAY TO HARBIN; PERSONAL WIRE TO WIFE

EARLIER REPORTS ROUSED HOPES

FIRST DIRECT WORD FROM P.U.M.C. MAN, A PRISONER FOR OVER TWO MONTHS, COMES FROM MANCHURIAN MOUNTAIN VILLAGE; GUNBOAT TAKING HIM TO HARBIN.

1925年9月27日的《北京导报》对郝文德博士被土匪绑架一事的报道

以保全。随后，郝文德博士被释放，而那名土匪头子则成了他的一位友好的访客，不时地来访，直至他离开北京。

郝文德博士被北洋政府授予五级文虎勋章。

北洋政府授予郝文德博士的五级文虎勋章

1927年6月，郝文德博士离开协和，回到他位于美国圣路易斯的家乡，被任命为华盛顿大学眼科主任，直至1932年。他结合自己在中国与沙眼——这一当时世界上最糟糕的疾病——博弈12年的经验，在华盛顿大学任职期间，为一项重大的“沙眼纪念碑式的研究”（Monumental Study of Trachoma）争取到捐款。

奥斯卡·约翰逊眼科研究所

他还以一己之力，筹集数百万美金，创建奥斯卡·约翰逊眼科研究所（Oscar Johnson Institute），至今仍是美国最为著名的眼科–耳鼻喉科联合医疗中心之一。当时，密苏里州有着美国全国第二高的沙眼发病率，于是，郝文德博士以密苏里防盲委员会医学主任的身份，于1931—1948年，继续了自己同沙眼的斗争。1950年，他在佛罗里达州退休。1956年，郝文德博士去世，享年76岁。之后不久，沙眼的病原体被分离出来。时至今日，沙眼，这一首次记录于公元前1900年的疾病，已经可以通过良好的清洁卫生习惯而被预防，并且可以通过抗生素的使用而被治愈了。

（陈哲　张梦雨）

第二节　裴乐德（Arnold Pillat）博士

裴乐德（1891—1975）博士是协和眼科第二任主任，任期有两段，分别是从1928年到1930年和从1931年到1933年，中间有过短暂的因故离开。他于1891年出生在奥匈帝国时期的一座小村——卢索望（Ruschowan），1918年在布拉格的卡尔·费迪南德大学获得了医学博士学位，同年进入维也纳大学眼科第二诊所。1925年，他以访问教授的身份来到北京协和医院任职，并在1928年接替郝文德博士成为第二任眼科主任。

裴乐德博士除了繁忙的临床诊疗工作外，还是一位杰出的演说家和优秀的研究者。在中国期间，他非常关注全身疾病与眼部表现的关系，因此在教学上，他一直大声疾呼眼疾与全身病的关系，强调眼科并非独立的医学分支学科，而是“与全身其他疾病相关联的眼部症状学”，并因此倡导增加当时中国医学教育中眼科专科教育的学时，以便医学生们在遇到具有眼部疾病的全身病时，不至于束手无策。在临床上，他把研究重点主要放在与维生素 A 缺乏症有关的眼病上，例如，角膜萎缩症、夜盲症、干眼症等，这非常符合中国当时的国情。他调研了维生素 A 缺乏引起的眼病在北平以北军营中的发生情况，并总结了这一疾病在成年人中的主要表现形式，为这类眼病的筛查和诊断提供了标准。在1939年回国后，他根据在北平的研究成果，还编写了《维生素 A 缺乏症手册》。此外，他还针对中国人群的特点进行了研究，例如，研究了中国沙眼的病因学、治疗状况，以及疾病控制；分析了中国当时的手术、非手术治疗导致的损伤；总结和说明了中国常用的眼科治疗药物，为规范用药提供了借鉴。裴乐德博士还在年龄相关性眼部变化和退行性眼病、全身疾病引起的眼病以及一些流行性眼病中，取得了很多研究成

裴乐德博士

中华民国外交部颁发的裴乐德博士旅居中国的护照

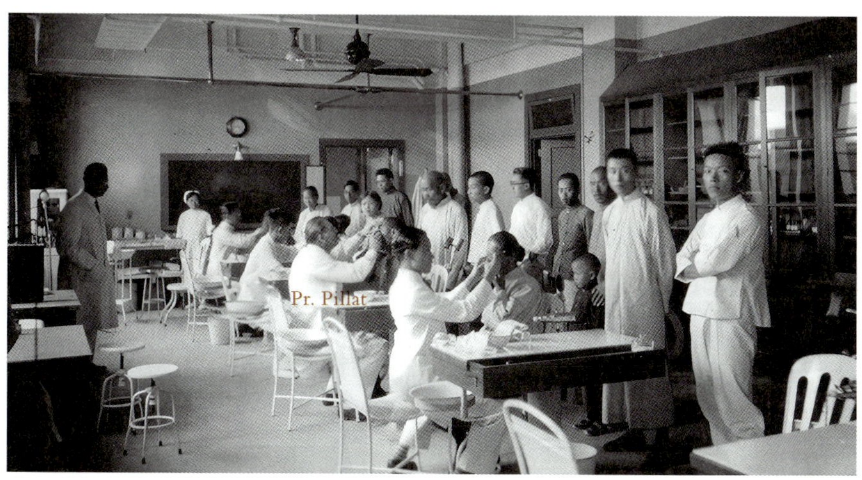

20世纪30年代初裴乐德博士（图中注字者）同其他医生一起看诊

National Medical Journal of China, 1929, XV, 585-591.

THE FREQUENCY OF DEFICIENCY DISEASES OF THE EYE DUE TO LACK OF VITAMIN A IN A MILITARY CAMP NORTH OF PEIPING

DR. ARNOLD PILLAT

Department of Ophthalmology, Peiping Union Medical College, Peiping.

Since the bulk of the cases of keratomalacia in adults seen in the eye clinic of the Peiping Union Medical College Hospital between January and May 1929 were in soldiers, I was interested in visiting a camp to see the conditions under which the soldiers lived and to investigate the different forms of deficiency diseases present and their frequency. Dr. C. H. Chou, my assistant, accompanied me, and I wish to express my appreciation of his services as interpreter and for the notes he made for me at the time.

On our arrival the high officers of the camp ordered all soldiers with eye complaints to come for inspection. There were about 3,000 soldiers in this camp and in a few minutes 209 of them were our patients. This brief report deals with the deficiency diseases of the eye, observed in these 209 soldiers.

In the following summary of the findings the diseases have been grouped according to the complaint of the patients:

	A. Complaint of nightblindness =	70
I.	Nightblindness	31
II.	Nightblindness + xerosis epithelialis conjunctivae	
1.	„ + Bitot's spots	6
2.	„ + wrinkling of bulbar conjunctiva	3
III.	Nightblindness + pigmentation of fornix conjunctiva	15
IV.	Nightblindness + xerosis conjunctivae + pigmentation	
1.	„ + Bitot's spots + pigmentation	3
2.	„ + wrinkling of bulbar conjunctiva + pigmentation	4
V.	Nightblindness + prexerosis	
1.	„ + prexerosis + Bitot's spots	1
2.	„ + „ + „ „ + pigmentation	2
3.	„ + „ + pigmentation	1

1929年，裴乐德博士发表在《中华医学杂志》上的文章《维生素A缺乏引起的眼病在北平以北军营中的发生情况》

THE MAIN SYMPTOMS OF THE EYE IN VITAMIN A DEFICIENCY IN ADULTS

Dr. ARNOLD PILLAT

Reprinted from The National Medical Journal of China, 1929, Vol. XV, pp. 614-628.

1929年，裴乐德博士发表在《中华医学杂志》上的文章《维生素A缺乏在成人中的主要眼部症状》（首页）

STUDIES ON THE ETIOLOGY OF TRACHOMA

By HOBART A. REIMANN, M.D., and ARNOLD PILLAT, M.D.

(From the Department of Medicine and the Department of Ophthalmology, Peiping Union Medical College, Peiping, China)

(Received for publication, October 7, 1930)

Bacterium granulosis, n. sp., was recently shown by Noguchi[1] to be the cause of trachoma among the Amerinds of New Mexico. By inoculating special culture media with material obtained from trachomatous conjunctivae he isolated a hitherto unknown bacillus, which when inoculated into the conjunctiva of monkeys produced pathologic changes analogous to trachoma in humans. The disease could be transferred from monkey to monkey and the bacillus could be recovered from the lesions. Lindner,[2] however, who subsequently examined Noguchi's monkeys believed that the conjunctival lesions were not typical of trachoma but were merely the result of a follicular conjunctivitis (*bindehautfollikulose*).

The prevalence of trachoma among the natives of North China furnished an unusual opportunity for further experimental studies. Attempts were made to confirm Noguchi's work by recovering *B. granulosis* from several typical cases, and to reproduce the disease in monkeys.

Cases Investigated.—Five typical cases were selected for study. A brief clinical description of the cases used follows.

Case 1.—Papillary and follicular (mixed) trachoma of both eyes of about 1 year's duration in a student, aged 20. The bulbar conjunctiva was injected only in the periphery, the left cornea was clear, the right one showed a beginning pannus. Material for study was obtained from the right eye. Stained smears of the scraped off epithelium from the upper fornix of the right eye revealed Prowazek-Halberstädter inclusion bodies, some "cap" forms and some large ones.

Case 2.—Papillary trachoma of the lower and upper lids with many follicles in the upper fornix conjunctiva in a male, 20 years old. Duration 1 year. The

[1] Noguchi, H., *J. Exp. Med.*, 1928, **48**, supplement 2, 1.
[2] Lindner, K., *Arch. Ophth.*, Leipsic, 1929, **122**, 391.

687

1930年，裴乐德博士发表在《实验医学杂志》上的文章《沙眼病因学研究》（部分）

果，许多病例都是他首次报告的。

在1930—1931年短暂离任并前往美国，其间裴乐德博士几乎访遍了美国的主要大学，领略了丰富的教育和科研实践经验。在任期的第二时段，他把这些经验带回了中国，应用到协和眼科日常工作中的方方面面，对科室产生了极大的积极影响。

裴乐德博士为协和眼科后来的发展书写了良好的开端，在他的带领下，一大批优秀的眼科临床和科研工作者涌现出来并不断成长，为协和眼科的未来打下了坚实的基础。例如，他招募1920年毕业于美国哈佛大学的林文秉医师，创建了中国第一个眼科病理实验室，研究了感染性疾病的眼底检查；路德维希·冯·索曼医师发表了关于将空气注入前房后荧光素从血液到房水传输的研究；毕华德医师致力于研究沙眼中的包含体，以及虹膜睫状体炎；周诚浒医师详细报道了一例隐眼畸形的患儿；张式溥医师研究了丝状角膜炎、沙眼和色盲的发病率，以及放射治疗对角膜瘘和增殖性视网膜炎的影响；汤泽光医师与皮肤科合作报道了一例罕见的梅毒相关性睑板后襞硬下疳；马文昭（Ma Wen-Chao）医师在裴乐德博士的指导下，研究了白兔睫状体柱状上皮的功能；C. Pak 医师在他的帮助下，用英文总结了基于《本草纲目》的各种传统眼用中草药；而彼得·桑德科夫医师则产出颇丰，例如，研究了球后注射酒精后眼球病理解剖变化，神经麻痹性角膜炎对细菌感染的耐受性，维生素 A 缺乏性疾病的暗适应，以及结膜浆细胞瘤和慢性结核性泪囊炎的放射性镭治疗。

在裴乐德博士任期内，1932年5月，由毕华德医师、他本人与原先在协和医院但后来转至国立北平医学院（National Medical College of Peiping）的刘宝华医师和卫理公会教会医院（Methodist Mission Hospital）一同发起，联合河北省的其他许多私立诊疗机构，在北京协和医院召开会议，成立北平眼科学会，推举毕华德医师为首任会长，刘宝华医师为副会长，每月定期举办特殊病例的讨论会和干货满满的学术演讲，会议内容以中文和英文两种形式在《中华医学杂志》上发布。许多低年资医生在这种定期举办的讨论会上，通过汇报特殊病例，得到很大的训练和提高。

102　　THE CHINESE MEDICAL JOURNAL

found that these two eye drugs contain chiefly calcium salts in the form of calcium carbonate and calcium oxide and that *Ling Kuang Tan* contains also pure camphor.

Because some of the native eye drugs produced severe injuries of the eye, we have performed experiments on the rabbit's eye and chemical analyses of ten different samples of the most popular Chinese eye drugs prepared according to secret prescriptions by ten different drugstores. Nine samples were obtained from different Chinese drugstores in Peiping and one was obtained from Kiang Yin in Kiangsu, where it used to be popular. Furthermore, we have tested some of the leading Chinese drugs which were used for the preparation of eye remedies. The name of the ten Chinese eye drugs for our study is as follows:—

1. *Jih Yueh Kuang Ming San* (日月光明散) T'ung Jen T'ang, Peiping
2. *Pa Pao T'ung Ming San* (八寶通明散) Ching Jen T'ang, Peiping.
3. *P'o Yün San* (撥雲散) Hung Jen T'ang, Peiping.
4. *Yü Lu Ning Shuang* (玉露凝霜) T'ai Ho T'ang, Peiping.
5. *Pa Pao T'ui Yün San* (八寶推雲散) Shou Shan Hao, Kiangsu.
6. *T'ien Te T'ang Yen Yao* (天德堂眼藥) T'ien Te T'ang, Peiping.
7. *Kua Tsu Yen Yao* (瓜子眼藥) Ta Jen T'ang, Peiping.
8. *Jih Yüeh Kuang Ming San* (日月光明散) Ta Jen T'ang, Peiping.
9. *P'o Yün San* (撥雲散) Chi Jen T'ang, Peiping.
10. *K'ai Kuang Fu Ming San* (開光復明散) Pao Püen T'ang, Peiping.

EXPERIMENTAL

Chemical analysis.—Eight samples were in the form of a fine powder, one sample was in the form of melon seed which was easily broken, and another one in the stick form. They all were very slightly soluble in water and easily soluble in hydrochloric or nitric acid with effervescence, except for a small amount of residue. The aqueous solution became usually yellowish gray in color, or sometimes green or pinkish; three of them were distinctly alkaline in reaction and the others were very slightly alkaline or neutral in reaction.

A qualitative analysis for inorganic ingredients was performed and it was found that the constituents wer about the same in these ten samples but different only in the quantity. The constituents of the Chinese eye drugs of 10 samples are given in table 1. They all contain a large amount of insoluble zinc carbonate; their aqueous solutions contain no zinc at all. Besides zinc carbonate all samples contain a considerable amount of insoluble calcium carbonate These carbonates of zinc and cal-

1934年，C. Pak医师在裴乐德博士的指导下发表在《中华医学杂志》上的文章《中国眼药》（部分），其中有源自《本草纲目》的传统眼用中草药制剂

1933年，裴乐德博士离开协和，回到维也纳医院。1936年，他被任命为维也纳大学格拉兹（Graz）眼科诊所所长。1944年起，他担任维也纳医院第一眼科诊所主任，直至1963年退休。在1955年，他创建了奥地利眼科学会，并任第一任主席。1975年9月，裴乐德博士逝世。

（陈哲 程甜甜）

第三节 路德维希·冯·索曼（Ludwig von Sallmann）博士

路德维希·冯·索曼（1892—1975）博士是与裴乐德博士同时代的另一位杰出的眼科学家。他于1892年出生在维也纳，1919年获得维也纳大学医学学士学位，之后进行了研究生进修培训，主要研究领域是青光眼和晶状体代谢。

路德维希·冯·索曼博士

1930—1931年，在裴乐德博士请假的1年时间里，索曼博士从维也纳来到中国，担任北京协和医院眼科主任（任期为1930年2月至1931年2月）。他在协和任职的短暂时间里，除了定期举办病理学会议和临床交流，还发表了多篇优秀的眼科文章，例如，1930年，以德文发表的《裂隙灯下观察角膜和晶状体》（“Zur Klinisehen Bedeutung einiger Spaltlampenbefunde an Hornhaut und Linse”）和《一种用于眼部照射的镭载体的冰盒式容器》（“Ein Eisfächer Halteapparat für Radiumträger zur Augenbestrahlung”），以及1931年发表的《刺青后角膜金沉积的组织学观察》（"Zum histologischen Bild der Goldspeicherung in der menschlichen Hornhaun nach Tätowierung"）和系统介绍当时德国眼科文献的综述《德国眼科文献报道》（"Berichte uber die Deutsche Ophthalmologische literatur"）。他也在《中华医学杂志》上发表了一些英文文章，例如，1931年的《前房空气填充》（"Air Insurflation Into the Anterior Chamber"）。

值得一提的是，《中华医学杂志》在1930年8月和1931年2月用中文和英文各发表了一期《眼科特别号》（*Special Eye Number*），均由协和眼科人撰写。1931年，毕华德教授和张式溥教授开始着手将恩斯特·富克斯教授的第15版《眼科学教科书》（*Lehrbuch der Augenheilkunde*）——一本当时全世界公认的眼科学教材，翻译成中文，这对眼科教育在中国的发展影响深远。

在他任职协和眼科期间的1930年11月21日，世界眼科的杰出领袖——恩斯特·富克斯教授，在维也纳逝世。因恩斯特·富克斯教授1922年来过协

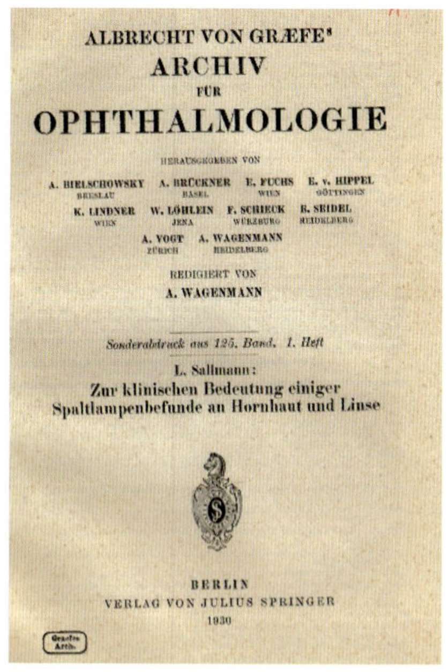

ALBRECHT VON GRÆFE'
ARCHIV
FÜR
OPHTHALMOLOGIE

HERAUSGEGEBEN VON

A. BIELSCHOWSKY (BRESLAU) A. BRÜCKNER (BASEL) E. FUCHS (WIEN) E. v. HIPPEL (GÖTTINGEN)
K. LINDNER (WIEN) W. LÖHLEIN (JENA) F. SCHIECK (WÜRZBURG) R. SEIDEL (HEIDELBERG)
A. VOGT (ZÜRICH) A. WAGENMANN (HEIDELBERG)

REDIGIERT VON
A. WAGENMANN

Sonderabdruck aus 125. Band. 1. Heft

L. Sallmann:
Zur klinischen Bedeutung einiger Spaltlampenbefunde an Hornhaut und Linse

BERLIN
VERLAG VON JULIUS SPRINGER
1930

Graefes Arch.

1930年，路德维希·冯·索曼博士发表在《眼科档案》上的德语论文《裂隙灯下观察角膜和晶状体》（首页）

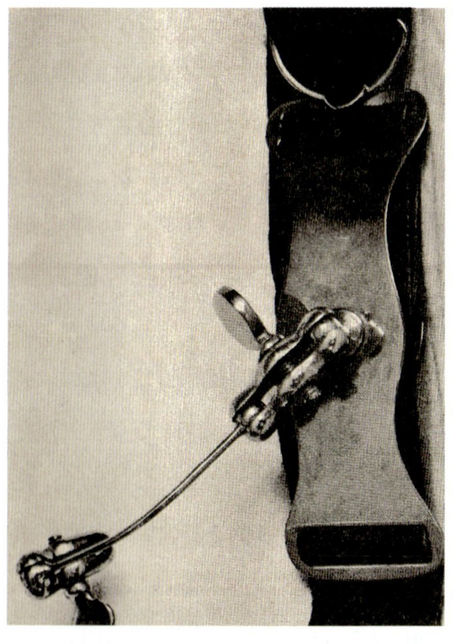

1930年，索曼博士用德文发表的文章《一种用于眼部照射的镭载体的冰盒式容器》中该装置的局部图

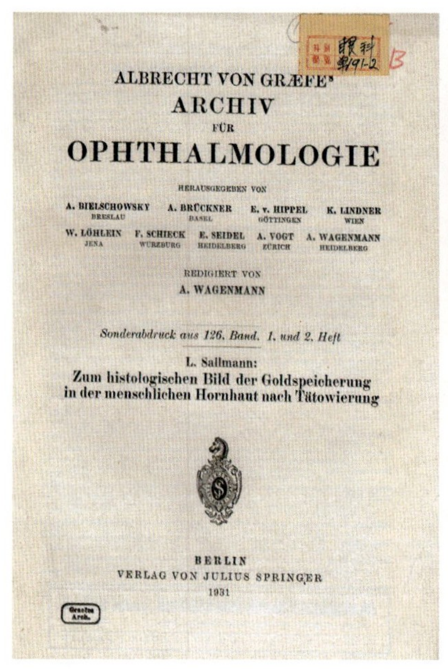

ALBRECHT VON GRÆFE'S
ARCHIV
FÜR
OPHTHALMOLOGIE

HERAUSGEGEBEN VON

A. BIELSCHOWSKY BRESLAU　A. BRÜCKNER BASEL　E. v. HIPPEL GÖTTINGEN　K. LINDNER WIEN
W. LÖHLEIN JENA　F. SCHIECK WÜRZBURG　E. SEIDEL HEIDELBERG　A. VOGT ZÜRICH　A. WAGENMANN HEIDELBERG

REDIGIERT VON
A. WAGENMANN

Sonderabdruck aus 126. Band. 1. und 2. Heft

L. Sallmann:
Zum histologischen Bild der Goldspeicherung in der menschlichen Hornhaut nach Tätowierung

BERLIN
VERLAG VON JULIUS SPRINGER
1931

1931年，索曼博士在《眼科档案》杂志上用德文发表的文章《刺青后角膜金沉积的组织学观察》（首页）

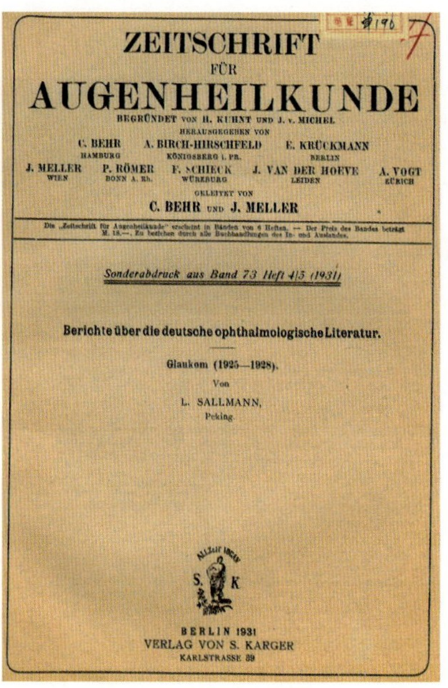

ZEITSCHRIFT
FÜR
AUGENHEILKUNDE
BEGRÜNDET VON H. KUHNT UND J. v. MICHEL
HERAUSGEGEBEN VON
C. BEHR HAMBURG　A. BIRCH-HIRSCHFELD KÖNIGSBERG I. PR.　E. KRÜCKMANN BERLIN
J. MELLER WIEN　P. RÖMER BONN A. Rh.　F. SCHIECK WÜRZBURG　J. VAN DER HOEVE LEIDEN　A. VOGT ZÜRICH
GELEITET VON
C. BEHR UND J. MELLER

Die „Zeitschrift für Augenheilkunde" erscheint in Bänden von 6 Heften. — Der Preis des Bandes beträgt M. 18.—. Zu beziehen durch alle Buchhandlungen des In- und Auslandes.

Sonderabdruck aus Band 73 Heft 4/5 (1931)

Berichte über die deutsche ophthalmologische Literatur.

Glaukom (1925—1928).
Von
L. SALLMANN,
Peking.

BERLIN 1931
VERLAG VON S. KARGER
KARLSTRASSE 39

1931年，索曼博士发表的德国眼科文献的综述《德国眼科文献报道》（首页）

和眼科进行讲学的关系，作为当时主任的索曼博士在《中华医学杂志》上专门撰写了纪念文章《纪念恩斯特·富克斯教授：1922年作为眼科访问教授来华》（“In Memoriam Professor Ernst Fuchs: Visiting Professor of Ophthalmology to China in 1922”），简要介绍了恩斯特·富克斯教授的生平，并再次回顾了协和眼科当年的蕃昌。

短暂的1年时光很快就过去了，索曼博士离开中国，回到了维也纳。1938年，他被任命为伊丽莎白皇后医院的眼科主任。出人预料的是，不久之后的1939年，奥地利被德国纳粹吞并，他因此从维也纳移居到了纽约，成为赫尔曼·克纳普纪念眼科医院（Hermann Knapp Memorial Eye Hospital）实验室的负责人。1940年，他转到纽约哥伦比亚长老会医院眼科研究所任副研究员，并历任助理主治医生、主治医师，在此工作了15年之后，在1955年

National Medical Journal of China, 1931, XVII, 6-17.

AIR INSUFFLATION INTO THE ANTERIOR CHAMBER

L. SALLMANN, M. D.

Department of Ophthalmology, Peiping Union Medical College, Peiping.

By means of the action of a membrane-barrier—called hemato-ophthalmic barrier by Franceschetti and Wieland—(a similar barrier was earlier designated by Stern as the hematoencephalic barrier), certain immune biological protective substances circulating in the blood cannot come into the eye fluids or at least they enter only in minute amounts. The same is said to be true of colloidally dissolved remedies in the blood which are of acknowledged therapeutic effect. This blood-aqueous-humor-barrier was found in numerous new investigations in the wall of the intraocular capillaries. A passage of the usually penetrating substances proceeds exactly according to the laws of physics (Gaedertz and Wittgenstein and others).

By the local application of different irritants—and as shown within the last years also by a group of endothelium poisons (diuretica) but acting from the general organism—it is possible to break through the selective retaining power of this barrier. . Hyperemia of the vessels plays the main rôle in the mechanism of those manipulations to produce an increased permeability of the capillary walls for the above mentioned substances. This was proved a long time ago by Wessely.

Such experimental findings have been used in very different ways for therapy. Various methods were formerly and still are carried out to cause an increase in the content of albumin in the aqueous humor and thus to enrich the protective antibodies circulating in the blood, or to shorten the resorption period for pathological depositions in the eyeball. During recent years it has been tried to facilitate, by these methods, the passage of different remedies (especially of salvarsan) from the blood stream into the eye fluids (Krause, Yudkin, Morton). The theory of this so-called "localization" treatment (Löwenstein) is

1931年，索曼博士发表在《中华医学杂志》上的《前房空气填充》一文（部分）

THE
NATIONAL MEDICAL JOURNAL
OF CHINA

VOLUME XVII FEBRUARY 1931 NUMBER 1

IN MEMORIAM

PROFESSOR ERNST FUCHS

VISITING PROFESSOR OF OPHTHALMOLOGY TO CHINA IN 1922

On November 21, 1930, Professor Ernst Fuchs, the eminent leader of the School of Ophthalmology in Vienna passed away. This special eye number of the Journal of the National Medical Association of China, on the front page of which his portrait appears, is dedicated to his memory. This portrait should serve, for all those who knew him, as a memento of a man who was one of the most eminent personalities in the scientific world and the acknowledged authority among the opthalmologists of the last half century. Everyone who came in personal contact with E. Fuchs realises that what satisfies the average was never good enough for him. An outstanding spirit, belonging to a personality whose magic spell no one could escape, has expired.

His life can be delineated in this place only with a few sketchy strokes. E. Fuchs was born in Vienna on July, 14 1851. He began his medical studies in Vienna. At this time the Medical School of Vienna was at the height of its fame. Hyrtl, Brücke, Rokitansky, Skoda, Billroth, and Arlt were his teachers. Before he graduated he accepted the position of assistant in the Physiological Institute at Innsbruck on the recommendation of Brücke. Financial reasons, however, forced

1931年，索曼博士发表在《中华医学杂志》上的《纪念恩斯特·富克斯教授：1922年作为眼科访问教授来华》（部分）

成为全职眼科教授。1956—1970年，他开始担任美国国立卫生研究院（NIH）神经紊乱及卒中研究所的主任，主管实验室及临床项目，在科研及教学上均有巨大建树，为后来成立独立的眼科分院——国立眼科研究所（NEI）奠定了重要基础；同期，他还以客座科学家的身份，担任美国马里兰州贝塞斯达国家神经疾病和失明研究所胚胎眼科分会主任，研究中枢神经系统对眼压控制的影响。1970—1975年，他担任了美国国家盲人神经疾病研究所主任。1975年，路德维希·冯·索曼博士因病逝世，享年83岁。

（陈哲　程甜甜）

第四节　孔培德（Peter Clemens Kronfeld）博士

孔培德博士

孔培德（1899—1980）博士1899年出生在奥地利维也纳，在这里长大并接受教育。他最开始学习的专业是生理学，但很快改变了方向，投身医学事业。1923—1927年，他在维也纳大学第一眼科诊所担任眼科住院医师，之后前往美国芝加哥大学就职，主要从事青光眼、晶状体代谢、屈光、葡萄膜炎和视网膜脱离的研究。值得一提的是，他在1927—1928年首次测量了晶状体的糖酵解和呼吸作用，使得晶状体代谢成为20世纪的一个全新的研究领域。

1934年年初，孔培德博士来到中国，成为北京协和医院第四任眼科主任，任期6年，一直到1939年才被迫离开，中间从1937年年中到1938年3月有过9个月的休假。也是在这里，他出版了自己的第一本书——《眼科学导论》（*Introduction to Ophthalmology*）。该书短小精悍，对眼的病理生理进行了富有学术理念的阐述，对年轻眼科医生有很大帮助。

在协和眼科担任主任的时间里，孔培德博士除了日常的诊疗、教学

Introduction to ophthalmology,

Author(s):	Kronfeld, Peter Clemens, 1899-
Title(s):	Introduction to ophthalmology, by Peter C. Kronfeld ...
Country of Publication:	United States
Publisher:	Springfield, Ill., Baltimore, Md., C. C. Thomas [c1938]
Description:	ix p., 1 l., 331 p., 1 l., 5 pl. on 3 l., ill.
Language:	English
LCCN:	38-12304
Other Subject(s):	Eye / Diseases
Notes:	"References" at end of each chapter.
NLM ID:	51920930R [Book]

1938年，孔培德博士出版的《眼科学导论》版权页

1936年，孔培德博士（前排左五穿浅色西服的外籍人士）在北京协和医院时的合影（前排左二为罗宗贤，左三为林景奎，左六为刘宝华，右三穿大褂者为毕华德）

工作之外，继续进行结核菌的培养实验，延续了他在维也纳洛文斯坦（Loewenstein）教授实验室里进行的从血液和组织中培养结核杆菌的研究，在1934年的《协和年鉴》中有此记载。此外，在北平期间，他还帮助鲁迪·博科（Rudy Bock）——一位纳粹占领时期的越南难民，进入北京协和医学院，使之成为北京协和医学院前60年历史中仅有的两名非中国籍毕业生之一。

这一时期，协和医院眼科的各位先贤教授们，在孔培德博士的带领下，根据协和眼科丰富的临床病例资源，进行了产出颇丰的科研工作。尤其是1934—1937年，协和眼科非常高产，这在那几年的《协和年鉴》中有所记载；单是1935—1936年一年时间，就有眼科成员的7篇文章发表。

据《协和年鉴》记载，

1934—1937年协和眼科成员发表的部分论文

年份	作者	文章名称
1934	毕华德	《慢性泪囊炎中的干燥症棒状杆菌》 （“Xerosis Bacillus in Chronic Dacryocystitis”）
1934	张式溥	《脊髓炎中的急性球后视神经炎：一例病例报道》（“Acute Retrobulbar Neuritis in Myelitis: Report of a Case”）
1936	周诚浒	《局部奎宁疗法治疗沙眼的临床经验》（“Clinical Experiences with Local Quinine Therapy in Trachoma”）
1936	林景奎	《可卡因对再生房水的蛋白成分的影响》（“Effect of Cocaine upon Protein Content of Regenerated Aqueous Humor”）
1936	孔培德	《睫状肌麻痹后的解剖学变化》 （“Anatomic Changes After Cyclodialysis”）
1934—1936	彼得·桑德科夫	《链球菌感染引起膜性结膜炎合并双侧角膜溃疡》 （“Membranous Conjunctivitis Complicated by Binocular Corneal Ulcers Caused by Streptococcus Infection”） 《对边缘性角膜溃疡知识的贡献：五例病例报道》 （“Contribution to the Knowledge of the Marginal Corneal Ulcer: Report of Five Cases”） 《一例球结膜结核》 （“A Case of Tuberculosis of the Bulbar Conjunctiva”） 《老年性瘢痕性黄斑变性：三例病例报道》（“Senile Disciform Degeneration of the Macula: Report of Three Cases”） 《视网膜胚瘤的进展期：一例病例报道》（“An Advanced Stage of Diktyoma: Report of a Case”） 《小双杆菌引起的溃疡性与非溃疡性角膜炎：三例病例报道》（“Keratitis Ulcerosa and Nonulcerosa Produced by Diplobacillus Petit: Report of Three Cases”）
1937	林景奎	《人体房水再生的进一步研究》（“Further Studies on the Regeneration of the Aqueous in Man”）

1934年9月的《中华医学杂志》发布了一期《眼科特别号》，绝大多数眼科人员的文章都在上面刊登出来，少数几篇文章登在了其他期刊上。

1936年12月，孔培德博士开始在沙眼门诊推行用硫酸奎宁治疗患者，

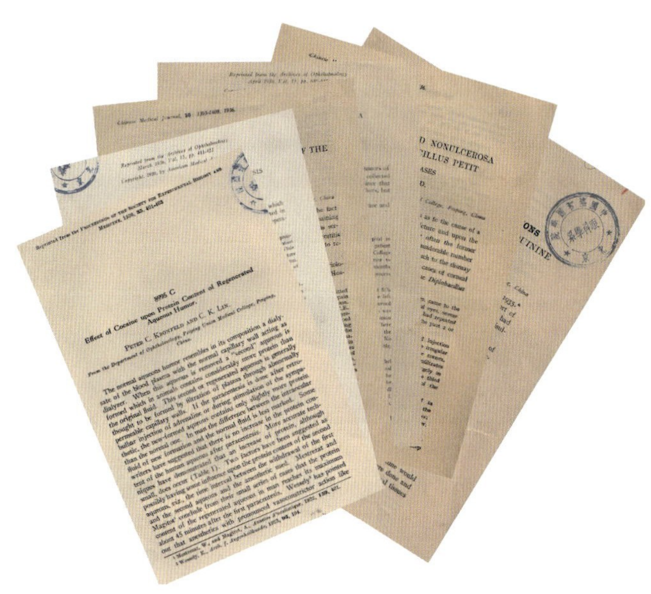
Reprinted from the Proceedings of the Society for Experimental Biology and Medicine, 1936, 35, 451-453

8995 C

Effect of Cocaine upon Protein Content of Regenerated Aqueous Humor.

Peter C. Kronfeld and C. K. Lin.

From the Department of Ophthalmology, Peiping Union Medical College, Peiping, China.

The normal aqueous humor resembles in its composition a dialysate of the blood plasma with the normal capillary wall acting as dialyzer. When this aqueous is removed a "second" aqueous is formed which in animals contains considerably more protein than the original fluid. This second or regenerated aqueous is generally thought to be formed by filtration of plasma through abnormally permeable capillary walls. If the paracentesis is done after retrobulbar injection of adrenaline or during stimulation of the sympathetic, the new-formed aqueous contains only slightly more protein than the normal one. In man the difference between the intraocular fluid of new formation and the normal fluid is less marked. Some writers have suggested that there is no increase in the protein content of the human aqueous after paracentesis. More accurate techniques have demonstrated that an increase of protein, although small, does occur (Table I). Two factors have been suggested as possibly having some influence upon the protein content of the second aqueous, viz., the time interval between the withdrawal of the first and the second aqueous and the anesthetic used. Mestrezat and Magitot[1] conclude from their small series of cases that the protein content of the regenerated aqueous in man reaches its maximum about 45 minutes after the first paracentesis. Wessely[2] has pointed out that anesthetics with pronounced vasoconstrictor action like

1 Mestrezat, W., and Magitot, A., Annales d'oculistique, 1922, 159, 481.
2 Wessely, K., Arch. f. Augenheilkunde, 1923, 92, 104.

1935—1936年，孔培德博士带领协和眼科成员在中外杂志上发表的论文被记载于当年的《协和年鉴》上

除极个别情况，这一类患者的病症，在规律治疗大约6个月后，都可以得到显著改善或完全治愈。相较于之前的枸橼酸铜油膏疗法，患者更喜欢当前的新方法，因为刺激性更小，起效更快。

1937年，“卢沟桥事变”之后，日本发动了全面侵华战争。9月9日，学校管理部门建议，工作人员中的所有美国公民，如果愿意听从美国国务院的劝告，应在条件还许可的时候考虑离开中国，但协和医学院的所有美国籍工作人员都决定留下来，结果，他们中的许多人在日本拘留营中被关押多年，直到战争结束才获得自由。这是一段令人不安的时间。接下来的几年中，整个华北和东部沿海地区都被日军占领，几乎所有北京协和医学院的中国人和外国人家庭都受到了影响。生活费用不断上涨，日本人加强了对生活各个方面的控制，检查和监视无所不在。

面对这些艰难困苦，学生仍在努力学习，患者继续前来住院治疗，门诊部仍是人满为患，各研究实验室工作积极并富有成果。一直到1938年年末，孔培德博士仍然坚守在协和眼科主任的岗位上，并于当年在国际上为4

亿多中国人民的沙眼状况而发声：《中国的沙眼状况》（“The Trachoma Situation in China”）；他自己的第一本书——《眼科学导论》也是在这一年出版的。

由于中国大环境的不断恶化，1939年7月，孔培德博士从协和眼科离开，接受了哈里·格拉德尔（Harry S. Gradle）教授的邀请，成为美国伊利诺伊州眼耳医院的教育主任，将精力投入到教学和写作中。1943年，伊利诺伊州眼耳医院与伊利诺伊大学合并，1958年，孔培德博士被任命为伊利诺伊大学的第一位全职校长。重回学术界之后，他主要专注于青光眼领域。1968年退休后，他依然对眼科充满热情，为美国期刊审阅文章。1980年1月，孔培德博士在托斯卡纳逝世，享年81岁。他一生共发表了130多篇论文、评论，编写了大量的书籍，获得过眼科学界的大部分殊荣。

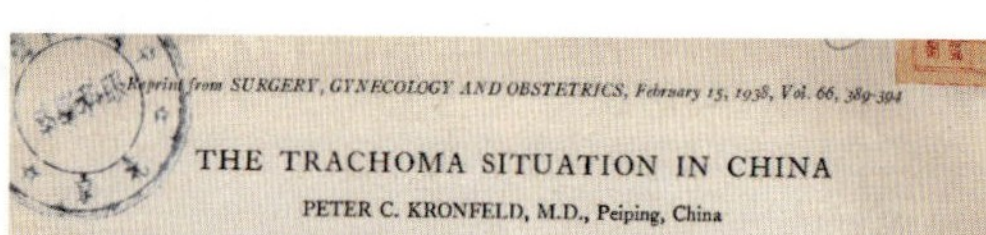

Reprint from *SURGERY, GYNECOLOGY AND OBSTETRICS*, February 15, 1938, Vol. 66, 389-394

THE TRACHOMA SITUATION IN CHINA

PETER C. KRONFELD, M.D., Peiping, China

IT IS a great honor to be asked by your governing council to present a paper at your clinical congress. On receiving the invitation to speak on trachoma I found myself in the embarrassing situation of not being able to think of any new facts concerning this disease. Obviously, I am not expected to speak on the etiology of trachoma. Undoubtedly, you are well informed about the steady progress of the work of Thygeson, Julianelle, Harrison, and others, which has been done here in the United States, and which has carried the problem of the etiology of trachoma to a point where we hope it will soon cease to be a problem.

Obviously it would be like carrying coals to Newcastle if I spoke here on the modern methods of combating endemic and epidemic trachoma. You are all familiar with the methods and results of the campaign against trachoma which Gradle and his associates have been conducting in southern Illinois, aided by the generosity and understanding of Governor Horner.

The most discouraging thought, however, for one who is asked to speak on trachoma at this time must be that only one year ago MacCallan, probably the most experienced clinical trachomatologist of this era, published a monograph which contains practically everything worth knowing about trachoma.

Through the repercussions in the newspapers of the Sino-Japanese conflict, I became aware of a growing interest of the world at large in the fate of the 470 million inhabitants of the Republic of China. The Chinese, who constitute the great majority of the population of the enormous country, have been described by one of their best connoisseurs, Dr. Hsien Wu, as “over-peaceful, non-persevering, non-progressive, non-enterprising, and easily contented with the environments in which they find themselves.” It occurred to me that you might be interested to hear how the Chinese have been defending themselves against one of their domestic enemies, namely, against trachoma.

There are only a few publications dealing with trachoma in China from the viewpoint of modern western medicine, and these publications are not easily accessible. I have had direct contact with Chinese affected with trachoma in the outpatient department and hospital of the Peiping Union Medical College, an institution with which I have been connected for the last 4 years. The patients seen there come chiefly from Peiping and its vicinity, that is, from the province of Hopei. In the Peiping Union Medical College, there is a special trachoma clinic for the employees of the institution. This clinic offers an excellent opportunity for continued study of trachoma cases, because attendance at this clinic is compulsory for trachomatous employees.

On various journeys through China, I have made observations with regard to the incidence and the general character of trachoma in rural districts of the provinces of Hopei, Chahar, and Shansi, and in the cities of Shanghai, Nanking, and Hankow. Before I shall try to tell you what my stay in North China has taught me with regard to trachoma, it might be well to investigate whether or not we agree in regard to the principal characteristics of trachoma.

Trachoma is a contagious chronic inflammatory disease of the human conjunctiva and cornea, in the course of which 4 typical stages can be distinguished. Severity and outcome of the disease vary greatly, due to differences in the virulence of the infectious agent and in the susceptibility of the individual. Pathologically, the disease constitutes an infiltrative, granulomatous form of inflammation which is followed by scar formation. The disease is self-limited. Partial removal or destruction of the conjunctival infiltration by surgical means, grattage and massage of the

From the Department of Ophthalmology, The Peiping Union Medical College.

Presented before the Clinical Congress of the American College of Surgeons, Chicago, October 25–29, 1937.

Copyright, 1938, by The Surgical Publishing Co. of Chicago　　1

1938年，孔培德博士在《外科、妇产科》（*Surgery, Gynecology and Obstetrics*）杂志上发表的《中国的沙眼状况》（部分）

（陈哲　程甜甜）

第五节　出自协和眼科的“老协和”时期的著名教授

李清茂

李清茂

他是我国第一位专任眼科教授。

李清茂（1884—1946），籍贯广东，1884年7月19日出生于美国夏威夷州的首府檀香山。他比郝文德博士晚一年，于1909年毕业于美国宾夕法尼亚大学，并获得该校F. A. 帕卡德（F. A. Packard）临床实习奖。毕业后，曾任美国数个大医院的眼耳鼻喉科医师。1916年，李清茂回国，受聘于北京协和医学堂眼耳鼻喉科。1918年眼科与耳鼻喉科分开，他加入眼科。1923年他升任协和眼科副教授，成为我国第一位专任眼科教授，1923—1924年担任过协和眼科代理主任。

早期的《协和年鉴》详细记载了李清茂医师所发表的论文，后来由于医院员工发表的论文数量逐渐增大，遂停止了逐一统计。

据《协和年鉴》记载，李清茂1922—1926年发表的论文

年份	杂志	论文名称
1922	《美国眼科杂志》	《同时外伤导致的双眼黄斑孔》（“Hole in the Macular Region of Both Eyes Due to Simultaneous Injury”）
1922	《中华医学杂志》	《中国沙眼情况》（“Trachoma in China”）
1923	《美国眼科杂志》	《虹膜原发性环状肉瘤》（“Primary Ring Sarcoma of the Iris”）
1923	《美国眼科杂志》	《先天性双侧眼肌麻痹》（“Congenital Total Bilateral Ophthalmoplegia”）

续表

年份	杂志	论文名称
1924	《中华医学杂志》	《一些早期诊断沙眼的注意点》（“Some Notes of the Early Diagnosis of Trachoma”）
1924	《眼科档案》	《梅毒瘤与梅毒性虹膜睫状体炎》（“Syphiloma and Syphilitic Iridocyclitis”）
1925	《中华医学杂志》	《一个婴儿体内的广泛结核病》（“Extensive Tuberculosis of an Eye in an Infant”）
1926	《中华医学杂志》	《沙眼的早期诊断》（“The Early Diagnosis of Trachoma”）

1922年，李清茂作为中国代表，受邀前往美国出席在华盛顿举办的世界眼科大会会议，并当选为大会副主席，之后，继续在美国波士顿跟随韦尔霍夫（Verhoeff）教授进行病理学学习达1年。1922年年底，李清茂学成归来，于次年（1923）6月晋升为眼科副教授，在郝文德博士休假期间，代理主任之职主持眼科工作（1924年《协和年鉴》中的眼科年度报告，由李清茂执笔完成）。1925年7月，主任郝文德博士被满洲里土匪掳走，李清茂再次代理主任之职。

李清茂是在协和医学院最早用中文授课的人。这在当时实属创举，影响重大。因为，北京协和医学院建院之后，英语是唯一的工作用语，许多立志学习眼科的优秀人士，常因语言障碍而被拒之门外。回国之后的第二年，也就是1924年，李清茂感叹于中国眼科医师的匮乏，在为期四周的强化课程中，在毕华德的积极协助之下，开设了用中文授课的眼科进修班。当时先后有数十人参加了协和医学院开办的眼科进修班，成为空前未有之盛举。他们中的许多人后来成为我国眼科学界的骨干，分别担任了各地医学院校的教授、主任。

李清茂在眼科工作期间，与我国现代屈光学奠基人毕华德医师一起，发表了著名论文《开瞳药于配眼镜之重要》，其中所提出的配镜原则，直到今天仍被临床所遵循。除了在国内外杂志上发表大量论著之外，他最突出的贡献是在1924年倾注全力首次翻译出中译本《梅氏眼科学》[查尔斯·亨利·梅（Charles Henry May）撰写的《梅氏眼科疾病手册：给学生以及全科医生》（*May's Manual of the Diseases of the Eye: for Students and General Practitioners*）1900年首次出版，第18次修订出版时作者去世，之后接着由他人不断再版，为国外眼科经典著作。继李清茂医师之后，陈耀真亦于20世纪50年代翻译过第20版、第21版]。该书虽不能说被眼科学者奉为圭臬，但对于有志于眼科事业却不通英文的人来说，是极为宝贵的财富。经多次校订后，该书成为我国各大医学院的教材或参考书。

1927年5月，李清茂被聘为上海圣约翰大学眼科教授，离开协和。1946年8月6日逝世，享年62岁。毕华德于1950年为其著有一篇传略。

第十四卷第一期　　論著　開瞳藥於配眼鏡之重要　　二十四

開瞳藥於配眼鏡之重要(The Importance of Refraction With A Cycloplegic)

北京協和醫學校醫院眼科　李清茂　畢華德

配眼鏡係眼科專家之一種重大任務。惟欲極盡精奧。於測量屈光差之準確。及開力之適宜。非但宜富有物理學識。尤須精悉目力不足種種原因。茲略述於下。

一　屈光壙間(Refracting media)之諸病。致使光線不能正達於視網膜正中凹(Fovea centralis)。如角膜(cornea)晶狀體(lens)玻璃狀體(Vitreous body)諸病。

二　視網膜之功用(Function of the retina)因脈絡膜(choroid)視網膜血管(Retinal blood vessels)。視神經(Optic nerve)視神經路(Optic tract)。腦中視中樞(Visual center)直接或間接受累之諸病。以致視網膜之功用失脫。是以欲用適宜眼鏡。以矯正目力消除由目力不足所致之頭痛頭暈等症。於眼鏡之配製。切不可輕而忽之也。

關於因眼睛病症。阻光線入視網膜正中凹或有傷視網膜之功用等。教科書言之甚詳。茲不贅述。今惟略論配眼鏡。及其檢查法中之要點而已。

普通測量眼睛屈光差之方法有二。(一)主觀的。(二)客觀的。此二者單用並用皆可。主觀查

1928年，李清茂、毕华德用中文发表于《中华医学杂志》上的论文《开瞳药于配眼镜之重要》（部分）

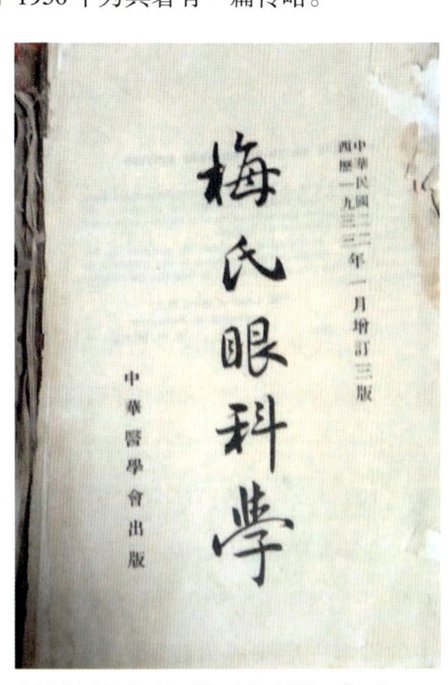

李清茂医师翻译的《梅氏眼科学》（扉页）

OBITUARIES

TSING MEU LI (李淸茂) M.D.

July 19, 1884—August 6, 1946

Member of the Chinese Medical Association.

Dr. Li was born in Honolulu, July 19, 1884. After completing his preparatory education in Honolulu, at the Oahu College, he graduated in medicine from St. John's University, Shanghai. Seeking greater knowledge in the mysteries of the healing art, he entered the University of Pennyslvania and graduated in medicine in 1909.

After his return to China he spent several years working in Southern China, and in 1915 went to Peking, where he was appointed Associate Professor of Ophthalmology in the Peking Union Medical College, in which capacity he worked for eleven years. Coming to Shanghai in 1927, he set up in private practice and was appointed Visiting Professor of Ophthalmology in St. John's Medical School.

He early practiced in the treatment of eye, ear, nose and throat diseases, but in his later career he specialized in ophthalmology, and for many years, was leading ophthalmologist in Shanghai. He participated in many of the municipal activities in which his advice as opthalmologist was greatly demanded, e.g. in the anti-trachoma work among the school children, etc. His interest in medical education led him to translate into Chinese, the well-known standard work in ophthalmology, May and Worth's "Diseases of the Eye," which is published by the Chinese Medical Association.

During the later years of his life, he joined the Oxford Group and was active in many phases of Christian work. He is survived by his widow, and 6 children,—five daughters, Katherine, Ruth, Marion, Lillian and Helen, the first three of whom are medical doctors also, and one son, William, who is now studying medicine in St. John's University. A truly medical heritage, for the family also includes five sons-in-law, three of whom are also medical doctors.

1946年，李清茂医师的讣告

李淸茂醫師傳略

李淸茂醫師，籍隸廣東；生於1884年7月 19 日；1909畢業於美國 Pennsylvania 醫科大學，並得有該校 F. A. Packard 臨床實習獎品。畢業後，曾任美國數大醫院眼耳鼻喉科醫師，其後執行業務於夏威夷島。 1916 年返國，被聘於北京協和醫學院眼耳鼻喉科醫師。1918年專任該校眼科教職，旋升任眼科襄教授，兼代理主任，達十一年之久。1924年彼鑒於中國眼科醫師之缺乏，乃苦心籌劃開一眼科進修班，專以中文教授，當時參加者，不下廾餘人，爲空前未有之盛舉。直至今日，由於該班訓練而從事眼科工作者，頗不乏人。彼於協和醫學院服務期間，對眼科供獻甚多，除將其論著發表於中西眼科雜誌外，並於1924年傾其全力譯著梅氏眼科學。該書雖不能爲專門眼科學者之圭臬，然對不通外國語言之醫界同人，不無小補。此書屢經校訂，現猶爲國內各醫學院之敎材或參考書。 1927 年被聘爲上海聖約翰大學眼科教授。由於彼歷年工作成績之優異，頗得中外人士之敬仰。不幸於1946年 8 月 6 日逝世，年六十二歲。誠我國眼科界之一重大損失。爰述其事略，以資紀念。

畢華德

1950年，毕华德医师所著的《李清茂医师传略》

（孟丽慧　陈哲）

毕华德青年时期

毕华德老年时期

毕华德

中国眼科的主要奠基人，眼科学界的一代宗师，中国眼科屈光学的先驱，《中华眼科杂志》的创刊者。

毕华德（1891—1966），字懋修，是我国著名的爱国医学家、教育家。他出生于北京朝阳区的一个平民家庭。1913—1918年他就读于北京协和医学堂，读书期间，学习勤奋刻苦，成绩优秀，获医学博士学位，毕业后留校任教。1918—1939年，他在协和医院历任眼科助教、讲师、副教授、代理主任（指1930年1月裴乐德主任离开到4月索曼主任正式上任之间，以及1932年11月裴乐德主任离开到1934年1月孔培德主任正式上任之间；1933年的《协和年鉴》由毕华德执笔完成），前后工作了21年，是名副其实的协和眼科“老员工”。1924—1925年，他曾到奥地利维也纳大学留学一年，获眼科博士学位，在回国之前，曾和林文秉一同前往英国伦敦，参加了英语眼科学家大会（English Speaking Convention of Ophthalmologists）。1934年，毕华德作为科室代表，参加了在南京举办的中华医学会年会，并在会上发表了15篇协和眼科人员所撰写的文章。

1939年，毕华德在北平创办了北京眼科医院（1949年北平解放后停办），任院长，继续眼科诊疗工作。抗战胜利后，于1946—1966年任北京医学院

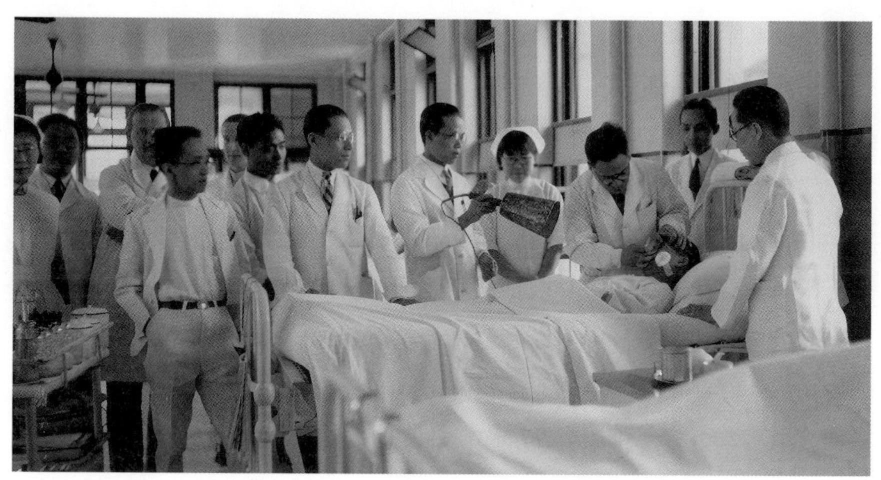

1931年，毕华德医师（图中为患者检查者）查房时的情景

附属医院（现北京大学第一医院）眼科主任，一级教授。

毕华德幼时家境贫寒，在河北通县（今北京市通州区）读完小学及中学。中学时代的他，曾在一家英语夜校任兼职教师，因此汉语与英语的造诣均很高，他以此勤工俭学的收入完成了全部学业。

早在1921年，毕华德还在协和眼科做住院医师期间，就在《中华医学杂志》上发表了病例报道的论文《一例视网膜胶质瘤》（“A Case of Glioma Retinae”），养成了持续一生的扎根临床、细致观察、笔耕不辍的习惯。

也许是出身于劳苦大众的关系，毕华德始终对普通民众的疾苦感同身受。自1918年留校任教以来，目睹了眼病患者众多而眼科医生无几，致使大批眼病患者沦为盲人的惨况，他的内心受到了很大触动。而当时，协和医学院仅使用英语作为工作语言，令许多有志于眼科的医学生望而却步。于是，他从1929—1930年这一阶段开始，积极协助李清茂开办眼科医师进修班，既当翻译又当教师，使用中文授课，并协助译出《梅氏眼科学》一书，后来又将《屈光学》一书译成中文。这两部书成为我国流传最早、当时流传最广的眼科书籍。在后来的协和工作生涯里，毕华德每年都会参与科室的授课工作，甚至在某些年，还会独立承担协和护校学生与眼科相关的讲学工作。终其一生，始终诲人不倦。

1932年5月，由毕华德与另外两位眼科医师——刘宝华及裴乐德发起，联合北京当时的三家医院［北京协和医院、国立北平医院和卫理公会教会医院（北京同仁医院的前身）］的眼科及河北省众多私立的眼科机构，成立了北平眼科学会，毕华德医师被推举为首任会长，刘宝华为副会长。1934—1935年刘宝华任会长，1935—1937年毕华德再任会长。当时除7、8月份暑期外，每月均举行例会进行学术交流，讨论病例，进行授课，并将会议内容分别以中、英文形式刊登在《中华医学杂志》上，供全国的广大眼科医师学习，并为将来建立全国性的眼科学术组织打下了基础。1937年“卢沟桥事变”之后，日军全面侵华战争爆发，学会活动停止。抗战胜利后，1947年6月北平眼科学会恢复并推举张式溥为会长。同年11月30日张式溥外出会诊意外逝世，由毕华德代理会长，1948年6月，推举罗宗贤为会长。1950年6月北京眼科学会改选刘家琦任会长，张晓楼任副会长。

前述是地方性的眼科学会——北京眼科学会，而全国性的学会为中华医学会眼科分会。在1950年8月23日于北京召开了中华医学会第十六届全国会员代表大会，出席会议的眼科代表于8月25日在中法大学举行眼科学术会议，会后改选中华眼科学会委员会，毕华德任主任委员（1950—1966），罗宗贤任副主任委员，外文秘书为刘家琦，中文秘书为张晓楼，并决定出版眼科杂志——《中华眼科杂志》，毕华德任总编辑，罗宗贤任副总编辑，首期于1950年10月1日新中国第一个国庆节创刊出版，从此我国才有了中文的眼科专业杂志。根据上级决定，跟随中华医学会，眼科学会由上海迁往北京。

毕华德在北京协和医学院工作的21年中，现能查到已发表的中英文论文共30余篇，内容主要包括三方面：一是有关中外眼科学发展史方面的研究；二是多与当时感染性疾病流行的国情有关，例如，沙眼、淋病性眼炎、眼梅毒等，1932年他发表著名论文《中国人之虹膜睫状体炎》以及验光不规范而引起的并发症等问题的相关论文；三是呼吁当局重视眼科，发展眼科，

1950年，毕华德所写的《中华眼科杂志·发刊词》

中華眼科雜誌發刊詞　1—6

中華眼科雜誌發刊詞

畢華德

一九五〇年十月一日

884　中華醫學雜誌

我國眼科今日之地位

西方醫學輸入吾國已百有餘年,詳考輸入之始,眼科實爲嚆矢。夫眼科既有百餘年之歷史,人材與學術似應特別發達矣,熟知竟大有不然者,輓近普通醫院雖漸增多,而專門眼科者則寥寥無幾,此誠可注意者也。夫吾國幅員廣闊,人煙稠密,患眼病者甚多,以現有之少數眼醫,分配於全國各地,直滄海一粟耳!吾國眼病雖無詳細之記載與統計,然只就裴,林,張諸氏所著之沙眼統計,目盲原因及維生素缺乏,青光眼病等論文觀之,已可想見眼病爲禍之烈。彼等論文雖悉取材於北部,但南方及東西各省之眼疾恐亦與北省相彷。果就全國推計之,則患眼病者當不下數千萬人,其在中國地位之重要可知矣!余嘗考我國眼病與目盲所以特多之故,蓋因人民缺乏衛生知識,不知清潔與預防。又多以眼病無足輕重,不就診於眼科醫師,自購膏丹於市肆,妄自處置,或求治於鄉愚,信仰詭異怪誕之治療,剪撥,割刺,無所不至,非特病不得愈,甚且加重失明,此吾人於門診時所習見者。由是觀之,則眼醫之急應造就,眼科學術之急應提倡,乃刻不容稍緩者也。其法爲何?即設立眼科研究院,刊行國文眼科書籍及雜誌,遍設眼科學會是也。

(一)設立眼科研究院:醫學校只能造就普通醫師,至眼科專家則有賴於研究院之培育。吾國醫校雖有二十餘所之多,普通醫士固可逐年遞增,但眼科人才,則仍寥若晨星。更有甚者,各校之眼科教員是否悉爲專家?抑或兼教數科?此

1932年，毕华德发表在《中华医学杂志》上的《我国眼科今日之地位》一文（部分）

例如，1932年他在《中华医学杂志》上发表《我国眼科今日之地位》一文，指出“以我国人口之众推算待治之患者将不下数千万，而眼科医生则寥寥无几，使大批患者救治无门”，倡议“设立眼科研究院，刊行国文眼科书籍与杂志，建立眼科学会”，一片爱国忧民之心跃然纸上。这些愿望在新中国成立后，因毕华德倾注全力去推进，均付诸实现。

新中国成立后，毕华德先后编写或主编了《眼科学及护理》、中级《眼科学》、军医《眼科学》、《眼科手册》、《眼科全书》（第一版）等书籍。《眼科

全书》是当时国内唯一的大型眼科参考书，由全国40多位眼科专家执笔，全书共12卷。

在追忆毕华德医师时，不得不提他在屈光学领域的杰出贡献。这要追溯到1924年，他远赴重洋，到当时的世界眼科中心——奥地利维也纳大学眼科求学。其间，毕华德在眼科屈光学方面发表了创新性论文，并因此获得眼科学博士学位。回国后，他翻译了《屈光学》一书。在屈光学领域，该书流传最广、发行时间最长，40年间曾再版4次，影响深远。1928年，他联合李清茂，用中文在《中华医学杂志》上发表了题为《开瞳药于配眼镜之重要》的重要论文，其中所提出的散瞳验光配镜原则，沿用至今。新中国成立后，毕华德注意到因验光不规范而给人民生活和工作带来的很大负面影响，因此致力于培养合格的验光师和提供准确的验光技术和方法。他曾发表著名论文《用圆柱镜片作检影法》《新型模型眼的设计和它应用在屈光检查与检查眼底练习上的价值》等。他在现场授课过程中，就屈光学的有关“球柱镜片联合

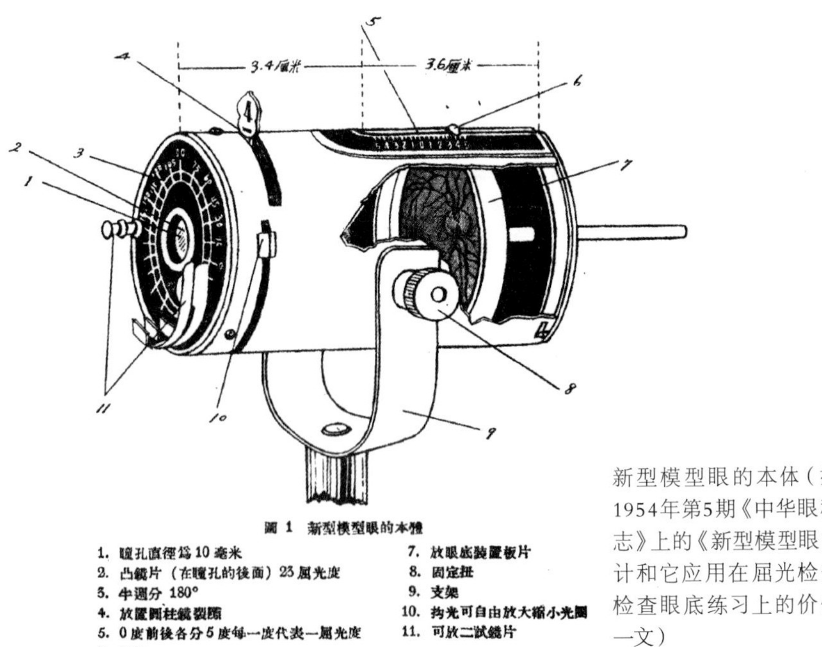

新型模型眼的本体（摘自1954年第5期《中华眼科杂志》上的《新型模型眼的设计和它应用在屈光检查与检查眼底练习上的价值》一文）

公式”之说，令学员们轮流更换其表达方式，带动学生对其原理和实践获得了更透彻的了解，效果非常好。

1966年，毕华德于北京逝世，享年75岁。

（陈哲　孟丽慧　才瑜）

林文秉

林文秉医师一生中对我国眼科界最突出的贡献，即他是中国眼科病理学的开拓者。

林文秉

林文秉（1893—1969），浙江宁波人，1915年就读于中国哈佛医学院［1911年5月23日，中国哈佛医学院（Harvard Medical School of China）在上海成立，虽然只存在了短暂的6年，但在培养学生和服务社会等方面做过颇多贡献］，该校解散后转入美国哈佛大学医学院继续学业，1920年毕业，获医学院最高荣誉——金钥匙奖，并获医学博士学位。同年回国，受聘于北京协和医院眼科。1925—1927年，他在奥地利维也纳大学医学院的第二眼科诊所专攻眼科病理学，获眼科博士学位。林文秉一生中，不仅在北京协和医院工作了13年（1920—1933）之久，后来也担任过南京中央医院眼科主任（1933—1941）、上海医学院教授。1947年抗战结束后，在南京召开了中华医学会第十五届全国会员代表大会，其间，眼科分会恢复，林文秉被选举为第二任会长（第一任会长是周诚浒），陈耀真为副会长，刘以祥为编辑。由于正值解放战争期间，且刘以祥因肝癌于1948年5月逝世，学会未能开展工作。新中国成立后，他担任过第二军医大学长海医院

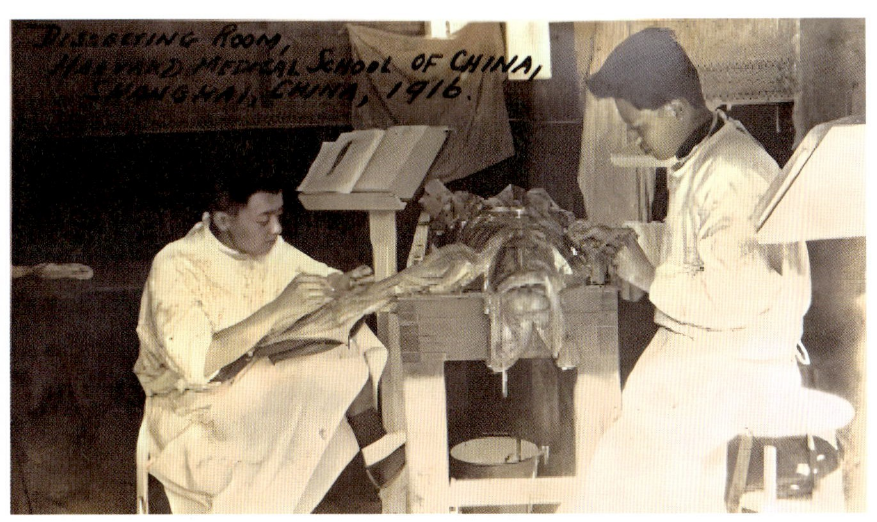

1916年，林文秉（图右）就读中国哈佛医学院（上海）期间，拍摄于解剖实验室

1917年，林文秉就读美国哈佛大学医学院期间，拍摄于解剖实验室

1918年，林文秉就读美国哈佛大学医学院期间，拍摄于病理实验室

第一任眼科主任（1950—1969）、中华医学会眼科学会副主任委员，以及第三届、第四届全国人大代表。

林文秉自在协和眼科工作以来，非常勤勉，结合临床所见病例，发表了多篇论文，在《协和年鉴》中，对他早年间发表的论文均有所记载。

据《协和年鉴》记载，林文秉于1923—1927年发表的论文

年份	杂志名称	论文名称
1923	《中华医学杂志》	《中国人的致盲原因》（“Causes of Blindness among the Chinese”）
1924	《中华医学杂志》	《请愿保留中国人的视力》（“A Plea for the Conservation of Vision in China”）
1924	《美国眼科杂志》	《北京黑热病的眼部改变》（“Ocular Changes in Kala-Azar in Peking”）
1924	《美国医学会杂志》	《睑结膜的原发性硬下疳：一例病例报道》（“Primary Chancre of the Palpebral Conjunctiva: Report of Case”）
1925	《中华眼科杂志》	《黑热病患者眼底表现的进一步观察》（“Further Observations on the Fundus of Kala-azar Patients”）
1926	《美国眼科杂志》	《一例泪腺异常管道伴随其他异常》（“A Case of an Anomalous Duct of the Lacrimal Gland Associated with Other Anomalies”）
1927	《中华医学杂志》	《睫状体梅毒瘤的自愈》（“Spontaneous Healing of Syphiloma of the Ciliary Body”）

1927年，林文秉从奥地利专门学习眼科病理学回来之后，接替李清茂开始负责协和眼科病理室的工作。在转入第二军医大学长海医院之后，历经万难，于1952年创立了新中国第一个眼科病理室。该院及北京协和医院至今保留了他的大量病理报告，甚至包括他在生命的最后一年里手写的报告。

在协和医院工作期间，他主要致力于感染性疾病眼底表现的相关研究。

林文秉在病理实验室的显微镜前

林文秉在第二军医大学时完成的病理报告

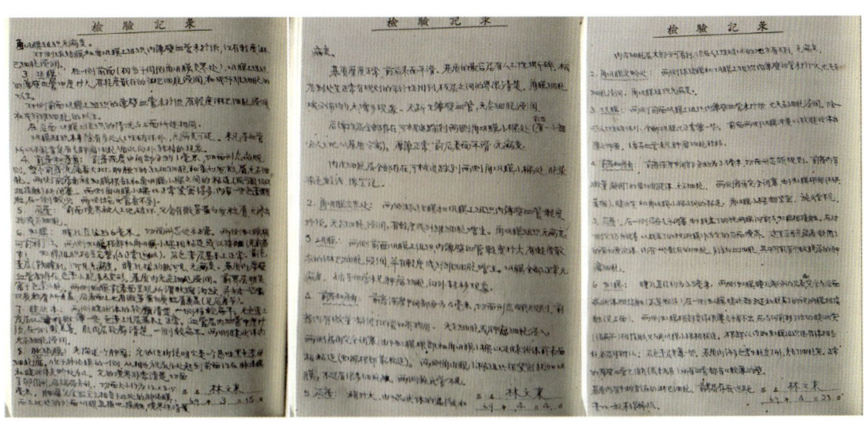

检验记录

检验记录

检验记录

林文秉在生命的最后一年里完成的三份手写病理报告（分别写于1969年3月15日、4月4日和4月23日）

1926—1933年，他先后发现并描述过黑热病、斑疹伤寒、伤寒、痢疾、淋病、梅毒等全身性疾病所引起的眼部变化，提出了独到的见解，发表过多篇重要论文。1931年左右，他还关注过维生素A缺乏所引起的夜盲症，以及某些条件下砷从血液转移到房水中的病理现象。

林文秉毕生致力于眼科病理学的研究。1963年，他以丰富的临床经验和大量的病理资料，结合教学工作，再广泛收集全国各大医院眼科病理解剖学方面的重要资料，经过精心选择后，编著成60万字的《眼科病理解剖学》一书，为国内第一部眼科病理学专著，获得了1978年全国科学大会重大科技成果奖。该书总共分三篇，第一篇总述了眼科病理解剖学的定义、病因学、发病机制及病理总论；第二篇详细论述了眼科病理方面最常见且重要的病变情况；第三篇是病理切片标本的彩色图片122幅及其相关说明。他在感染性疾病的研究方面也成就颇丰。他于1950年提出了新的沙眼分期，揭示了沙眼病理的本质，澄清了理论上的混乱，至今仍为临床诊断所遵循。他一生共撰写了学术论文数十篇，其中不少是结合国情且具有独创性的研究成果。

1969年，林文秉教授于上海逝世，享年86岁。

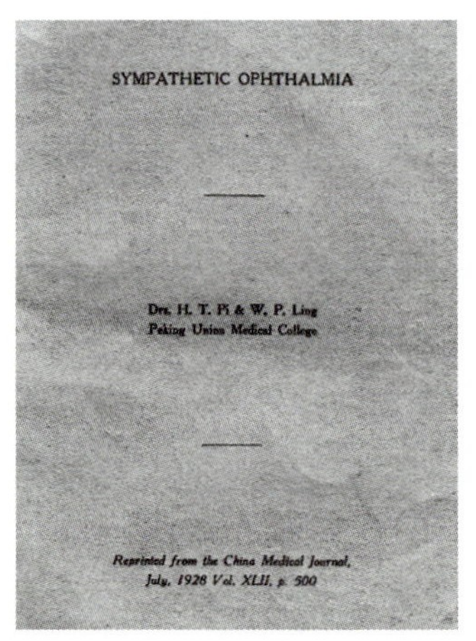

SYMPATHETIC OPHTHALMIA

Drs. H. T. Pi & W. P. Ling
Peking Union Medical College

Reprinted from the China Medical Journal,
July, 1928 Vol. XLII, p. 500

1928年，与毕华德一起，发表在《中华医学杂志》上的《交感性眼炎》一文（首页）

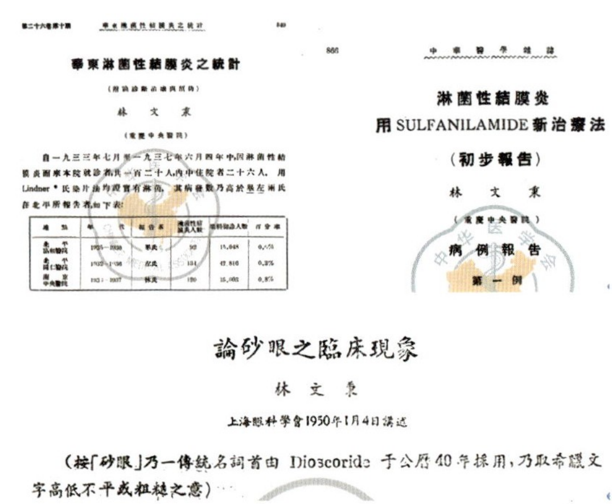

華東淋菌性結膜炎之統計

林 文 秉

（重慶中央醫院）

自一九三三年七月至一九三七年六月四年中，因淋菌性結膜炎而來本院就診者共一百二十人，內中住院者二十六人。用Lindner*氏染片法均證實有淋菌。其病發數乃高於畢左兩氏在北平所報告者，如下表：

866　中華醫學雜誌

淋菌性結膜炎
用SULFANILAMIDE新治療法
（初步報告）

林 文 秉

（重慶中央醫院）

病 例 報 告

第 一 例

論砂眼之臨床現象

林 文 秉

上海眼科學會1950年1月4日講述

（按「砂眼」乃一傳統名詞首由 Dioscoride 于公曆40年採用，乃取希臘文字高低不平或粗糙之意）

林文秉关于感染性疾病的论文（局部截图）

林文秉所编著的《眼科病理解剖学》（封皮）

（陈哲　孟丽慧）

周诚浒

周诚浒（1896—1978），浙江诸暨人，1922年毕业于北京协和医学院，之后数年在湖南－耶鲁医学院（今中南大学湘雅医学院）主管眼科工作，其间深得医学院院长、著名医学家颜福庆的器重。后来，他获得CMB资助，于1926—1927年远赴欧洲，在奥地利维也纳大学及英国伦敦大学进修眼科。完成学业后，被吸收为英国皇家学会会员。周诚浒谢绝高薪聘请，回到中国，1927年6月，加入协和眼科，任主治医师。1929年，周诚浒随颜福庆离开，并协助他创办了上海医学院，成为眼科主任。1932年，周诚浒等人倡导成立了上海眼科学会，他出任首任会长。之前有记载的各地眼科学会，都是自发建立的分散的地方性眼科学会。全国统一性眼科学会的建立，是在1937年中华医学会第十二届全国会员代表大会召开时，出席大会的眼科代表共同发起成立的中华医学会眼科学分会，周诚浒被推举为第一任会长，林文秉为副会长，学会设于上海。不久“七七事变”发生，日军全面侵华战争爆发，学会会员被迫分散，学会活动几陷停顿。

周诚浒

周诚浒曾担任过上海医学院的教务长、中国红十字会第一医院（今华山医院）眼科主任、上海市卫生局眼科总顾问、上海第六人民医院眼科主任、中华医学会上海分会副会长、中华医学会眼科学会会长、《中华眼科杂志》副总编。1958年，在上海第六人民医院任职期间，曾代表我国出席第一届亚非眼科大会（Afro-Asian Congress of Ophthalmology, AACO），并担任理事。因为他与罗宗贤早年间就相识于协和，也因为都是当时国内眼科界的大腕，因此在国际会议期间，他常常和协和医院的罗宗贤相遇。同样也是在上海第六人民医院工作时，周诚浒首创了我国角膜移植的先例。

周诚浒与罗宗贤双双出席亚非眼科大会期间的合影

抗战期间，他避居诸暨湖田、陈蔡等地，免费为当地平民诊治。他为创办诸暨医院而四处奔走。1936年5月，诸暨医院增设门诊，他任院长。新中国成立后，他将私人购置的精密眼科仪器与手术器械全部捐赠给国家。

周诚浒学术成就颇丰，从事眼科临

周诚浒与罗宗贤共同出席国际眼科学术会议期间的合影

床、教学、科研工作五十余年。虽然他一生的成就主要是在上海期间做出的，但早年间在协和的经历，为他一生事业的发展奠定了坚实的基础。如今能查到的他在协和期间或署名单位为协和的论文也不少。

1928—1929年，署名单位为协和眼科周诚浒的论文

年份	杂志名称	文章名称
1928	《英国眼科杂志》（*British Journal of Ophthalmology*）	《外伤性血管病变（远达性视网膜病变）：关于色素移动的一些评论》［“Angiopathia Retinae Traumatica（Purtscher）: With Some Remarks on Pigment Migration）”］
1928	《中华医学杂志》	《隐球症》（“Cryptophthalmus”）
1928	《眼科档案》	《家族性角膜变性（弗莱彻）的典型形式》［“A Typical form of Familial Degeneration of Cornea（Fleischer）”］
1929	《中华医学杂志》	《角膜的一些罕见损伤》（“Some Rare Injuries of the Cornea”）

续表

年份	杂志名称	文章名称
1929	《中华医学杂志》	《裂隙灯检查中国人晶状体混浊的频率和部位》（“The Frequency and Localization of Lens Opacities in Chinese Observed by Slit-lamp Examination”）
1929	《中华医学杂志》	《外伤性血管病变（远达性视网膜病变）：伴有机动公交车翻车挤压胸腹部后的外伤性窒息》［“Angiopathia Retinae Traumatica（O. Purtscher）: With Asphyxia Traumatica Following Compression of the Chest and Abdomen by an Overturned Motor Bus）”］

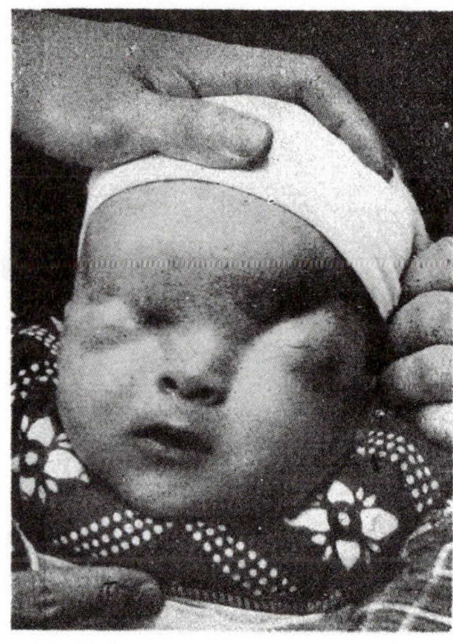

A case of Cryptophthalmus in a male of 40 days old. Note the broad root of the nose, the folds on each side extending to the upper and outer margin of the orbit, the absence of the lids and their appendages.

1928年，周诚浒发表于《中华医学杂志》上的病例报道《一例隐眼症》一文

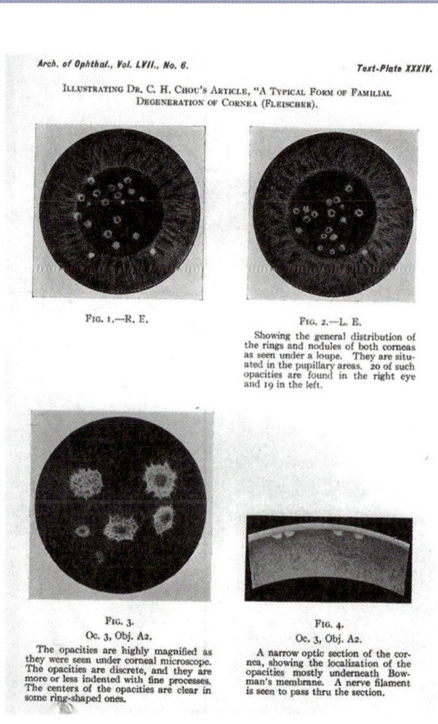

Arch. of Ophthal., Vol. LVII., No. 6. *Text-Plate XXXIV.*

ILLUSTRATING DR. C. H. CHOU'S ARTICLE, "A TYPICAL FORM OF FAMILIAL DEGENERATION OF CORNEA (FLEISCHER).

FIG. 1.—R. E.

FIG. 2.—L. E.

Showing the general distribution of the rings and nodules of both corneas as seen under a loupe. They are situated in the pupillary areas. 20 of such opacities are found in the right eye and 19 in the left.

FIG. 3.
Oc. 3, Obj. A2.

The opacities are highly magnified as they were seen under corneal microscope. The opacities are discrete, and they are more or less indented with fine processes. The centers of the opacities are clear in some ring-shaped ones.

FIG. 4.
Oc. 3, Obj. A2.

A narrow optic section of the cornea, showing the localization of the opacities mostly underneath Bowman's membrane. A nerve filament is seen to pass thru the section.

1928年，周诚浒发表于《眼科档案》上的论文，他在第七届中华医学双年会上进行了宣读

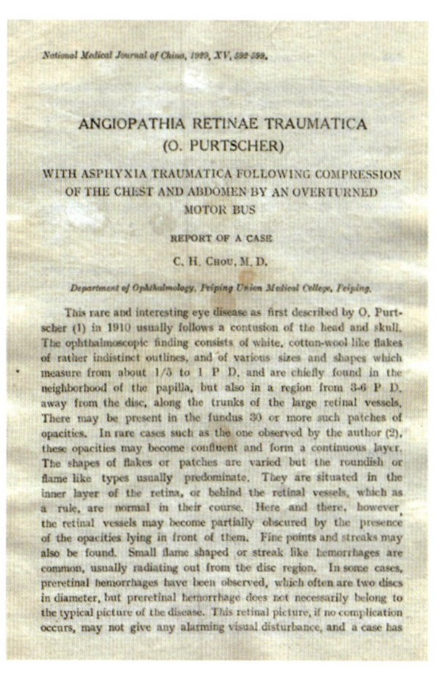

National Medical Journal of China, 1929, XV, 592-599.

ANGIOPATHIA RETINAE TRAUMATICA
(O. PURTSCHER)

WITH ASPHYXIA TRAUMATICA FOLLOWING COMPRESSION OF THE CHEST AND ABDOMEN BY AN OVERTURNED MOTOR BUS

REPORT OF A CASE

C. H. CHOU, M. D.

Department of Ophthalmology, Peiping Union Medical College, Peiping.

This rare and interesting eye disease as first described by O. Purtscher (1) in 1910 usually follows a contusion of the head and skull. The ophthalmoscopic finding consists of white, cotton-wool like flakes of rather indistinct outlines, and of various sizes and shapes which measure from about 1/5 to 1 P D. and are chiefly found in the neighborhood of the papilla, but also in a region from 3-6 P D. away from the disc, along the trunks of the large retinal vessels. There may be present in the fundus 30 or more such patches of opacities. In rare cases such as the one observed by the author (2), these opacities may become confluent and form a continuous layer. The shapes of flakes or patches are varied but the roundish or flame like types usually predominate. They are situated in the inner layer of the retina, or behind the retinal vessels, which as a rule, are normal in their course. Here and there, however, the retinal vessels may become partially obscured by the presence of the opacities lying in front of them. Fine points and streaks may also be found. Small flame shaped or streak like hemorrhages are common, usually radiating out from the disc region. In some cases, preretinal hemorrhages have been observed, which often are two discs in diameter, but preretinal hemorrhage does not necessarily belong to the typical picture of the disease. This retinal picture, if no complication occurs, may not give any alarming visual disturbance, and a case has

1929年，周诚浒发表于《中华医学杂志》上的病例报道（部分）

1978年，周诚浒病重住院期间，还亲自撰写了长达万言的《对我国眼科学的几点意见》，并要求死后捐献自己的遗体供科研、教学所用。同年，他于上海逝世，享年82岁。

（孟丽慧　陈哲）

张式溥

张式溥

将西方医学引入中国眼科的重要奠基人。

张式溥（1899—1947），字博如，河北籍。1917年自北京医学专门学校毕业，初任军医。因在职期间治疗过德军俘虏，所以学会了德语。1929年3月开始在协和眼科历任住院医师、主治医师、副教授。他通晓德语和英语，在学术上钻研很深。在协和任职的11年间，曾在著名国际杂志上发表眼科研究论文20多篇，享誉中外。1935年7月底，张式溥远赴美国及欧洲学习和旅行。1938年在京开设溥洲医院。1939年3月，张式溥从协和医院退出。1947年被任命为北京眼科学会会长。

张式溥精通德英双语，翻译了大量论著。例如，《维生素甲缺乏症在显微镜下所现之病的色素增生》《两眼永存瞳孔膜之一例》《同侧半盲兼半头痛》等。在当时，以英语作为唯一的工作用语的环境下，张式溥的翻译工作，为普及西方先进医学技术和理念，为培养中国眼科人才，促进我国眼科事业的发展起到了巨人的推动作用。

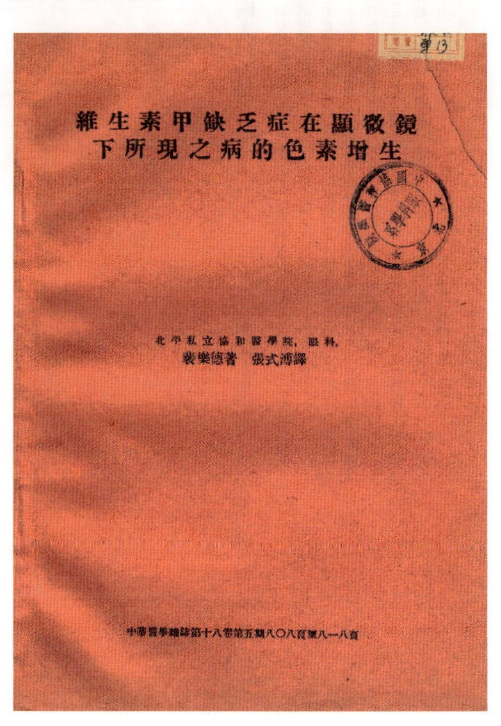
維生素甲缺乏症在顯微鏡下所現之病的色素增生

北平私立協和醫學院，眼科，
裴樂德著　張式溥譯

中華醫學雜誌第十八卷第五期八〇八頁至八一八頁

1932年，张式溥发表在《中华医学杂志》上的译作（首页）

张式溥着眼于中国国情，曾于1930年在《中华医学杂志》上发表重要论文《我国人目盲之原因》，并致力于北平学生的沙眼和色盲症的发病率统计工作，于1932年发表重要论文《北平学生沙眼之统计》以及《北平学生色盲症之统计》，并于《沙眼规宁疗法之临床经验》中提出了宝贵的治疗经验。1933年，张式溥在《中华医学杂志》上发表

同側半盲兼半頭痛

(ÜBER HOMONYME HEMIANOPSIE BEI MIGRÄNE.
DANIELS, ZEIT. F. AUGEUH., APRIL. 1932).

一中年男子患梅毒，曾注射六〇六多次，忽發左半側頭痛及左側半盲。係發作性，發作時視野之左下部缺損，其他部則正常，經四小時始漸恢復。至第五日始大部消退，僅餘一細線狀之缺損，永存而不去。以水銀軟膏塗擦，未再犯。此症乃因後正中腦動脈起痙攣，以致後頭部之纖維束發生病變。其原因則為梅毒。（張式溥）

1932年，张式溥发表于《中华医学杂志》上的德译中论文《同侧半盲兼半头痛》

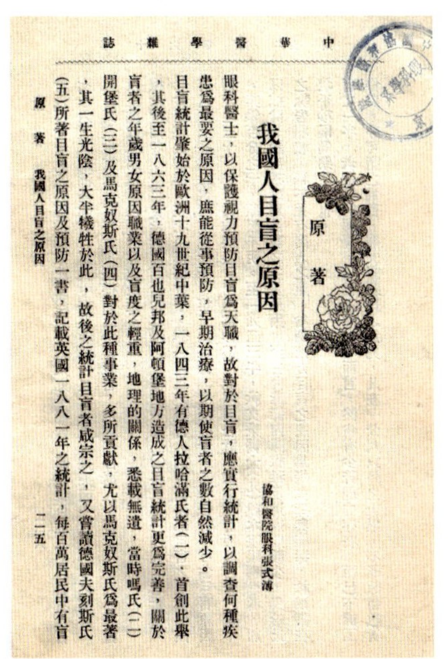

中華醫學雜誌

原著

我國人目盲之原因

協和醫院眼科張式溥

眼科醫士，以保護視力預防目盲爲天職，故對於目盲，應實行統計，以調查何種疾患爲最要之原因，庶能從事預防，早期治療，以期使盲者之數自然減少。

目盲統計肇始於歐洲十九世紀中葉，一八四三年有德人拉哈滿氏者(一)，首創此舉，其後至一八六三年，德國百也兒邦及阿頓堡地方造成之目盲統計更爲完善，關於盲者之年歲男女原因職業以及盲度之輕重，地理的關係，悉載無遺，當時嗎氏(二)開堡氏(三)及馬克奴斯氏(四)對於此種事業，多所貢獻，尤以馬克奴斯氏爲最著，其一生光陰，大半犧牲於此，故後之統計目盲者咸宗之，又嘗讀德國夫刻斯氏(五)所著目盲之原因及預防一書，記載英國一八八一年之統計，每百萬居民中有盲

1930年，张式溥发表在《中华医学杂志》上的《我国人目盲之原因》（部分）

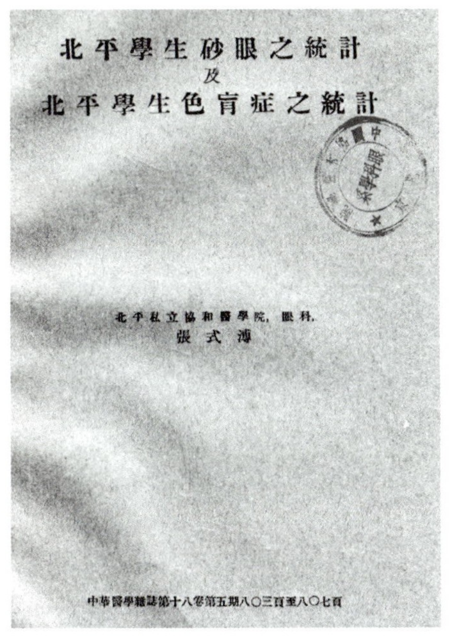

北平學生砂眼之統計

及

北平學生色盲症之統計

北平私立協和醫學院，眼科，

張式溥

中華醫學雜誌第十八卷第五期八〇三頁至八〇七頁

1932年，张式溥发表在《中华医学杂志》上的《北平学生沙眼之统计》及《北平学生色盲症之统计》（首页）

《眼结核之特殊诊断与治疗》，详述了结核菌素反应之学说，包括抗体说、毒素说、过敏说等7个方面，以及实际应用于结核的三种试验：皮肤结核素试验、结膜试验，以及皮下试验。张式溥的著作还有《因妊娠引起网膜炎及网膜剥离》《白点状网膜炎合并维生素甲缺乏一例》《眼球穿孔及晶状体脱出一例》等。

1947年11月，张式溥赴通州应诊，因突发心脏病不幸于途中逝世，享年48岁。李涛医师为其著有传略一篇，刊登在《中华医学杂志》上。

張式溥醫師傳略

張式溥醫師(1899—1947)字博如，河北省獲鹿縣人。1917年自北京醫學專門學校畢業，初任軍醫，隨軍駐海參威與伯力，凡二年，因兼醫治德俘，遂精德文。1921年創設共和醫院於北京，1924年更創辦新學月報，從事譯著頗勤。此時於診餘之暇，復習英文。1927年任北京協和醫院眼科醫師，因兼通德英兩國文字，對於進修，頗稱便利，加以鑽研不已，學遂專精。在該院任職凡十一年，曾在世界著名醫誌發表眼科研究論文二十餘篇，於是斐聲中外，譽滿杏林。1935年更赴美國俄亥俄州立醫學院講學。1937年自歐陸歸國，仍在協和醫院任教職。1938年在京設溥淵醫院。1947年被選爲北京眼科學會會長。是年11月30日赴通縣應診，因心臟病發，卒於途中。生前與馮玉祥先生交遊，馮先生曾自美賜寄一聯云『要學白求恩，捨命救吾人』不料竟成讖語云。

李濤

《中华眼科杂志》上的《张式溥医师传略》

（孟丽慧　陈哲）

姜辛曼

姜辛曼（1901—1973），曾用名姜渭滨、姜奉宗，江苏省江阴县（今江阴市）人。生前为浙江医科大学眼科系主任、教授，浙江医科大学附属第一医院眼科主任，中华医学会眼科学会委员，浙江省医学会理事及五官科副主任，浙江省政协委员，九三学社社员。中华医学会眼科分会的杭州眼科分会于1950年12月成立，姜辛曼为首任主任委员。

青年姜辛曼

老年姜辛曼

姜辛曼于1920—1924年就学于江苏公立医学专门学校（上海医学院前身），毕业后历任上海公立医院、苏州省立医院、杭州广济医院、南京鼓楼医院的住院医师、主治医师。1929年来到北京协和医院，工作到1934年，从眼科住院医师做到主治医师。1934—1946年历任南京国立中央医院（抗战期间迁为贵阳国立中央医院）眼科主治医师、副主任、主任。1944—1945年赴美国国立眼科研究所进修考察。1946—1951年任江苏医学院眼科学教授、主任，并受竺可桢校长之聘，兼任浙江大学医学院眼科学教授、主任。1952年起任浙江医科大学眼科系教授、主任。1929—1949年，他还兼任国立中央高级护士学校、长沙湘雅医学院、贵阳医学院、无锡公立医院、杭州市民医院等院校的教师、教授、主任、顾问等。他于1932年在协和工作期间加入了中华医学会。1950年起兼任《中华眼科杂志》编辑。1956年受聘为《浙江中医杂志》编审、顾问，浙江省西医学习中医学术委员会委员，从事中医眼科的学习、研究。1958年起为《浙江医学》《浙江学报》编辑、委员。1960年任浙江医科大学眼科研究所所长、院务委员等。姜辛曼的一生，在医学教学和科研方面都做出了不小的贡献，在国内尤其是浙江眼科学界享有较高的

1947年，浙江大学医学院附属第一医院（浙大一院）开院合影（前排右数第四为姜辛曼）

1963年，姜辛曼（前排左三，白色长胡须者）与科室人员的集体照

1966年，响应国家号召“将医疗卫生工作的重点放到农村去”，在浙江东阳农村举办眼科学术会议时，姜辛曼（居中，白色长胡须者）应邀前往主持

声誉。

姜辛曼生前一直把大部分精力放在医疗工作上，亲力亲为地为病人治疗眼疾，解除病人的痛苦。他鄙视重名利、轻医德的行为，并以此来教育学生。在医疗实践中，他对每个病人都一视同仁，仔细检查，一丝不苟，负责到底。尤其是对从农村长途来杭州求治的病人，更是悉心照顾，精心治疗。

姜辛曼发表的论著有:《眼科用药水与软膏之研究》(《中华医学杂志》，第16卷S期,1931年)、《维生素甲缺乏症之视野》(《中华医学杂志》，第18卷S期，1932年)、《流行性脑膜炎与转移性眼炎一例》(《中华医学杂志》，第2卷10期，1936年)、《婴儿青光眼一例》(《中华医学杂志》，第22卷10期，1936年)、《上睑结合膜梅素性下疳二例》(《中华医学杂志》，第31卷3期，1945年)、《颜面血管肿合并青光眼三例》(在1951年中华医学会眼科学会学术讨论会上做的报告)、《眼的比较解剖学》(与唐国藩合著,《眼科全书》第一卷，人民卫生出版社，1965年)等。

1973年，姜辛曼逝世，享年72岁。

（文字主要来源于网络，陈哲节选，感谢浙江大学医学院附属第一医院眼科沈晔提供图片）

潘作新

潘作新(1903—1983)，山东掖县(今莱州市)人。1923年考入济南齐鲁大学医科，1927年转读北京协和医学院，1930年毕业，留任协和眼科直到1934年离开，从住院医师做到主治医师。

1936年潘作新赴奥地利维也纳大学医学院进修，日本全面侵华战争爆发后毅然回国，投入到抗日战争中，亲率医疗队深入晋东南根据地，为抗日军民服务。后任南京中央医院眼科主任。1947年出任山东大学医学院教授兼附属医院眼科主任。1948年，他首创眼睑板切断矫正术，并在《中华医

青年潘作新

中年潘作新

老年潘作新

学杂志》上发表相关文章，眼科学界将其载入教科书等文献，被命名为“潘氏手术”，流传至今。1949年6月，青岛解放，他出任山东大学医学院附属医院院长。1956年，青岛医学院独立建院，他成为青岛医学院和附属医院的首任院长，在管理上引进协和办院模式，从严治院，使医院在较短时间后即在全国享有较高声望。

潘作新在全国眼科学术大会上演讲

1956年，潘作新加入九三学社，任九三学社青岛分社常务社员。他担任过中华医学会理事、中华医学会眼科学会委员、《中华眼科杂志》编委、中华医学会山东分会常务理事、山东省眼科学会主任委员、青岛市医学会名誉理事长。

1978年，国务院批准了首批全国硕士学位授予单位，潘作新获批成为

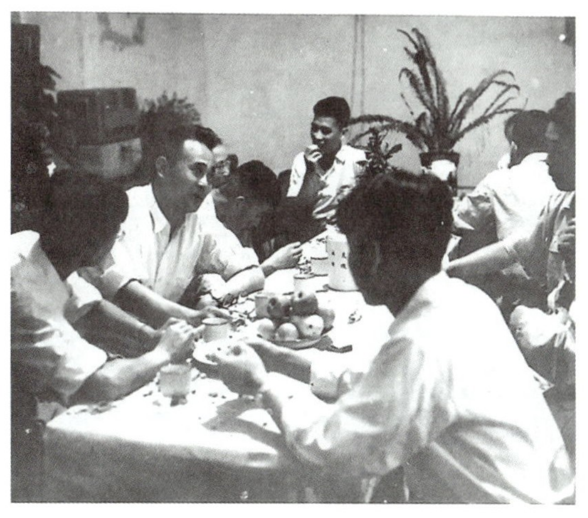
潘作新与青年医师座谈

全国首批硕士研究生导师。

潘作新致力于医、教、研50余年，对眼部肿瘤、屈光学有很深的造诣，是我国最早研究眼病理学的学者之一（20世纪30年代即开始病理研究，后来于1956年创立了青岛医学院眼科病理室）。其主要论著有《眼内恶性色素瘤眼外蔓延二例》《睫状体上皮细胞增生及睫状良体上皮细胞瘤的组织学观察》《虹膜色素瘤》等。他主持的"对角膜内皮细胞观察的研究"课题，曾获山东省和青岛市科技成果奖。

1983年2月3日，潘作新因腹主动脉瘤破裂，抢救无效去世，享年80岁。遵照他的遗嘱，其眼球被制作成教学科研标本，角膜移植给了海阳县的一个青年农民，他将光明永远留在了人间。

潘作新创立的青岛医学院眼科病理室资料柜

潘作新在眼科病理室的工作照

1983年，接受潘作新的角膜移植后恢复视力的海阳县青年农民，出院时与王传富医师、鞠明成医师告别

（文字主要来源于网络，陈哲节选，感谢青岛大学附属医院眼科赵桂秋医师提供图片）

林景奎

林景奎

林景奎（1904—不详），福建厦门人，1931年毕业于协和医学院，留协和眼科工作。1932—1938年在协和眼科历任住院医师、主治医师、副教授。1938年6月，他前往美国学习1年。回国后于1939—1940年在协和眼科任导师。1941年3月，张晓楼毕业时，他作为执行主任，书写了推荐张晓楼留院做眼科住院医师的推荐信。

他在协和期间发表过很多论文，例

1931年，林景奎（前排左四）在北京协和医学院毕业时的合影

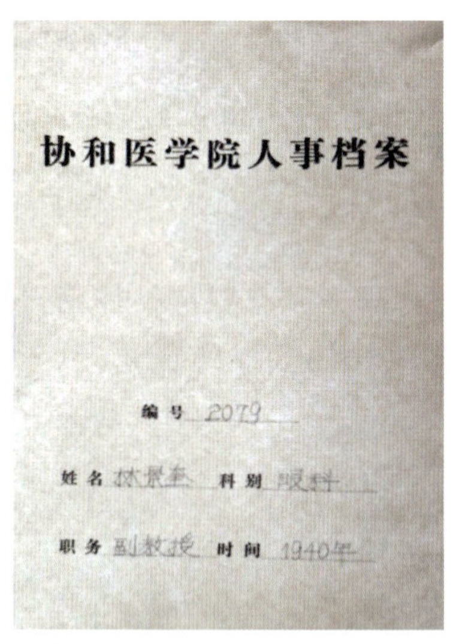

协和医学院人事档案

编号 2079

姓名 林景奎 科别 眼科

职务 副教授 时间 1940年

林景奎在北京协和医学院的人事档案（编号2079）

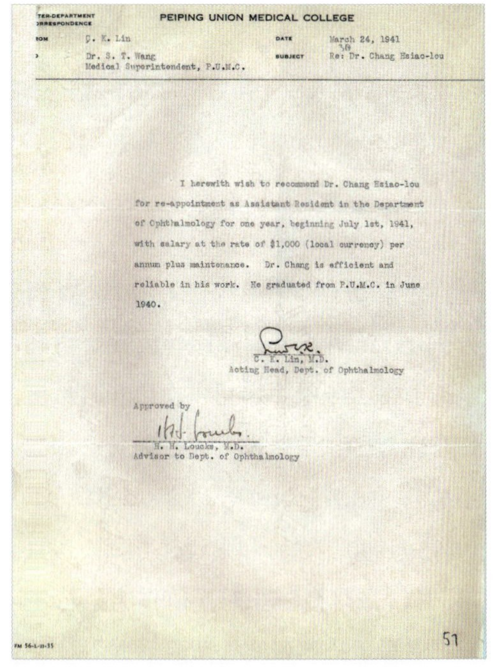

TER-DEPARTMENT ORRESPONDENCE

PEIPING UNION MEDICAL COLLEGE

ROM C. K. Lin DATE March 24, 1941 30

Dr. S. T. Wang SUBJECT Re: Dr. Chang Hsiao-lou
Medical Superintendent, P.U.M.C.

I herewith wish to recommend Dr. Chang Hsiao-lou for re-appointment as Assistant Resident in the Department of Ophthalmology for one year, beginning July 1st, 1941, with salary at the rate of $1,000 (local currency) per annum plus maintenance. Dr. Chang is efficient and reliable in his work. He graduated from P.U.M.C. in June 1940.

C. K. Lin, M.D.
Acting Head, Dept. of Ophthalmology

Approved by

H. H. Loucks, M.D.
Advisor to Dept. of Ophthalmology

FM 56-L-11-35

51

1941年3月，林景奎书写的推荐张晓楼留院做眼科住院医师的推荐信如，1936年在《实验生物学与医学的社会进展》杂志上发表《可卡因在再生房水的蛋白成分中的作用》（“Effect of Cocaine upon Protein Content of Regenerated Aqueous Humor”），1937年发表《人类房水再生的进一步研究》（“Further Studies on the Regeneration of the Aqueous in Man”）。

1942年年初，因前一年年末太平洋战争爆发，日军关闭协和医院，林景奎与协和的其他几位医师（肿瘤外科金显宅、内科卞万年、皮肤科卞学鉴、儿科王志宜、妇产科林崧、耳鼻喉科林必锦、牙科关颂凯、泌尿外科施锡恩等）同赴天津，每人出资5000元，接手了原由陈善理医师在黄家花园创办的妇产医院——恩光医院；在此之前，恩光医院属于私人单独开业，没什么专科可言，此时，因为有众多协和名医的加入，充实或建立了妇产科、内科、儿科、外科、泌尿科、皮肤科、眼科、耳鼻喉科和牙科，这所原来名不见经传的私家医院扩充为一家当时天津为数不多的科室齐全的综合性医院，声望日隆，门庭若市，慕名而来的病人很多，医院的经营蒸蒸日上；当时，卞万年任首任院长，林景奎负责眼科工作，直到1953年。

恩光医院是因几位协和名医达成的

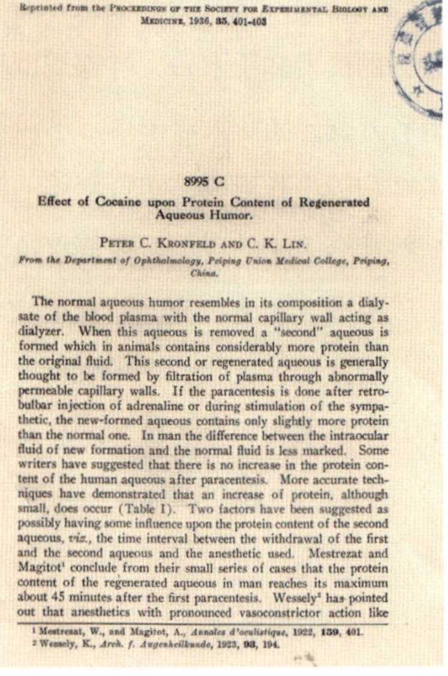

Reprinted from the PROCEEDINGS OF THE SOCIETY FOR EXPERIMENTAL BIOLOGY AND MEDICINE, 1936, 35, 401-403

8995 C

Effect of Cocaine upon Protein Content of Regenerated Aqueous Humor.

PETER C. KRONFELD AND C. K. LIN.

From the Department of Ophthalmology, Peiping Union Medical College, Peiping, China.

The normal aqueous humor resembles in its composition a dialysate of the blood plasma with the normal capillary wall acting as dialyzer. When this aqueous is removed a "second" aqueous is formed which in animals contains considerably more protein than the original fluid. This second or regenerated aqueous is generally thought to be formed by filtration of plasma through abnormally permeable capillary walls. If the paracentesis is done after retrobulbar injection of adrenaline or during stimulation of the sympathetic, the new-formed aqueous contains only slightly more protein than the normal one. In man the difference between the intraocular fluid of new formation and the normal fluid is less marked. Some writers have suggested that there is no increase in the protein content of the human aqueous after paracentesis. More accurate techniques have demonstrated that an increase of protein, although small, does occur (Table I). Two factors have been suggested as possibly having some influence upon the protein content of the second aqueous, *viz.*, the time interval between the withdrawal of the first and the second aqueous and the anesthetic used. Mestrezat and Magitot[1] conclude from their small series of cases that the protein content of the regenerated aqueous in man reaches its maximum about 45 minutes after the first paracentesis. Wessely[2] has pointed out that anesthetics with pronounced vasoconstrictor action like

[1] Mestrezat, W., and Magitot, A., *Annales d'oculistique*, 1922, **159**, 401.
[2] Wessely, K., *Arch. f. Augenheilkunde*, 1923, **93**, 194.

林景奎于1936年在《实验生物学与医学的社会进展》杂志上发表的论文（部分）

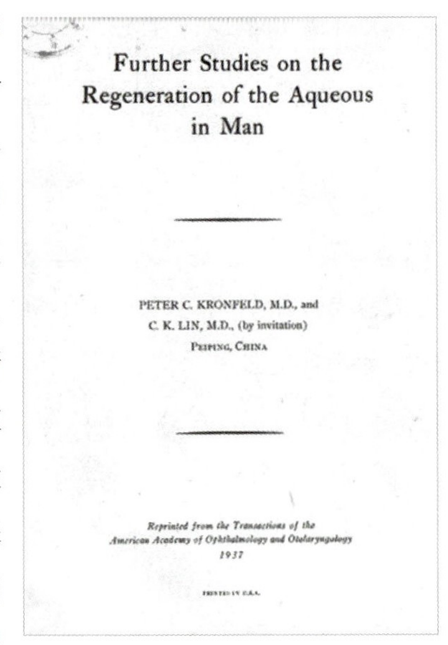

Further Studies on the Regeneration of the Aqueous in Man

PETER C. KRONFELD, M.D., and
C. K. LIN, M.D., (by invitation)
PEIPING, CHINA

Reprinted from the Transactions of the American Academy of Ophthalmology and Otolaryngology 1937

PRINTED IN U.S.A.

林景奎于1937年在《美国眼科与耳鼻喉科学会》（*American Academy of Ophthalmology and Otolaryngology*）杂志上发表的论文（首页）

“君子协议”合力而办，发展基金靠众人投资，同时他们几个不拿薪金，只取各自的诊费和手术费，有积余也不分红利，以此积累资金来扩充医院。为了节省开支，防止人浮于事，不设行政人员，全医院只设医务委员会，由主任医师和护士长组成，实行集体治院，除了医务外，各自兼职。他们还筹到了一些社会人士的资金，在黄家花园购置了两所楼房作为住院病房，增添了护士以及职工宿舍，充实了化验室的设备，配备了技术员，能够自己做化验，并且购置了X光机，聘请杜持礼兼任放射科的工作，之后又配备了手术室用的万能手术台和冷气机，以及高频手术电刀。40年代，在天津的医院和私人诊所里，只有恩光医院能做化验和X光检查，因此，到恩光就诊的人越来越多，业务情况很好，许多医生也常常被要求到患者家中出诊，甚至有以金条作为报酬的情况。

1949年11月，中纺医院正式开业，林景奎于1951—1953年任该院眼科主任，之后该院与邮电、天和（也是1942年协和医院被迫关停后，几位原协和医生，张纪正、方先之、柯应夔、邓家栋等，来到天津筹办的，院名寓意“天津的协和”）、恩光等医院合并，于1956年更名为“天津市第一中心医院”。

1951年中华医学会眼科学会天津分会成立时，林景奎即为首届会员。

1952年2月，华北防盲医院被天津市卫生局接管，4月16日被正式命名为天津市立眼科医院，院址在天津市和平区营口道140号，林景奎1952—1956年出任更名后的首任院长，是该院历史上第三任院长［第一任为防盲医院院长——法国人卢梭望（Lossonarn）博士，第二任为田大文］，他也是第二任中国人出任的院长。

林景奎的论著包括《用前房穿刺术作青光眼的辅助诊断》《我国球后视神经炎的研究》《眼眶整形术》《眼球干燥症用油质维生素肌肉注射的效果》《可卡因对于前房水内蛋白的作用》《关于人类前房水恢复时间的试验》等。

1952年，天津市立眼科医院命名典礼（前排右二为林景奎医师）

1951年，中华医学会眼科学会天津分会会员合影（首排左六为第二任院长田大文，三排左四为第三任院长林景奎，三排右三为第四任院长赫雨时）

（陈哲，感谢天津市眼科医院提供部分图片）

刘家琦

刘家琦（1909—2007），湖北汉口（今属武汉市）人。1937年毕业于协和医学院，在协和眼科从住院医师做起，直到1942年任主治医师时期，因协和医学院和医院被迫关闭而离开。

1937年，刘家琦在北京协和医学院的毕业照

1945年开始，刘家琦任同仁医院眼科主任及北京大学医院眼科教授。1949年后，历任北京医学院教授及其附属医院眼科副主任、主任，中华眼科学会副主任委员，《中华眼科杂志》副主编；是第四届至第六届全国政协委员。19世纪60年代起投身于儿童弱视斜视的防治工作，1984年创建了我国眼科斜视专业学组；1985年获卫生部技术先进甲级奖；1986年创建了全国第一个小儿眼科。她从医60余年，为我国先后培训了大批弱视斜视防治人员，桃李满天下，为建立全国弱视斜视防治网奠定了基础，在我国眼科界享有盛誉。

晚年刘家琦

刘家琦于1984年主编的《实用眼科学》一书，自1999年第2版问世以来，已印刷10次共计20000余册，深受读者欢迎。《实用眼科学》之所以能受到广大读者的欢迎，主要在于该书对于各级眼科医生，在临床工作、教学工作、科研工作等方面均有贴切的实用价值。深感遗憾的是，在《实用眼科学》第2版的修订过程中，主编刘家琦辞世。目

前已有更新的《实用眼科学》第4版贡献给眼科同道。

1993年，刘家琦创办《中国斜视与小儿眼科杂志》。

2007年，刘家琦逝世，享年98岁。

刘家琦曾执笔主编的《实用眼科学》（第3版）书影

（陈哲）

张峨

张峨（1912—1995），名字也写作张莪，直隶（今河北）获鹿人。1938年毕业于协和医学院，获医学博士学位。1938年9月至1942年协和医院关闭之前，在协和眼科做住院医师。后来曾任兰州医学院教授、眼科主任。新中国成立后，历任广东省人民医院眼科主任、农工党广东省委第六届副主任委员；是第三届全国人大代表，第五届、第六届全国政协委员。

20世纪40年代初，一间用简易材料搭起的简陋诊室，出现在兰州西北医院的门口，诊室门上贴的告示写着：免费收治沙眼患者。坐诊的医生正是张峨，时任西北医学院眼科副教授、西北医院眼科代主任。她不但坐诊，而

青年张峨

且创办了兰州沙眼防治站。

1949年，张峨来到广州中央医院任眼科主任，早早跨出了群众性防盲治盲的脚步。从1952年起，她的身影就常常出现在农村的沙眼防治工作现场；1957年，她在广东首次培养出了沙眼病原株。

张峨长期致力于广东农村的防盲治盲工作，治愈了大批因沙眼、白内障致盲的病人，在广东省的防盲治盲历史上有着重要地位。1958年，国务院鉴于当时中国沙眼异常普遍的现状，召开了全国沙眼病防治工作会议，一场彻底消灭沙眼病的医学革命，在中国吹响了战斗号角。1959年，广东省防治沙眼工作委员会办公室成立，张峨时任广东省人民医院主任，兼任此委员会负责人，是这项行动的策划人、执行人和带头人。从1959年至1979年的整整20年时间里，受惠于张峨医疗队的人群，遍布广东省内50个县，重获光明的人数以万计；她还说："我们走到哪里，就应该给那里留下一支不走的眼科医疗队，这样防盲治盲工作才能持之以恒。"广东省开平县（现为开平市）燕山村见证过她的努力。1960年2月，她在这里编写出《防治沙眼初级教材》和《防治沙眼托幼教材》；1974年，她结合多年临床经验和巡诊经验编写的《常见眼病的防治》得以出版。20世纪60—80年代，在张峨、粟惜兰等

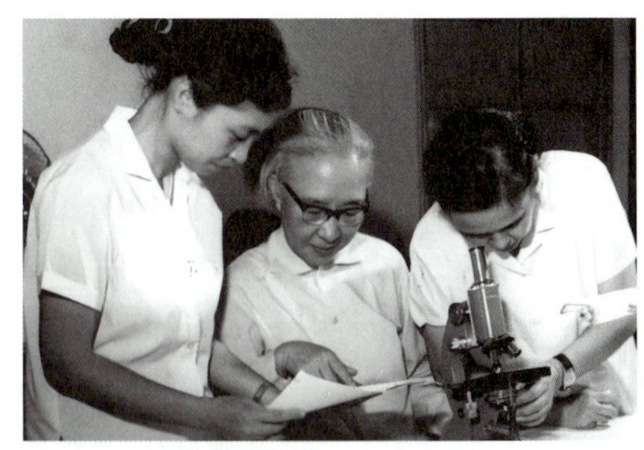

1959年，广东省防治沙眼工作委员会办公室成立，张峨（中）任负责人

张峨（中间白发老者）与广东同行合影

眼科前辈带领下，防盲工作人员进行了多次盲和眼病流行病学调查，为广东省眼病防治工作提供了科学依据。到1979年止，张峨带领的团队先后培训了县级眼科医生87人，公社（乡、镇）级709人，大队“赤脚医生”4039人；普查226万余人，巡回检查122062人，门诊137931人次，手术11159人次，使15598人重见光明。

张峨（中）带队到开平县第二人民医院

1984年，张峨带领团队，深入东莞、南海、肇庆、顺德等地的麻风病医院，做了1000多例调查，对象包括麻风病人和留下定居的已治愈病人，发现了980例麻风性眼病。大家总结发病类型，梳理分析原因，把握诊疗规律，尝试多种方法施治。最终，张峨与大家摸索出一种麻痹性兔眼矫正的手术——尼龙线矫正术，并设计出与之相匹配的简便轻巧的成套设备和器械，能就地安全地施行手术。1985年11月在广州召开的我国第一届国际麻风病学术交流会议上，张峨及其助手所交流的两篇论文《广东1080例麻风性眼病调查》和《麻痹性兔眼尼龙矫正术》，填补了我国麻风病人眼疾治疗的空白。之后，张峨率领团队，在邻近3省的28个麻风病院，对2692例麻风病人进行了普查，对其中1262名病人用此方法施行了手术，治愈率达88%，有效率达98.6%。张峨还主编了中国第一本麻风性眼病相关的书籍《麻风性眼科学》，主办了6期全国麻风眼科骨干学习班，协办了3期国际奥比斯（ORBIS，国际奥比斯组织——是一个致力于为世界各国盲人和眼疾患者恢复光明的国际性慈善机构，宗旨是“使全球失明者重见光明”）资助的全国麻风眼病防治班、全国麻风病护理班。

张峨曾于1996年在《中国眼镜科技杂志》上刊登了一篇介绍沙眼知识来龙去脉的科普文章《人与沙眼的斗争》，读来非常生动有趣，既引人入胜，又传播了科学知识。她对眼屈光学的造诣也较深，设计了近点视力表、半圆花镜，并已在全国得以应用与推广。她还编有《眼科学讲义》等。

1995年，张峨逝世，享年83岁。

（陆基民　陈哲）

张晓楼

张晓楼（1914—1990），1914年出生于河北正定，1932年考入协和医学院设置于燕京大学（今北京大学）的医学预科班，之后转入协和医学院学习临床，1940年毕业于北京协和医学院，获医学博士学位，留协和眼科工作。1942年协和医学院和协和医院被迫关闭，他转往他处。1946—1960年，历任北京同仁医院主治医师、眼科主任、副院长。1950—1965年还兼任协和医院副教授及教授。1959年以后，历任北京市眼科研究所副所长、所长，直至1985年。1965—1984年，担任中华医学会眼科分会主任委员达20年。1988年任世界卫生组织（WHO）中国防盲合作中心主任。

张晓楼

在后来兼任协和医院教授期间，他曾以协和眼科为单位，发表论文《毛地黄中毒之视觉症状》。

张晓楼在从事眼科事业的半个世纪里，鞠躬尽瘁，成绩斐然，在医疗、科研、教学以及防盲治盲事业中做出了卓越的贡献。1954年他和汤飞凡合作，在世界上第一次分离出沙眼衣原体，次年论文发表之后，扬名世界。后来，他担任了北京同仁医院副院长、中华

1935年，张晓楼就读燕京大学医学预科班期间留影

张晓楼（右数第二）进入协和医学院学习期间留影

1940年，张晓楼毕业于北京协和医学院，获医学博士学位

医学会眼科学分会主任委员，1982年获国家自然科学奖二等奖和亚洲太平洋眼科学会卓越工作奖。

1990年，张晓楼去世，享年76岁。

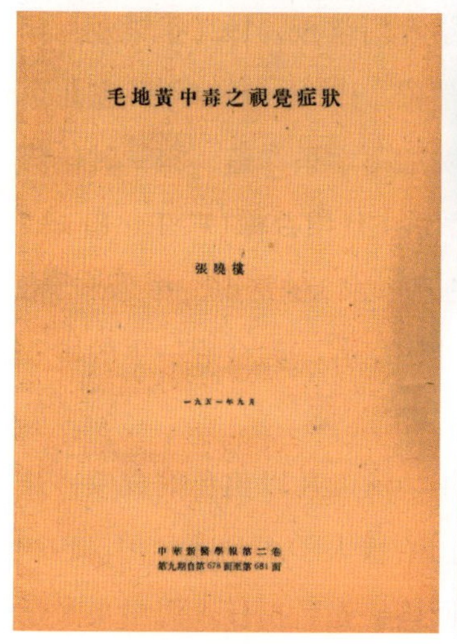

毛地黄中毒之視覺症狀

張曉樓

一九五一年九月

中華新醫學報第二卷
第九期自第678頁至第681頁

张晓楼兼任协和医院教授期间发表的以协和眼科为单位的论文《毛地黄中毒之视觉症状》(首页)

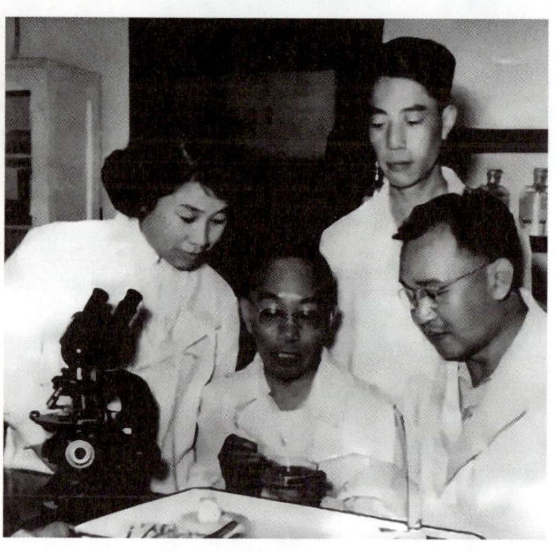

1954年，张晓楼(右一)与汤飞凡(中)合作进行沙眼衣原体的研究

(陈哲　孟丽慧，感谢北京同仁医院魏文斌提供图片)

第六节　此阶段其他与协和有渊源的教授

除了上述11位教授之外，另有两位后来在学术界大名鼎鼎的教授，虽然没有在协和眼科正式工作过，主要成绩都是后来在外院做出，但他们两位，一位曾在北京协和医学院深造并担任教学任务(汤飞凡)，一位曾在北京协和医学院就读(郭秉宽)，且后者与时任眼科主任裴乐德博士渊源颇深。协和时代的际遇，给他们一生的成就打下了良好基础。

汤飞凡

汤飞凡

汤飞凡在湘雅医学专门学校读书期间

汤飞凡（1897—1958），湖南醴陵汤家坪人，12岁到长沙读中学。1914年入湘雅医学专门学校，1921年毕业，获医学博士学位。1921—1924年，在北京协和医学院细菌学系深造，深受时任协和细菌学系系主任田百禄（C. Ten Brock，美国著名细菌学家）的赏识，并受到严格的实验技能的培养，为今后一生的事业发展打下了基础。

1925年，汤飞凡以出色的成绩，被推荐去美国哈佛大学医学院学习。1929年他学成回国，先后担任上海中央大学副教授、上海医学院教授，投入到细菌学的教学中。1935年，赴英国国立医学院研究所进修。学医伊始，汤飞凡就认为，一名医生一生中救治的病人是数得过来的，而研究疫苗却可以造福千万人。所以回国后，他一直致力于疫苗的研究。当时国内处在动乱中，没有良好的科研环境，他只好自掏腰包，购买设备。1937年，汤飞凡被任命为中央防疫处处长，在抗日战争全面打响后，他来到长沙，继续研究疫苗，和团队一起，研发出多个疫苗，并制造出青霉素。1950年，他出任中央人民政府卫生部生物制品研究所所长；同年，任中央人民政府卫生部生物制品检定所所长。1957年，汤飞凡当选为中国科学院学部委员。

汤飞凡在国立湘雅医学院门口与同学们的合照

1958年9月30日，在“文革”所谓“拔白旗”的运动中受辱，个性高傲的汤飞凡自缢身亡，享年61岁。1979年，原卫生部为其平反昭雪。

汤飞凡在实验室研究细菌学和疫苗

早在20世纪30年代，他和周诚浒合作（两位早年间均有过在协和学习、工作的经历），通过大量动物实验和自我试验，以可靠的材料为依据，发表了论文《沙眼杆菌与沙眼之研究》，否定了当时由日本学者野口矢提出的沙眼杆菌的发现。1955年，他与当时已在北京同仁医院担任眼科主任的张晓楼合作，成功用鸡卵黄囊分离出沙眼的病原，彻底解决了持续70多年的争论，1956年该论文发表，二人名扬世界；1970年，国际上将沙眼病毒和其他几种介于病毒和细菌之间的、对抗生素敏感的微生物命名为“衣原体”，汤飞凡成为名副其实的“沙眼衣原体之父”。

（陈哲）

郭秉宽

郭秉宽

郭秉宽（1904—1991），原名奎中，福建龙岩人。1924年考入北京协和医学院读书。那时候，北平的学生运动风起云涌，华侨学生黄千驹自动离校，参加北伐军，后来为国捐躯，这个消息使郭秉宽的心灵受到很大震动，于是他参加了燕京大学的地下共产主义学习小组，开始接触一些革命理论。在他感到迷茫之时，时任协和眼科主任的裴乐德博士向他伸来援助之手，在他的建议下郭秉宽自费到维也纳大学医学院留学6年，因家道中落，其间的生活极为艰苦，到1929年，寄自家庭的经费即告中断。除国内亲友的少量资助外，他主要靠勤工俭学维持学业，他给奥地利学生上中文课，给中国留学生补习德语，又担任中国驻德使馆的抄写员，终于在1934年顺利毕业，获得医学博士学位。同年，裴乐德博士在协和眼科任满，回到奥地利，经他介绍，郭秉宽在维也纳市立总医院担任了两年眼科住院医师。裴乐德博士不但帮助郭秉宽掌握临床技术，还教他如何撰写论文，经常邀请郭秉宽到家中做客，师生间的关系极为亲密。

1936年，郭秉宽回国在同济大学医学院任教；1938年，同济大学医学院内迁至江西吉安，因陋就简地开展医疗和教学，他担任眼科主任和教授。从此，他的工作重点才真正转移到教学上。1938年秋，郭秉宽受聘前往贵阳医学院工作，他在此后3年内培养了不少有作为的眼科专家，包括后来任职于天津医学院的袁佳琴、河北医学院的梁树今、湖南医学院的吴振中等。1941年，他与杨济时一同到桂林市省立医院工作，并担任眼科主任。1943年4月初，郭秉宽携眷历尽千辛万苦，经贵阳到达重庆，任江北陆军医院眼科主任，兼任已迁往宜宾的同济大学医学院和迁至重庆歌乐山的上海医学院的眼科特约教授。

20世纪40年代，中国沙眼流行，按照当时的眼科教科书和杂志所述，早期诊断沙眼的体征为：在睑结膜上发现滤泡和乳头样病变，或在睑结膜涂片上发现包涵体。郭秉宽通过大量病例，找到了一种更为简便又准确的诊断方法：在早期甚至在某些仅有极轻微临床症状的病例中，均可在上方角膜缘处发现角膜血管翳。他将8年的研究心得写成论文《初期角膜血管翳——沙眼原发性角膜感染早期诊断的重要体征》，发表在1942年的《美国眼科杂志》上。

1945年抗战胜利后，郭秉宽受派随军医考察团赴美，先后在哥伦比亚大学眼科学院及曼哈顿眼库进修角膜移植技术。1946年秋，他随团从美国归来，在上海江湾国防医学院接受少将军医级教授之职，兼任眼科主任，从事眼科医疗和教学。他及时将学到的新技术应用于实际，是中国最早开展和推广角膜移植的专家之一。1948年年底及1949年年初，国防医学院“奉命”迁往台湾，郭秉宽拒绝随往。1949年4月，他设法躲过特务的跟踪，迁入上海市区。

新中国成立后，郭秉宽担任上海医学院眼科教授和附属中山医院眼科主任。当时，国内尚无一本适用的中文眼科学教科书。他在自编的眼科学教学讲义的基础上，于1950年出版了一部较系统的专著《眼科学》，问世不久即告脱销，其后历经多次修订再版。他还编写了适合中级医务人员用的教材《眼科学》，该书先后出过两版。1952年，全国高等学校院系调整，上海医学院改名为上海第一医学院，原来附属中山医院和华山医院的眼科和耳鼻喉科被划出，成立了附属眼耳鼻喉科医院，郭秉宽担任副院长兼眼科主任、一级教授。1952年，他从上海第一医学院当年招收的一批新生中，挑选出90名成绩优异的学生，组成眼耳鼻喉科专修班，该班于1955年毕业。这批毕业生中无论是留校的，还是分配到全国各地医院的，都成为眼耳鼻喉科的骨干力量。他在第二军医大学林文秉的帮助下，于1955年成立了自己的眼病理研究室，该研究室后来成为国内重要的眼病理研究基地。

郭秉宽长期兼任《中华眼科杂志》的副总编辑。1978年，卫生部批准成立上海第一医学院眼科研究所，郭秉宽任所长。1979年，他被批准为中国第一批博士生导师。郭秉宽还担任了《中国医学百科全书·眼科学》的主编，该书于1984年出版。

郭秉宽还是中国眼遗传学工作的开拓者之一。他在所著的《眼科学》中明确提出了用优生学预防进行性高度近视眼的可能性。1979年，全国眼遗传学组成立，他被聘为顾问。1980年6月，在江西省吉安市召开了第一届全国眼遗传学学术会议，他在大会上做了题为“对我国眼科遗传学发展的一些看法”的报告，阐述了眼遗传学的重要性；指出人体遗传病已发现3000多种，到1960年所发现的眼遗传病就达246种。1980年，他招收了中国第一批眼遗传学硕士研究生。他指导研究生完成了“双生子中近视眼的发病率及遗传规律”和“双生子视网膜母细胞病”的研究。研究论文被第24届世界眼科会议选为大会宣读论文。

郭秉宽从奥地利回国后，裴乐德博士每年都从维也纳给他寄来贺年片，直到1967年，“文化大革命”使这种联系中断。尽管处境艰难，郭秉宽仍设法通过各种可用的渠道给老师带去问候。1974年，郭秉宽又接到裴乐德博士用颤抖的手亲自签名的贺年片，不觉泪下。不久后，裴乐德博士即与世长辞。

郭秉宽一生在国内外发表论文80多篇。1991年9月28日，郭秉宽因前列腺癌广泛肺转移，在上海病逝，享年87岁。

（陈哲）

［第五章］

『二战』全面爆发之后直至新中国成立

1942年年初，因前一年年末太平洋战争的爆发，协和医学院及医院被迫停办，在《协和年鉴》中有记录的原眼科员工们此段时间四散飘零。孔培德博士已于1939年7月辞去协和眼科主任的工作，去往美国。罗宗贤时任代理主任，同许多“老协和”的著名教授如林巧稚、钟惠澜、周华康、关颂韬、司徒展一样，或转到私立中和医院（今北京大学人民医院）任主任，或到德国医院（北京医院的前身）任特约医生。协和眼科的“元老级”员工，已是副教授的彼得·桑德科夫博士于1938年12月回美国休假，因时局恶化，没有再回来，后居于加州。张式溥于1939年3月从协和离开，此前一年，他已另创浦洲医院。毕华德于1939年4月从协和离开，创办了北京眼科医院，任院长，直到1949年该院停办，他转入北大第一医院任主任。访问教授富兰克·伯奇（Frank E. Burch）博士于1940年4月已经离开。林景奎于1942年协和医院关停之后，同医院其他科的几位医师一道前往天津，创办了恩光医院，后任中纺医院眼科主任，新中国成立后又担任了天津市立眼科医院命名后的首任院长。张峨历任兰州医学院教授、眼科主任，新中国成立后又任广东省人民医院眼科主任。隋仁增回到青岛，后来历任青岛眼科医院院长、中国人民解放军空军总医院眼科主任、青岛市第二人民医院眼科主任。陈希礼、马里恩·李以及梁绍造去向皆不可考。而在1940年，后来大名鼎鼎的张晓楼，当时经过老协和八年的苦读后，成为眼科一员，到老协和关闭，他只待了1年多的时间；后来协和复校复院之后，他回到协和医院眼科担任了兼职教授一职。

在这样的背景下，1932年自协和医学院毕业、于当年正式进入协和眼科、历经了裴乐德主任和孔培德主任时代且已经逐渐成长起来的罗宗贤，成了协和眼科历史上任期最长的主任，即第五任协和眼科主任，承担了协和眼科历史上十分重要的承上启下的角色，在这段晦暗的时光里，书写了浓墨重彩的一笔。

（陈哲）

第一节 罗宗贤

罗宗贤（1905—1974）1905年出生于湖南省浏阳县（今浏阳市）茶香园村的一个普通职员家庭。父亲罗孚仙早年东渡日本攻读经济学，毕业于早稻田大学，回国后在长沙财政厅任职。他受儒家思想影响较深，一生洁身自好，淡泊名利，对子女言传身教，要求十分严格，育有子女8人，罗宗贤为长子。

罗宗贤

罗宗贤在家乡念完私塾后，考入湖南长沙的雅礼中学。他聪颖好学，学习成绩优异，还是雅礼中学的长跑冠军和篮球校队队员，连年获得奖学金。1921年中学毕业，考入上海沪江大学（今上海理工大学），选学医科。因勤奋好学，成绩名列前茅，获全额奖学金。他上大学期间就十分顾家，为了支持弟弟妹妹们上学，平时省吃俭用，三年未回家探亲，把节余下来的奖学金寄回家中以减轻父母的负担。毕业后考入北京协和医学院学习，并于1932年毕业，正式进入协和眼科。1932—1940年历任北京协和医院眼科住院医师、助教、讲师、副教授、教授、代理主任，1942年年初北京协和医学院和协和医院因日本人的占领而被迫关闭，罗宗贤被迫离开。

他在北京协和医学院就读期间，来自奥地利的裴乐德博士出任北京协和医院眼科主任，罗宗贤仰慕其渊博的学识和精湛的研究技术，决定选择眼科为自己的终身事业。

任眼科住院医师期间，罗宗贤奠定了坚实的临床基础。例如，他注意到有些全身性疾病患者在尚未觉察到其他症状时，便可因眼部症状到眼科就诊，于是他常根据患者眼底的特异性表现做出全身性疾病的初步诊断，并把患者转诊到有关科室接受进一步检查。通过这种方式，他曾发现粟粒性结核、白血病、糖尿病等的眼底体征，后来各科室的进一步检查均证实了他的判断。此外，他常常结合临床所见，进行思考和总结，发表了包括《视网膜脱离透热凝固治疗的总结》《小柳原田氏病病例报告》等在内的多篇高水平论文。

另一方面，他又博览文献，注重基础研究。时任北京协和医院眼科主任的孔培德博士对他十分器重，在医院内建立眼科生物化学实验室时选他为助手，产出多项研究成果，他们发现"前房穿刺后再生房水中蛋白含量显著高于正常房水中蛋白水平"，认为是血－房水屏障破坏所致，通过局部滴用氨苯磺胺溶液后测定房水中的药物浓度，提出了"药物通透性"的概念，这些发现及其论文不仅受到当时国际学术界的重视，而且部分至今仍被引用。当时，生化系发现素食饲料喂养的白鼠后代白内障发生率高达75%，他与张昌颖、陈同度等合作探讨白内障的发生原理，并对白内障的形态做出了详尽的描述，他们还发现素食白鼠的甲状旁腺肿大，血浆钙水平显著低于荤食鼠，素食白鼠经紫外线照射或在饲料中加入鱼肝油和钙后可以防止白内障的发生，由此推断素食白鼠白内障的发生可能与低钙密切相关，该发现引起国际营养学家和眼科专家的广泛关注，该发现至今仍被论及低钙性白内障的著作所引用。

1940年，罗宗贤被医院选派赴美国哈佛大学医学院、约翰·霍普金斯大学医学院威尔玛（Wilmer）眼科中心学习，对国外学者在基础研究方面取得的成果留下了深刻的印象，从而更坚定了他日后对加强基础研究，促进临床医学发展的信念。一年后罗宗贤学成归国，晋升为北京协和医学院副教授兼代理眼科主任，当时他才36岁，这在等级森严的"旧协和"是极不寻常的事情。

1941年11月月底，正当罗宗贤准备全面开展眼科临床和基础研究时，日本偷袭珍珠港，太平洋战争爆发。1942年年初，北京协和医学院被迫停办，他转到私立中和医院担任眼科主任（1945—1952），兼德国医院（北京医院的前身）特约医师（1945—1947）。虽然当时社会动荡，医院基础研究条件较差，缺乏图书资料及实验设备，他仍毅然决心开辟新的眼科研究领域，将临床与基础研究紧密结合，潜心研究“眼与全身疾病的关系”，为眼底病学的发展壮大奠定了基础。例如，在日伪统治时期，斑疹伤寒流行，罗宗贤首次发现斑疹伤寒患者高热早期未出皮疹之时，周边视网膜有弥散分布的黄色点状病变，他认为这可以作为斑疹伤寒的诊断依据，对及时抢救危重斑疹伤寒患者有重要意义，这一观点被医学界传为美谈。1946—1949年，罗宗贤被聘为《美国眼科杂志》编委。1947年协和医学院复校，1948年协和医院复院，随后罗宗贤被聘为眼科特聘教授，并兼任北京同仁医院眼科特聘医师。

罗宗贤行医时以治病救人为目的，从不以行医敛财，不管是达官贵人、知名人士，还是普通老百姓，都一视同仁，给予极大的同情——他会耐心听完病人主诉后进行细致检查，全面分析病情后提出精辟见解。他的弟弟曾经回忆到，在协和医院停办期间，罗宗贤除了兼职多家医院的工作，还利用业余时间，与夫人在家中开了一个只有他们俩的私人眼科诊所。新中国成立前，上海花旗银行外籍负责人的外籍夫人，曾专门从上海坐飞机到北平，找到罗宗贤的私人诊所，请他为自己诊治眼疾。当罗宗贤替她详尽诊治之后，对她也是按一般病人诊治的情况收取费用。这位贵妇人感到无比惊异，对于像罗宗贤这样国际知名的眼科专家，收取的诊治费用怎会如此低廉，感到难以想象。另一方面，在自己的诊所里，当一些贫困、无力去医院看病而前来求助的病人无力支付诊治费时，罗宗贤对他们往往免收任何费用，对一些连购买药物也无力的贫苦病人，他还尽可能地赠送一些药品，帮他们尽快治好眼疾。新中国成立前夕，当解放军包围北平后，国民党军队想要在东单修建临时飞机场，于是强迫老百姓搬走，住在东长安街的罗宗贤一家也被勒令在24小时内迁走。东单菜市场的伙计们得知此消息后，纷纷推着排子车到他家帮忙，半天时间便完成了搬家事宜，由此足见他的亲民作风和当时在广大劳动者心中的分量。

（陈哲　赵清）

第二节　协和复院的过程

1945年夏天，有报道说，已看到美国飞机掠过北平上空，这使身陷囹圄的医生们看到了希望。8月15日，抗日战争胜利，日本正式投降。之前被捕的许多协和员工、教师均被释放出狱。

1947年，洛克菲勒基金会召开了董事会特别会议，基于之前一年由美国洛克菲勒基金会、美国中华医学基金会和协和医学院董事会共同派出的前往中国的战后考察团所呈递的报告，通过了拨1000万美元用于协和复院专款的决议，这也是洛克菲勒基金会对协和的最后一次拨款。自1916年至1947年的32年间，洛克菲勒基金会用于协和的拨款总数达到4465.25万美元，是其在海外慈善捐助中数额最多、成果最卓著、影响最深远的一项资助。

李宗恩接受了洛克菲勒基金会的任命邀请，联合胡正祥、李克鸿和聂毓禅三人，组成了复校执行委员会，于当年10月27日，正式恢复了北京协和医学院。李宗恩成为复校后的首任院长，也是协和历史上第一位有实权的中国籍院长。当时条件十分艰难，人体解剖学是靠从北京大学“借来”的两具尸体开课的；显微解剖学幻灯片则是从散落在楼内各个地方的杂物堆中找回的。协和复院工作的艰辛可想而知。

1948年5月1日，协和医院正式复院，医院恢复接收患者。同其他科的许多医生如妇产科林巧稚、内科张孝骞、外科娄克斯（Harold H. Loucks）、儿科诸福棠、神经内科徐英魁、皮肤科李洪迥、耳鼻喉科刘瑞华、放射科谢志光、营养科周瑞一样，罗宗贤也是此时回到协和的，他成为眼科恢复后回来的第一人，当时由他担负了科室的筹建工作，并任主任。

然而，当时北平的政局仍暗流汹涌，傅作义领导的国民党军队，此时仍是城内的统治者，八路军则在城外，新中国成立前夕，战与不战的疑云，笼罩在古老的北平上空。此时，地下党北平城市工作部学委通过各种方式和关系进入协和开展工作，他们来自四面八方，执行党组织交给的任务，力图站稳脚跟，迎接北平解放。地下党员将《中国人民解放军平津前线司

1948年10月10日，协和校友们在第一个校友返校日欢聚在协和医学院（前排就座者右数第二为罗宗贤）

令布告》《告北平同胞书》译成英文，通过邮局寄给医学院院长李宗恩、医院院长李克鸿、美方代理人福美龄（Mary E. Ferguson）以及各科的知名教授，请大家，为祖国工作，劝说挽留要走、动摇的人，并组织人员保护学校的财产设备，保护这所高等学府。

最终，傅作义将军选择了“民族大义”，使得这座千年古都免遭战火洗礼。国民党军队开始撤出北平，铁丝网被拆除，交通得到恢复，生活回归正常，1949年1月31日，北平和平解放了。

此时，北京协和医学院及协和医院的管理层，仍是有美国背景的，协和仍属美国财产，因而没有被新政府立即接管。1947—1950年这段时间，协和管理层为恢复之前的模式，做出过巨大努力。但此时，伴随着抗美援朝战争的爆发，中美关系降至冰点，美国若再插手协和管理，已经显得不合时宜，而诸位美籍协和高级职员在回美国述职之后，鉴于形势，取消了回北京的行程，辞去了协和的职务，没有再回来。

1951年1月，中央人民政府教育部和卫生部接管协和，北京协和医院收归国有。美国中华医学基金会与北京协和医学院合作的岁月，至此画上了句号。洛克菲勒先生在开院典礼上的致辞——希望有朝一日中国人自己管理这所医院的愿望——成为现实。

（陈哲）

第六章

新中国成立后的历届主任及知名教授

新中国成立后，协和眼科恢复，百废待兴。罗宗贤一人负责日常工作和院内的会诊工作。从1952年起，他正式担任北京协和医院眼科主任，是新中国成立后的首任眼科主任，也是任期最长的眼科主任，一直到他1974年因病去世。在罗宗贤主持下，设立了眼底病、青光眼、神经眼科和视野、屈光学以及眼病理学等眼科亚专业组。他亲自制定了眼科的发展规划，悉心培养各级医师，使眼科的临床、研究和人才培养工作得到全面发展。

1950年协和眼科恢复后，罗宗贤（前排左四）与学习班成员合影

1953年协和眼科成员合影（前排左一为张承芬，左二为胡铮，左四为罗宗贤，右二为劳远琇）

第一节　罗宗贤（新中国成立后）

早在1950年，罗宗贤便与其他眼科界的前辈先贤们积极倡议并创刊出版了《中华眼科杂志》，这是我国较早的专业杂志之一，他担任了该杂志的副总编辑。20世纪50年代，沙眼在新中国仍然是较为普遍的传染病，他带领同事们开展了沙眼防盲工作，不遗余力地投入到沙眼防治的培训、宣教、检查和治疗中，并初获成效——使沙眼防治知识家喻户晓。除了担任协和医院眼科主任外，1959年，他还担任北京市眼科研究所所长，张晓楼任副所长，这是我国第一个眼科研究所，设有眼科微生物学、病理学、生理学、生物化学等研究室，全方位开展眼科基础与应用基础研究。除了协和医院、同仁医院之外，他还在人民医院及陆军总医院等多处任职。后经组织协调，他在协和医院专职担任眼科主任，同时作为中央保健局成员，经常要去中央领导同志家中，包括毛泽东、刘少奇及一些元帅等领导同志家中，为他们诊治眼疾。出于保密要求，他从不向家人谈及这些事，但至少可以看出，他经常去周恩来家中，为邓颖超同志诊治眼疾或参与其他疾病的会诊，后来当他身患腮腺癌生病期间，邓颖超同志还亲自到他家中探望。抗美援朝后期，中美双方交换战俘，罗宗贤发现被美方遣返的被俘解放军战士备受虐待，他对此感到无比愤怒。后来他被邀请参加专家组，将我国被俘人员所受虐待的情况及健康状况进行了认真总结，并译成英文以红十字会的名义向全世界公布，控诉美方的行径以伸张正义。罗宗贤的精湛医术、崇高医德和高尚人品，不仅得到组织上的肯定和爱护，也受到周围同志的崇敬与爱戴。在“文革”中，协和医院的许多医学权威和专家学者受到了严重的冲击，只有他和其他两三位医学专家得以幸免，在“文革”期间他还被推选为第三届全国人民代表大会代表。

“如果知识是一把刀的话，那么书就是磨刀石。读书就是在磨刀，磨快了才有用。”这是罗宗贤曾经对女儿说过的话，也是他自己的行为准则。罗宗贤在家的大部分时间里都是在读书和写文章，在家人的印象里，桌前灯下他端坐读书的形象就像是一座塑像。20世纪50年代，领导曾安排罗宗贤前

1959年，新中国第一个眼科应用基础科研基地——北京市眼科研究所成立（第二排左五为罗宗贤）

北京市眼科研究所会议中的罗宗贤（正中）

往北戴河疗养，即使是休息，他还是背了一大包书。因为他总觉得平时工作忙，读书少，所以要利用疗养的时间好好地读一下。任《中华眼科杂志》副总编期间，罗宗贤负责审核大量稿件，每天修改稿件到深夜，很难在12点之前睡觉。总编毕华德得知后，心疼地说："身体要紧，实在太差的稿件就不要收了吧。"但是他觉得写出一篇稿子不易，所以不论作者的稿件质量怎样，他都认真修改，对有的稿件甚至助其重新制定文稿框架，有的则指出应参考哪些文献资料或者要补充哪些内容。

罗宗贤在伏案工作

罗宗贤扎根临床，重视眼底体征与全身病之关系的作风，从"老协和"到现在，一以贯之。20世纪60年代，青年医生朱宣和发现糖尿病视网膜病变患者常伴有沿视网膜动脉分布的棉絮样白斑，当时的文献尚无类似报道，朱宣和向罗宗贤汇报了这一发现，于是他亲自复查20余例患者并肯定了这一重要发现，认为其对糖尿病视网膜病变的发生机理有重要意义。1963年，此发现在北京眼科年会上一经报告，便得到眼科同道的高度认同，但因"文革"期间杂志停刊，该成果未能及时发表。直到1970年才有报道指出糖尿病视网膜病变有棉絮样白斑，印证了罗宗贤和朱宣和的推断。他带领的团队，结合大量糖尿病患者的长期眼底观察，提出糖尿病视网膜病变分期的概念，成为1985年中华医学会眼底病学组正式制定糖网分期标准的蓝本。

罗宗贤从事教学工作多年，对学生总是循循善诱，耐心施教，他经常备课至深夜，不论新课还是旧课都认真准备，一丝不苟。他会为年轻医师的每一次进步、每一点成就而感到骄傲和喜悦，也会对青年学生的不足，耐心地加以劝

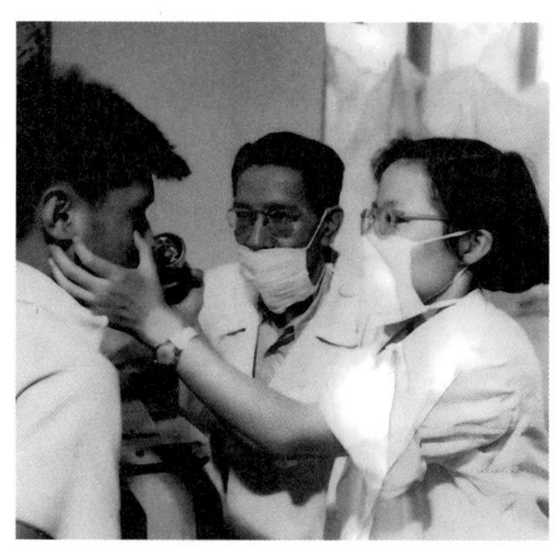
罗宗贤与张承芬一起为病人检查

诚。曾经有一个青年医师，病历写得不好，罗宗贤看过之后，要求她重新写，但是重写的病历仍不能令他满意，于是他对那个年轻医师说，希望她再重新写，并苦口婆心地劝导："我要求你重写病历是十分必要的，因为这对病人有利，也对保存资料、自我提高都有好处，希望你认真对待。"那个青年医师感动得不禁痛哭，又重新写了一遍病历，终于得到了罗宗贤的肯定与鼓励。正是这样的严格要求，使得他桃李满天下，培养的许多学生如张承芬、胡天圣等后来都成为协和眼科的栋梁之材。

1960年，罗宗贤不幸罹患腮腺癌，术后的放疗过程中，又出现了并发症，步态不稳，步履艰难，不能正常分泌唾液，口干到嘴中须含浸水棉球，讲话不方便，但他仍坚持每天慢步从家中走到医院去上班，坚持讲课，坚持去眼科门诊和病房为病人看病。即使困难重重，为了将自己的毕生积累流传后辈，他仍组织编写了《眼底病》一书以传后世。

1974年，罗宗贤因病辞世，享年69岁。

（陈哲　赵清）

第二节　胡铮

我国著名青光眼和防盲治盲领域专家，协和眼科第六届主任。

胡铮（1915—2003），出生于云南省昆明市，1944年毕业于华西协和大学医学院（今四川大学华西医学中心），获博士学位，导师是陈耀真教授。胡铮曾在该院任职讲师；1946年，恩斯特·富克斯教授之子——阿德尔伯特·富克斯教授第二次访华期间，胡铮正在华西医院，富克斯教授聆听了他的病理学讲课（图片见前郝文德博士章节）。胡铮来到北京协和医学院后，历任副教授、教授，后来接替罗宗贤，于1974—1983年任协和眼科第六届主任，并兼任中国医学科学院眼科研究中心名誉主任。

胡铮

1944年，胡铮从华西协和大学医学院毕业时的博士照

创立协和眼科青光眼专业组

1958年，胡铮在罗宗贤主任的领导下，建立了青光眼专业组并担任组长；这是协和眼科成立最早的专科之一。他带领的团队推动了青光眼学科领域的不断发展，在各类青光眼流行病的研究、早期筛查和诊断、综合治疗方面不断开拓创新，建立了较为成熟的青光眼筛查治疗体系。1985年，胡铮领导了在北京顺义县（今顺义区）开展的青光眼流行病学的调查研究，对北京顺义县青光眼的患病率，不同亚型、不同年龄段、不同表型青光眼的发生情况进

行了调研，对在人群中筛选青光眼的方法进行了探讨，这也是我国首个被国际公认的青光眼流行病学调查，它为学科的发展和国际交流打下了基础，该研究获得了北京市科技进步三等奖；胡铮领导的“氩激光治疗原发性青光眼的临床研究”获卫生部二级科技成果奖。1996年，在奥比斯的支持下，协和眼科主办的全国青光眼新进展培训班，吸引了许多有志于青光眼研究的眼科医师前来听课，胡铮医师作为东道主，也向远道而来的外国教员颁发了感谢状。

1985年，胡铮（前排右一）领导了在北京顺义县开展的防盲工作巡回医疗队

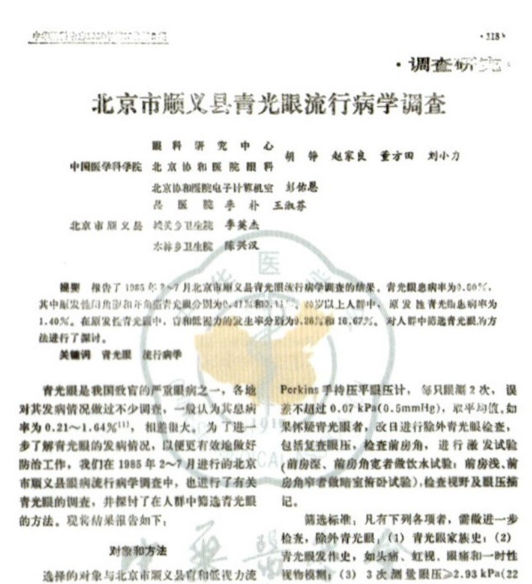

·118·

·调查研究·

北京市顺义县青光眼流行病学调查

中国医学科学院 眼科研究中心 北京协和医院眼科 胡铮 赵家良 董方田 刘小力
北京协和医院电子计算机室 彭佑恳
北京市顺义县 县医院 李朴 王淑芬
[illegible]乡卫生院 李美杰
木林乡卫生院 陈兴汉

摘要 报告了1985年2~7月北京市顺义县青光眼流行病学调查的结果。青光眼患病率为0.60%，其中原发性闭角型和开角型青光眼分别为0.47%和0.11%，40岁以上人群中，原发性青光眼患病率为1.40%。在原发性青光眼中，盲和低视力的发生率分别为9.26%和16.67%。对人群中筛选青光眼的方法进行了探讨。

关键词 青光眼 流行病学

青光眼是我国致盲的严重眼病之一，各地对其发病情况做过不少调查，一般认为其总病率为0.21~1.64%[1]，相差很大。为了进一步了解青光眼的发病情况，以便更有效地做好防治工作，我们在1985年2~7月进行的北京市顺义县眼病流行病学调查中，也进行了有关青光眼的调查，并探讨了在人群中筛选青光眼的方法。现将结果报告如下：

对象和方法

选择的对象与北京市顺义县盲和低视力流

Perkins手持压平眼压计，每只眼测2次，误差不超过0.07 kPa(0.5mmHg)，取平均值。如果怀疑青光眼者，改日进行除外青光眼检查，包括复查眼压，检查前房角，进行激发试验（前房深、前房角宽者做饮水试验；前房浅、前房角窄者做暗室俯卧试验），检查视野及眼压描记。

筛选标准：凡有下列各项者，需做进一步检查，除外青光眼：(1) 青光眼家族史；(2) 青光眼发作史，如头痛、虹视、眼痛和一时性视物模糊；(3) 3次测量眼压≥2.93 kPa(22

1989年，发表在《中华眼科杂志》上的《北京市顺义县青光眼流行病学调查》一文（部分）

1996年，在国际奥比斯组织的支持下，协和眼科主办的全国青光眼新进展培训班教员和学员的合影（前排左四为胡铮）

胡铮向远道而来的外国教员颁发感谢状

防盲工作，令人瞩目

详见第七章国际防盲组织（IAPB）一节。

完善眼科亚专业

胡铮担任北京协和医学院眼科主任期间，眼科的构建和分支亚学科建设也得到了不断完善和发展。1979年，毛文书开展眼科遗传学工作，创建眼遗传病学组，开始了协和眼科的电生理检查，这是国内最早创立的眼遗传亚专科，协和眼科的秦梅即她的学生；同年，陈耀真等开展了生化实验室工作。1981年，眼肌屈光专业组正式成立，由刘玉华任组长，为儿童斜视、弱视和青少年近视的检测、预防和治疗打下了基础。1983年，胡天圣组建了葡萄膜炎专业组，并担任组长，为大量疑难葡萄膜炎患者治疗了病痛。当时，协和眼科的学习讨论氛围浓厚，不同亚专业组的教授们常常聚在一起讨论病情，从不同方面加深了对疾病的认识。1984年，在胡铮的努力下，

胡铮（前排居中）担任主任期间与眼科成员合影

胡铮与眼科其他亚专业组的教授们一起学习讨论（从左至右分别为：费佩芬、李维业、张承芬、胡铮、劳远琇、胡天圣）

卫生部批准成立了中国医学科学院眼科研究中心、防盲中心和眼库，眼科研究中心更是与协和医院眼科融为一体，开展医疗、教学、科研工作，建设成了一个集成基地。自此，对患者的治疗和护理，对科研工作与领头技术的研究和发展、对医学新生力量的培养和教育，这些工作相互协作和促进，使眼科事业得到不断发展。

扎根临床，培养后辈

胡铮不仅在院外的流行病学调查和防盲治盲工作中的成绩令人瞩目，在院内，他也秉承“老协和”的作风，扎根临床，对待患者亲切而耐心。

胡铮一生桃李芬芳，他不遗余力、孜孜不倦地投身于眼科教育事业，为协和乃至中国眼科培养了大批人才。仅在协和，他就经常详细地带教和指导后辈的诊治和实操工作。

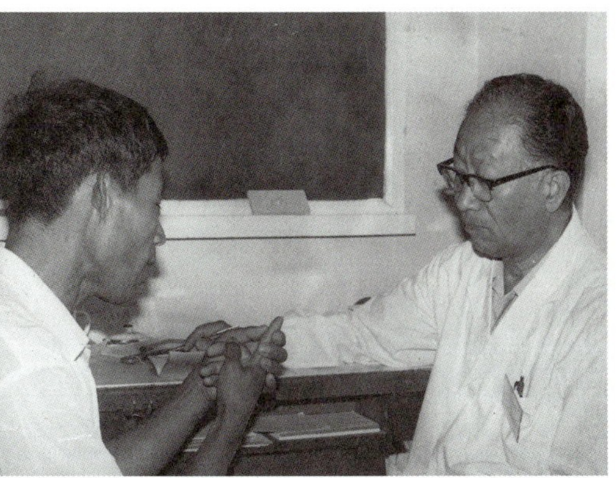

胡铮耐心倾听病人讲述病情

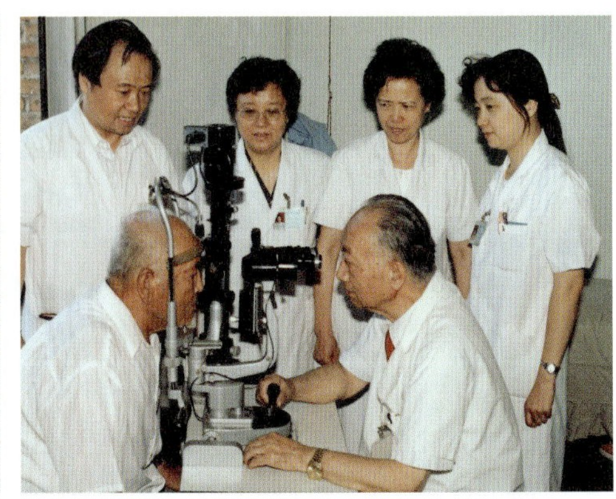

胡铮带教

眼科学界众多任职

在眼科学界，胡铮医师曾担任过很多职务，始终以眼科学的进步、中国眼科事业的发展为己任。

他的职务如下：

中华医学会眼科学会副主任委员

卫生部医学科学委员会眼科专题委员会主任委员

中华医学会眼科学分会名誉顾问

中华医学会资深委员

《中华眼科杂志》总编辑（第七届）、顾问、荣誉编委

《国外医学眼科学分册》副主编、顾问、荣誉编委

《亚非眼科杂志》（*Afro-Asia Journal of Ophthalmology*）中国地区编委

《眼科全书》副主编

医学名词审定委员会眼科名词审定组组长

中国防盲技术指导组副组长

国际防盲协会委员会成员

海伦·凯勒国际防盲组织委员

胡铮从事眼科事业六十多年，始终以优良的品德、奋发的精神、智慧的目光、精湛的艺术勤奋地工作，用他的一生诠释了什么叫“悬壶济世”与“医者仁心”。他总是满怀着热爱，热爱祖国，热爱人民，热爱他为之奋斗一生的眼科事业，直到逝世的前一天，仍然没有放下他深爱的这一切。作为眼科医生和协和的眼科主任，胡铮不断打磨自己的医学技能，努力做科研，并著书立说。他多年来致力于青光眼的临床实践，以高尚的医德医风和情怀，用心对待每一位患者，领导协和眼科，使其不断地得到发展和完善；作为一名优秀的共产党员，他关注国家民生，终其一生致力于我国的防盲治盲事业，为万千百姓留住光明，做出了卓越的贡献。

儿子回忆父亲的两则逸事

我们从胡力中（胡铮之子）医生的采访中，整理了两则胡铮当年的逸事，从中可以看到胡教授的优良品德。

其一，胡铮还在华西大学医学院学习时，尽管自己读书时节衣缩食，但遇到寒冬里只能身着单衣的同学，他依然会慷慨地将自己的毛衣赠给同学。自华西毕业时，恰逢远征军征调军医，胡铮也被征调奔赴军队医院工作，友人之女听闻此事，担心他一去不归，在送行时赠予其自己最爱的手帕，望其能够安全归来，此事后来被刻成版画，赠予胡铮家人，留作纪念。

其二，胡铮家中摆有一台美国进口打字机，他买入时的二手价格高达150美元——远远超过当年该打字机的原价。原来，这是当年胡铮的好友准备前往美国读书学习时，苦于没有足够的费用而出售家中的各种稀奇玩意儿，胡铮得知后，尽管自己手中只有150美元，但依然以购买好友打字机的名义将150美元悉数交给好友。此外，他还附赠一双银筷子，提醒好友不要忘记自己的中国人身份，盼其学成归国以尽自己身为中国人的本分。

2003年，胡铮医师永远离开了我们，享年88岁。

1944年，胡铮离开昆明，随远征军出征时，友人之女送手帕的场景

当年那台打字机

（陈哲　程甜甜）

第三节　劳远琇

我国著名眼科专家。一位学养深厚、品德高贵的教授，一位培育英才、奖掖后生的师长，一位乐观豁达、善良友爱的老人。

人生最美好的，就是在你停止生存时，也还能以你所创造的一切，为人们服务。

——尼古拉·奥斯托洛夫斯基

这是劳远琇在她1965年出版的《临床视野学》（第二版）一书的首页上

摘抄的一句话，她是这么想的，也是这么做的。这句话既是她的座右铭，也是她光辉人生的写照。

早年经历

劳远琇（1919—2013），出生于湖南长沙的一个中学教师家庭，父亲时任教会学校校长。

1932年，她被保送进入福湘女子中学（今长沙市电子工业学校），读书期间，曾到盲女学校服务。她后来回忆道："在盲女学校里，盲人学生们每三四个人为一个小组，其中一个人是组长，无论到哪里，另外两三个人总是跟在组长后面，日子久了，我们才了解到，尽管都是盲人，但组长的眼睛却有一点点'光感'，其他人则是完全在黑暗中的盲人，听凭组长告诉她们天亮了、天黑了、电灯亮了、电灯熄了，告诉她们门在哪里，领着她们出入房门和教室。"当时那些情景使她认识到，即使微微的一点"光感"，对一个人来说也是多么宝贵！从那时起，她便立志做一名眼科医生，挽救盲人，哪怕让盲人得到一点点的光明。

青年时期在宾夕法尼亚大学攻读研究生的劳远琇

劳远琇

1938年，劳远琇考入湖南湘雅医学院，1944年毕业，获医学博士学位，于湘雅医学院工作、任职。时值抗日战争期间，长沙遭到日军的狂轰滥炸，整个城市被夷为瓦砾，湘雅医学院也遭到洗劫，医疗设备更是不能幸免。当她从国外医学书刊上看到很多国内没有的新技术、新疗法时，她出于对眼科知识和技术的迫切追求，非常想出国深造。

1949年1月，劳远琇获得了美国大学妇女协会和中美文化基金会提供的两项奖学金，作为全国成功考取的三人之一，远赴美国宾夕法尼亚大学研究生院深造，师从国际著名的眼科专家阿德勒（F. Adler）教授及谢伊（H. G. Scheie）教授等导师，打下了扎实的眼科科研和临床基础，并对神经视野学在诊断疾病方面的特殊作用产生了浓厚兴趣。

1949—1950年，《宾夕法尼亚大学医学院研究生年鉴》上的劳远琇（第三排左三）

投身协和眼科，创立神经视野学专业组

1950年，抗美援朝战争爆发，作为一名年轻的专科医生，劳远琇抛弃了在美国优越的生活和工作条件，毅然决定回国。因为战争，没有回国的航班，她和当时在美留学的一百多名爱国学子一起乘坐轮船在太平洋上漂泊了24天，最后终于经香港进入深圳，回到了祖国，受聘于北京协和医院眼科。当时新中国刚刚建立，北京协和医院已恢复部分业务，但是眼科门诊和病房都还没有恢复，罗宗贤是当时兼职的眼科主任，每周工作两个半天，其余时间还要负责其他医院的工作，而劳远琇也就成了新中国成立后协和眼科的第一位全职医师。

1950年，劳远琇（第一排左五，穿深色衣服者）与爱国学子们一起，乘坐"威尔逊总统"号回国

1950年，劳远琇从美国学成归来

1953年，罗宗贤主任建议并鼓励劳远琇专攻神经视野学，并指出："视野学与人体其他器官的疾病有广泛的联系，除多种眼科疾病

外，与颅内疾患和周身中毒性疾病尤为密切；视野检查对诊断疾病及追踪病情发展具有重要意义；在我国，此学科还是一个空白点，需要有人去填补。”于是，1954年，在罗宗贤主任的信任和指引下，劳远琇创建了当时全国唯一的神经视野学专业组，使神经视野学的工作从无到有，从小到大，逐步发展起来。神经视野学与人体器官联系广泛，劳远琇曾有这样一个比喻：“眼球好比是电灯泡，视神经纤维好比是电线，大脑视皮质好比是电站。人们的眼球接收到外界物体发出的各种信号，经过视神经纤维传到大脑后，形成物象，由大脑识别东西，眼球本身并不能看到、识别东西。灯不亮，不一定是灯泡坏了，可能是电线或电站出了毛病；同样的道理，眼睛看不清东西，不一定是眼球有病，很可能是视神经纤维的某一部分出了问题，神经视野学就是研究神经与视功能缺陷之间关系的科学。”她用最通俗易懂的语言，一语道破神经视野学的本质。

在专业组创建不久，劳远琇就发表了许多论文。例如，1955年在《中华眼科杂志》上发表的《青光眼的视野改变》和1958年发表的《“星群视野计”应用的初步报告》。终其一生，她撰写的有关神经视野学方面的论文有60余篇，多为我国首次报道，并达到国际先进水平，这些论文已被汇编入《劳远琇教授文集》。其他方面的论文也有不少。

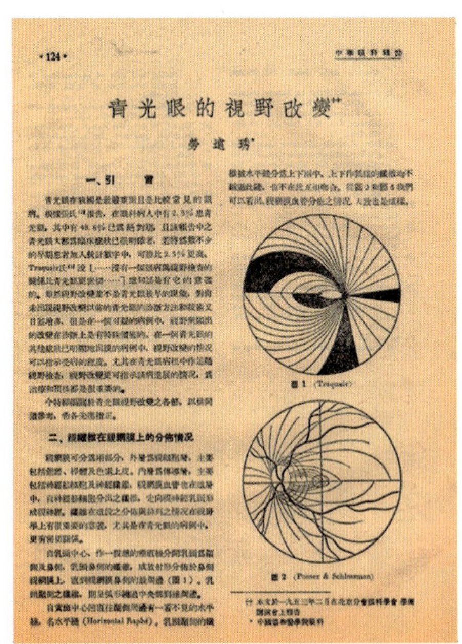

·124·

青光眼的視野改變

勞遠琇

一、引　言

二、視纖維在視網膜上的分佈情況

1955年，劳远琇在《中华眼科杂志》上发表的《青光眼的视野改变》一文（部分）

经过几十年的努力，劳远琇在神经视野学方面做出了卓越贡献。她坚信“实践出真知”，从不照搬照抄国外的技术和文献，每提出一个科研方案，都是基于她

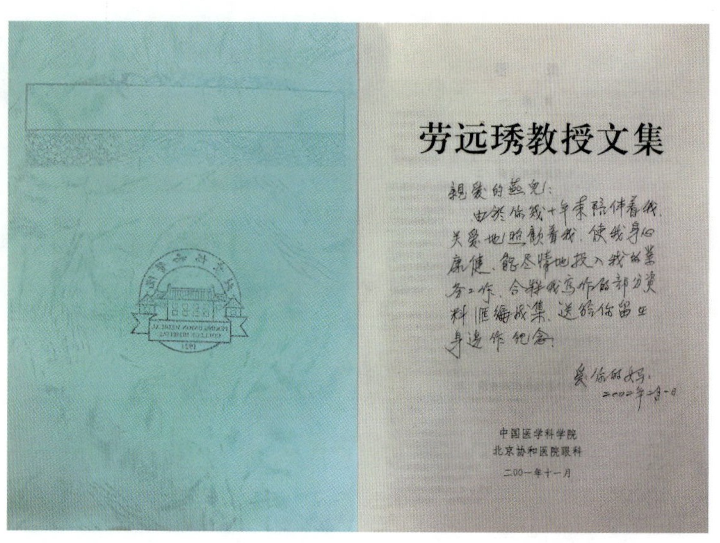

2001年汇编的《劳远琇教授文集》和作者在扉页上的题词

几十年的临床实践，并结合原始文献资料，反复推敲而制定的。例如，当她分析上千例垂体瘤－视交叉综合征时发现，临床资料表明虽然肿瘤很小，但是视野损害却很明显，于是她大胆地提出视交叉与垂体分享同一血供的假说，指导研究生进行实验，证实了垂体瘤“盗血”的重要特征，这一内容非常新颖，且见解独特，受到了国内外同行的高度赞誉，并获得1987年卫生部科研成果进步奖。

1958年，劳远琇编写了《临床视野学》，27万余字，全面汇总了自创建这一亚专业以来的经验，填补了我国在这个领域的空白。她的女儿后来在整理母亲遗物时，发现了一本已经翻烂了、上面写满标注的《临床视野学》（第一版），这是她在不断地对书稿进行研究、总结、修改；历经8年，劳远琇于1965年出版了《临床视野学》第二版；1978年修订并第三次出版的《临床视野学》，在全国卫生医药科学大会上获奖，深受读者欢迎。这本专著，是劳远琇几十年的经验积累，为我国眼科视野学这一领域树立了一座丰碑。

劳远琇曾与内分泌科、神经外科合作，进行“激素分泌性垂体瘤的临床与基础研究”工作，该课题于1991年获卫生部科技进步一等奖，1992年获国

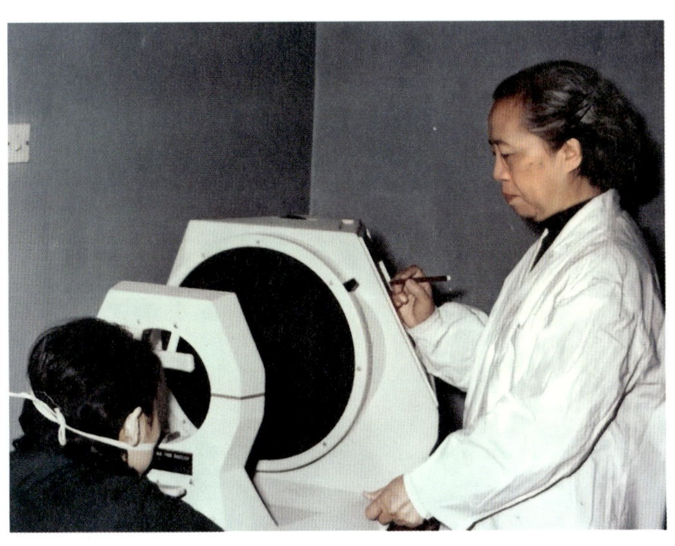

劳远琇用英国专家赠送的自动视野计给病人做视野检查

人体视交叉血液供应解剖的实验研究

中国医学科学院眼科研究中心
北京协和医院眼科　高桦　劳远琇
军事医学科学院放射医学研究所　徐碣敏　周淑英

1884年Vossius首先发现垂体瘤可以引起双颞侧视野缺损[1]，学者们对其发生机理进行了探讨。1948年Traquair指出这种双颞侧视野缺损首先系视交叉血液供应受阻所致[2]。学者们对视交叉的血液供应作了研究，以期证实Traquair的观点。

协和医院眼科视野组自1978～1984年，共检查各类患者10300人次，其中因鞍区病变影响视交叉功能者约2400人次，占颅内视路疾患的首位。对鞍区肿瘤施行手术切除或放射治疗后，部分患者的视交叉功能可迅速改善甚至完全恢复。相应的视野缺损明显改善甚至消失。我们认为，视交叉早期的功能障碍是供血障碍所致，因而早期去除病变后视功能可以恢复。目前血液供应受阻是这种视交叉功能障碍起因的看法已得到大部分作者的承认。但迄今为止国内、外对视交叉血供的研究还不多，且存在一些争议，对视交叉血供障碍的机理更缺乏统一的认识。本文采用多种方法对88例正常人体视交叉进行了观察，兹报告如下。

材料与方法

本实验采用七种方法（附表），因每例标本仅能用一种，最多二种方法观察，且并非每一例均成功，故采用胎儿、新生儿、婴幼儿及儿童尸体共88例。标本尽可能选用新鲜尸体，死后时间4～48 h，<24 h者占86.4%。

方法：（1）血管墨汁灌注后组织切片法；

附表　各种方法用于不同年龄组的例数

方法	胎儿	新生儿	1个月～1岁	1～3岁	3～7岁	7～13岁	14岁	合计
血管墨汁灌注	…	14	16	3	3	…	1	37
血管铸型	1	12	12	3	5	2	…	35
血管X线造影	1	1	4	…	1	…	1	8
标本显微解剖	1	2	…	…	…	…	…	3
眼动脉局部灌注	…	1	3	…	…	…	…	4
扫描电镜观察	…	…	1	…	…	…	…	1
合计	3	30	36	6	9	2	2	88

1986年，发表于《中华眼科杂志》上的《人体视交叉血液供应解剖的实验研究》一文（部分）

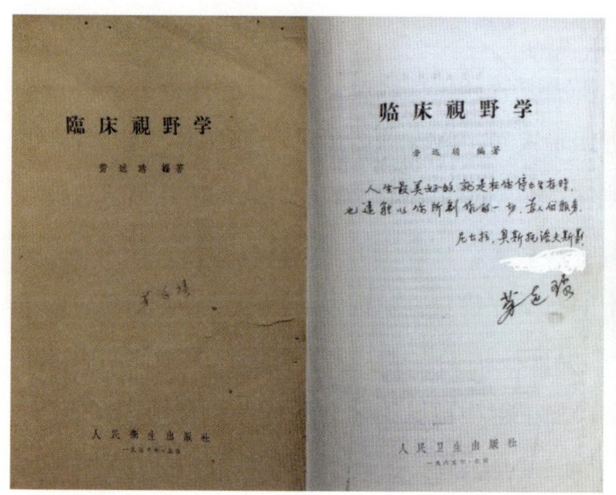

《临床视野学》第一版（左），1958年；第二版（右），1965年

《临床视野学》第三版，1978年

创建垂体瘤多学科诊疗模式（MDT），多科协作组工作时，劳远琇（右二）与各科专家经常一起讨论（左一，内分泌科邓洁英；左二，内分泌科史轶蘩；左三，内分泌科陆召麟；右一，神经外科任祖渊）

家科技进步一等奖。

劳远琇主持的专业组在临床方面积极进行视野检查，从1978年到1989年共检查垂体瘤病人视野近四千人次，观察垂体瘤对视功能的损伤，并开展了垂体瘤病人双眼视野颞侧偏盲的发病机理的实验研究，对垂体瘤研究课题做出了贡献。作为国际视野学会会员，她参加了多次国际会议，在大会上做的专题报告，得到业内人士的高度评价。她积极参与国家重点课题项目，于1973—1977年在国务院计划生育科研工作中，主持女用口服避孕药眼部并发症的临床研究；1985年，参加了卫生部防疫司召开的“水体污染慢性甲基汞中毒诊断标准及处理原则”审议会，她详述的汞中毒对大脑视皮质的特殊损伤及出现的特殊视野改变得到了重视和认可。

教书育人

劳远琇非常重视后备人才的培养，对科室年轻后辈，不遗余力地教育、提携。为了推广视野学知识，多年来她召集全国各地的进修生来院学习，为国家培养了大批视野学人才。1959年，她受卫生部委派，参加了四人讲学团，并担任团秘书，到西北新疆、青海等地做手术示范、临床咨询及专题讲课。她坚信“教学相长”的道理，这也是她能不断更新自己的知识，使自己的业务工作保持领先地位的重要因素。从20世纪70年代开始，几十年来，

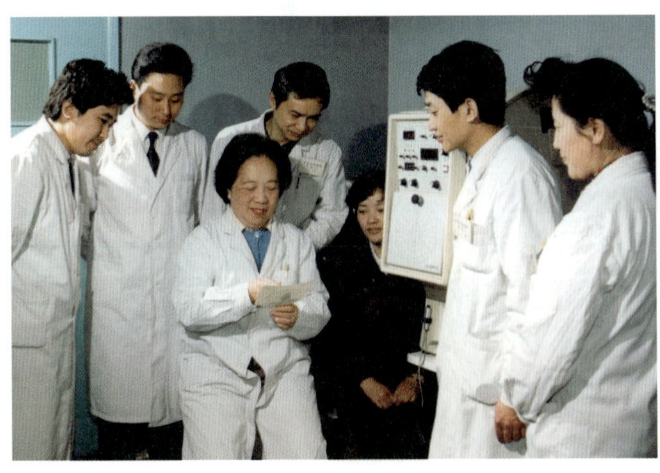

劳远琇（前面居中者）当年给科室年轻医生授课（左一，谭柯；左二，钟勇；左三，李维业；左四：张铭志；右一，艾凤荣；右二，赖宗白）

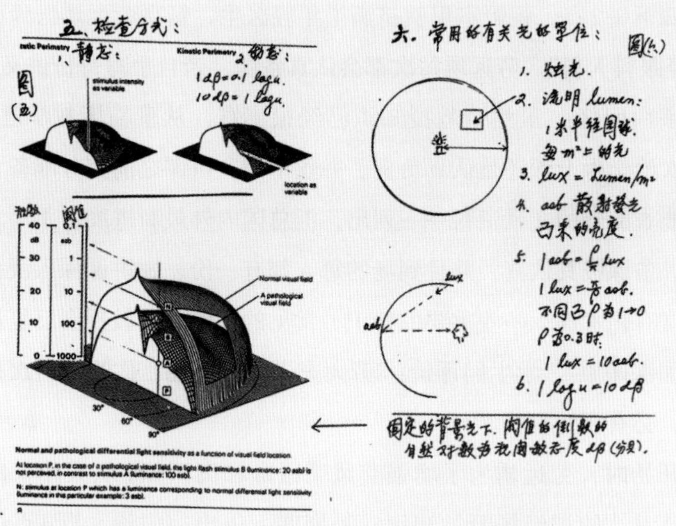

五、检查方式：

1、静态：　　2、动态：

1dB=0.1 logu.

10dB=1 logu.

图(五)

Normal and pathological differential light sensitivity as a function of visual field location.

六、常用的有关光的单位：　图(六)

1. 烛光。
2. 流明 lumen：1米半径圆球，每m²上的光
3. lux = Lumen/m²
4. asb 散射发光已来的亮度.
5. 1asb = 1/π lux
   1 lux = π asb.
   不同已ρ为1→0
   ρ为0.3时，
   1 lux = 10asb.
6. 1 logu = 10dB

固定的背景光下，阈值的倒数的自然对数为视网敏感度dB(分贝).

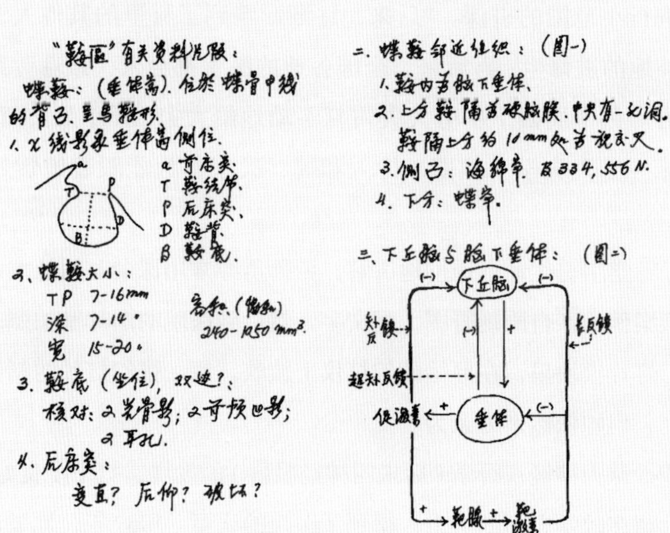

"鞍区"有关资料汇报：

蝶鞍：(垂体窝)，位于蝶骨中线的背面，呈马鞍形。

1、X线影象垂体窝侧位。
a 前床突、
T 鞍结节、
P 后床突、
D 鞍背、
B 鞍底。

2、蝶鞍大小：
TP 7-16mm
深 7-14。
宽 15-20。
容积(体积) 240-1050 mm³.

3. 鞍底(坐位)，双边？
核对：X光骨影；X前额凹影；X耳孔。

4、后床突：
变直？后仰？破坏？

二、蝶鞍邻近组织：(图一)

1、鞍内为脑下垂体。
2、上方鞍隔为硬脑膜，中央有一孔洞。鞍隔上方约10mm处为视交叉。
3. 侧面：海绵窦 及334，556 N.
4. 下方：蝶窦。

三、下丘脑与脑下垂体：(图二)

赖宗白珍藏的劳远琇亲笔书写的讲课讲义

每逢周四下午2点，视野室里就挤满了年轻医生，畅享劳远琇医师精心准备的“神经眼科大餐”。劳远琇每次都会认真备课，亲自手写每份讲义并绘图。

赖宗白回忆：“虽然劳教授知识已经很丰富，从事临床教学已几十年，但她每次给学生上课还是认真负责、一丝不苟。讲课之前充分准备，翻阅书籍，把能查阅到的文献资料一一列出，汇总国内外最新进展，手写教案，条理清晰，备课极其认真，并且到场的每人都有一份。她讲课深入浅出，有的放矢，富有艺术性，一些重要的知识、常见的病例，劳教授会反复讲，帮助同学们加深印象。”学生们评价：“劳大夫讲同一课题，你听过一次，以后再听一次，必有新的收获。”

刚开始时，劳远琇为了增强艾凤荣医师和高医师（从天津来的一位年轻进修医生）的神经视野学知识，每周四下午出完门诊，即4点以后，会给他俩进行小范围的讲课。“后来，逐渐影响到了科里的其他人，包括研究生和外地的进修生；再后来，全国各地的医生都会来，跟着劳大夫学习神经视野。每个周四下午劳大夫雷打不动地给大家‘开小灶’，直到因病离开临床。劳大夫学术渊博，待人和蔼，大家都为能跟着她学习而感到自豪。”

为了给学生更生动、透彻地讲解，劳远琇经常用课余时间从大量病例中挑出典型案例，亲自画视野图，配文字，然后到医院的图片室拍照，再将胶卷放到幻灯片模块里，在原始的幻灯仪上放映。每一张幻灯片的制作都非常花费时间，但她依然亲力亲为。

这些授课为神经视野学（后来叫神经眼科）的发展，打下了良好基础。

劳远琇在教学方面的努力，得到了医院的认可。1987年，她被协和医院评为“教书育人服务育人先进工作者”，获中国医学科学院与协和医科大学颁发的“为院校做贡献”奖状；1990年，获中国医学科学院与协和医科大学颁发的“在研究生教育事业上成绩显著”奖状。

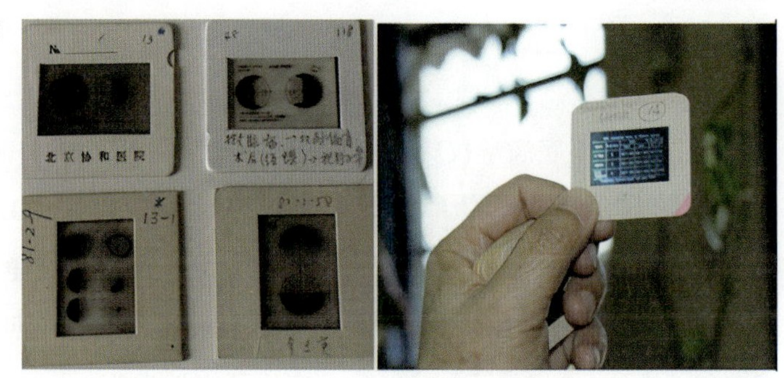
劳远琇的讲课幻灯片

主要编写著作及获奖

劳远琇学术造诣极为深厚，硕果颇丰。

她曾编著《眼科学讲义》（1971年），并参与编写《中国医学百科全书》《军医参考丛书》《眼科新编》《现代眼科手册》等书的有关神经视野学篇章，1951年参与编写《病理学》中“眼的病理”一章。

1981年，她获得中国医学科学院科研成果奖（两项）。1984年，获北京市高教局颁发的“为人民教育事业服务30年”奖状。1990年，获国家教委颁发的“为高校教育及科技事业工作40年成绩显著”奖状。1992年起享受国务院颁发的政府特殊津贴。2006年，获北京协和医院“卓越贡献奖”。2009年，获北京协和医院“杰出贡献奖”。其事迹曾在《美国大学妇女协会会刊》上报道。其词条辑入《华夏妇女名人词典》。

劳远琇医师从1944年行医，至2008年为最后一个患者诊治疾病，在临床上整整工作了64个年头，即使退休，她也没有停止在眼科临床一线的工作。她不仅因深厚的学术造诣令人高山仰止，同时也以高尚的人格魅力让人由衷地敬佩与折服。她的学生、她的同事乃至所有与她有过接触、交往的人，对她都有着一致的评价：和蔼可亲、平易近人、淡泊名利、心胸宽广。

2014年，劳远琇因病辞世，享年94岁。

（陈哲　孟丽慧）

第四节　张承芬

我国著名眼底病学权威，协和眼科第七届主任（1984—1989）。

张承芬

张承芬（1925—2018），1925年出生于湖北武昌，抗日战争全面爆发后，她随父亲来到四川，在四川合川国立二中完成了中学学业。

战乱时期的国家动荡和人民苦难带给她深深的震撼，让她立志成为一名医生，希望能以己之力，惠及贫苦大众。在不断努力下，她成功考上了上海医学院并于1951年顺利毕业，随后她以学习时期打下的深厚基础，开始了长达67载的行医之路。在1951年毕业后，张承芬进入北京协和医院眼科工作，历任住院医师、主治医师、副主任、副教授、主任、教授、博士研究生导师，并且在1984—1989年担任了眼科主任。

1965年，张承芬医师参加了北京协和医院的医疗队，作为眼科的代表，她同医院其他科室的同事（其中不乏知名教授，如李洪迥、刘世豪、林巧稚、黄家驷、张之强、李全成、吴英恺、冯应琨、周华康、金兰、曾宪九等），一同在湖南湘阴县开展医疗工作（当年这支医疗队，被誉为“史上最权威的农村巡回医疗队”），那时她是林巧稚队的副队长，一方面要协助完成医疗队的工作，一方面还需要做很多自己病患的眼科手术，非常辛苦。2015年，耄耋之年的张承芬教授，坐着轮椅，参加了央视《寻找最美医生》栏目的颁奖典礼，与其他尚且健在的协和老教授一起，获得了这个集体奖项。

1965年，张承芬（第三排左二）参加协和医疗队，照片拍摄于湖南湘阴

2015年，央视《寻找最美医生》栏目颁奖典礼，张承芬上台领奖

主持协和眼科眼底病专业组

张承芬师从罗宗贤教授，在眼底病学领域进行了深入的研究。自1951年起，她担任眼底病工作组（由罗宗贤创立并领导）的主力医师，她善于总结临床过程中遇到的问题，将临床和实践相结合。她报道了很多国内首次发现的病例，为这些疾病后期的筛查、诊断和治疗提供了临床经验和借鉴：1954年报道了国内首例“青年性复发性视网膜玻璃体出血”；1960年，她在国内率先报道了“一千例原发性高血压病人的眼底观察及其临床分析”，这一研究结果还被杜克–埃尔德（Duke-Elder）系统眼科学所引用；1964年报道了国内首例“节段状视网膜动脉周围炎”。

一千例原发性高血压病人的眼底观察及其临床分析

中国医学科学院北京协和医院眼科　張承芬　（罗宗賢教授指导）

視網膜中心动脉在第二分枝以后組織結構上属于小动脉。視網膜小动脉是全身唯一能在活体上直接观察的血管，在高血压病程中，它可以相当正确地反应体内其他重要器官的情况。

在原发性高血压病的早期，眼底往往正常，並可維持相当長久。当血压波动增大並达到一定的高度时，視網膜小动脉可出現暂时性的可逆的功能性收縮，管徑狹窄（一致性或局限性），中心光反射变窄。如血压继續升高並維持在較高水平，小动脉就逐漸形成器質性的改变，即硬化，管徑窄且不規則，中心光反射增寬增亮，並有动靜脉交叉征等。当高血压病继續發展，血压愈高，硬化也愈明显。在这过程中偶而可出现少数小的視網膜出血或“渗出”。在晚期或严重病例，当血压急骤更升高，視網膜小动脉急剧收縮，視網膜組織缺氧，毛細管滲透性增加，則产生較广泛的視網膜水腫、出血及“滲出”，称为“視網膜病变”。更重时視乳头也有水腫，形成“視乳头視網膜病变”。恶性高血压病人的眼底几乎無例外地有視乳头視網膜病变。

視網膜小动脉硬化一旦形成后永不消退，是診断高血压的有力佐証。其硬化的程度可以反映出患高血压病的时限。对于某些因严重心臟病或貧血等原因而血压表現不高的病人，其辅助診断的价值更大。視網膜病变的程度可以作为高血压病严重度的反映。如眼底主要呈現血管改变，可以推测高血压尚属良性阶段，但当視網膜已有明显病变甚至已合併有視乳头水腫时，則常指示其他重要器官如心、腎、腦等可能也均遭受了不同程度的損害。此外，根据Cohen等氏[1]的經驗，采用手术治疗时，凡眼底没有明显小动脉硬化的人，术后效果較好。

由于眼底改变对于高血压病人的診断、估計預后及选择手术适应对象等方面均有一定的价值，因之在臨床上对高血压病人作眼底检查被認为是一項不可缺少的工作。从1957年3月至1958年12月間，我科配合我院內科高血压的研究，对1000名原發性高血压病人作了眼底检查。茲將結果报告于后，並作必要的分析和討論。

检查結果和分析

一、总的情况：凡内科高血压門診及住院病人均数眼检查眼底，連續地收集原發性高血压的病人1000例，不加选择地作为分析对象。在眼底的診断方面，將視網膜小动脉与視網膜分开記述。前者主要为小动脉功能性收縮及硬化，后者包括視網膜出血（或滲出）、視網膜病变及視乳头視網膜病变。对于視網膜小动脉硬化又主要根据其管徑、中心光反射及动靜脉交叉征的不同情况分为輕度、中度及重度三級（表1）。至于眼底的其他改变如小动脉管壁透明度減低、管徑不規則、中心光反射不規則、黄斑小血管迂曲等，均在描述中記載不作为分級的依据。

这1000名病人中，住院414人，門診586人，由于各項检查的要求都是一致，所以沒有分別分析。性别方面，男性495人，女性505人，其比例接近于1:1。

1960年，张承芬在罗宗贤指导下发表的论文《一千例原发性高血压病人的眼底观察及其临床分析》（部分）

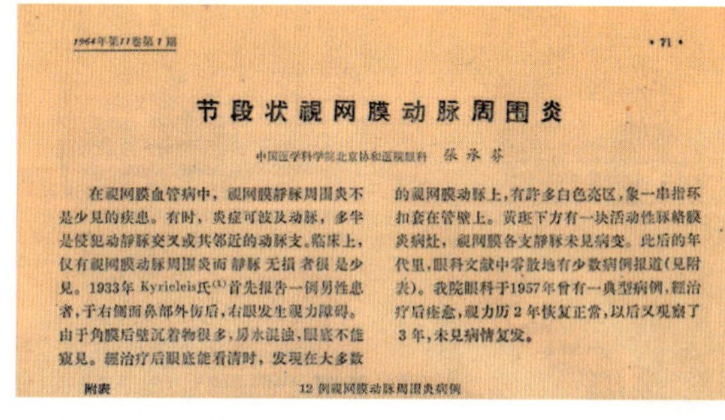

1964年第11卷第1期　·71·

节段状視网膜动脉周围炎

中国医学科学院北京协和医院眼科　張承芬

在視网膜血管病中，視网膜静脉周围炎不是少見的疾患。有时，炎症可波及动脉，多半是侵犯动静脉交叉或其邻近的动脉支。臨床上，仅有視网膜动脉周围炎而静脉无損者很是少見。1933年Kyrieleis氏[1]首先报告一例男性患者，于右侧面鼻部外伤后，右眼发生視力障碍。由于角膜后壁沉着物很多，房水混浊，眼底不能窺見。經治疗后眼底能看清时，发现在大多数的視网膜动脉上，有許多白色亮区，象一串指环扣套在管壁上。黄斑下方有一块活动性脉絡膜炎病灶，視网膜各支静脉未見病变。此后的年代里，眼科文献中零散地有少数病例报道（見附表）。我院眼科于1957年曾有一典型病例，經治疗后痊愈，視力历2年恢复正常，以后又观察了3年，未見病情复发。

附表　12例視网膜动脉周围炎病例

1964年，张承芬在国内首次发表了《节段状视网膜动脉周围炎》一文

构建眼底病专业发展框架

作为我国知名的眼底病权威，张承芬在糖尿病视网膜病变方面造诣很深，取得了令人瞩目的成就。1990年，《糖尿病性视网膜病变的临床研究》

获国家科技进步三等奖；1991年，《糖尿病视网膜病变亚临床生物学信息》研究获卫生部科研进步三等奖。在她漫长而成果丰硕的从医生涯里，有很多令后人难以超越的闪光点。她非常关注眼科技术的发展和新技术的使用，当前协和眼科眼底病专业的框架，基本都是在她任期内搭建起来的。

第一，眼底内科激光治疗方面，详见后文“师徒的眼底激光情结”部分。

第二，眼底外科方面，详见后文“玻璃体切除技术的发展”部分。

第三，眼底影像诊断方面，详见后文“那一抹翠绿”部分。

对全国眼底病专业的贡献

在担任协和医院眼科主任期间，张承芬于1985年参与建立了全国眼底病学组，并担任副组长，为眼底病学亚学科的整体推进构建基础。她还参与创办了《眼底病》杂志（后更名为《中华眼底病杂志》），并且担任副总编辑，使国内眼底病学的传播、交流和发展有了更直接和广阔的平台。

老当益壮，终生奋斗在临床一线

卸任眼科主任后，张承芬还在1990—1998年担任了北京协和医院专家组院聘专家，在1999—2000年担任了北京协和医院医务委员会委员，一日无休地奋战在临床一线。

她也十分关注国家政策，关注教育和卫生医疗的发展，她曾担任国务院学位评审委员会委员和卫生部医疗卫生技术鉴定咨询专家顾问委员会委员，为医学教育事业的发展和医疗卫生技术的推进做出了卓越的贡献。

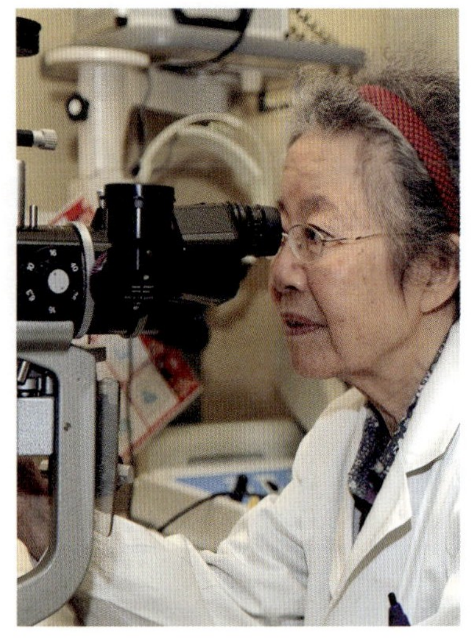

张承芬奋战在眼科临床工作一线

著书立说，传递星火

张承芬非常注重知识的交流和传承，兼任了《中华眼底病杂志》副主编和《中华眼科杂志》等七个眼科杂志的编委。她年近花甲，认真沉淀，根据眼底病激光技术研究的经验和科研工作，于1992年出版了《激光眼科学》，这是国内第一部眼科激光领域的参考书，也是每一位研究激光眼科学的临床工作者的必读之书。

张承芬主编的《激光眼科学》，1992年

在1998年，经过多年的编撰和反复的研磨，人民卫生出版社出版了她主编的《眼底病学》（第一版），这本著作凝聚了她一生的心血，并于2000年获得北京市科技进步一等奖。2010年，《眼底病学》（第二版）出版，她不断传承和更新眼底病学的最新成果和发现，为眼底学科的进步和发展做出了不可磨灭的贡献。

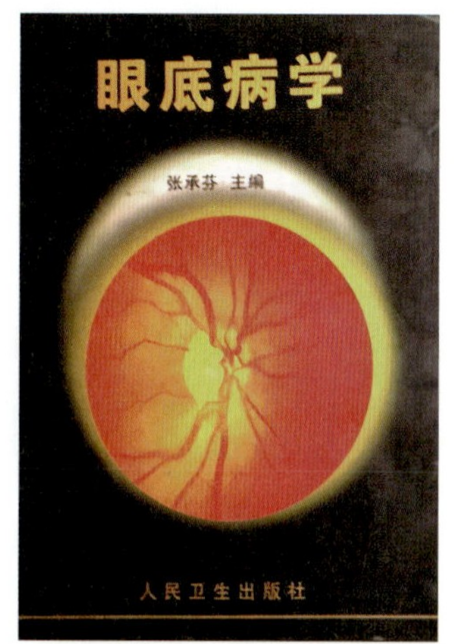

张承芬主编的《眼底病学》（第一版），1998年

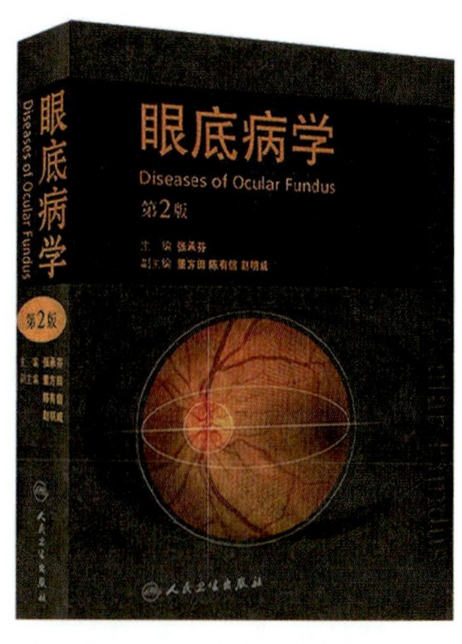

张承芬主编的《眼底病学》（第二版），2010年

待患者如亲人，医德崇高

张承芬的一生都是高尚淡泊的，不追求生活上的享受，只专注于患者健康和眼科学的发展。在近70年的临床工作和医学研究中，在医院和家两点一线的生活轨迹中，在平淡却又绚丽多彩的一生中，她始终牢记自己的人文情怀和协和的优良传统，对病人精心负责、温柔相待。她总是教导自己的学生“患者是医生的本，我们的声誉、经验，甚至快乐都来自患者”。协和医院的病案库里，至今仍可见到她认真书写的日常门诊病历，每次随诊，张承芬均对患者的眼底病情仔细地画图，并进行详细的记录。

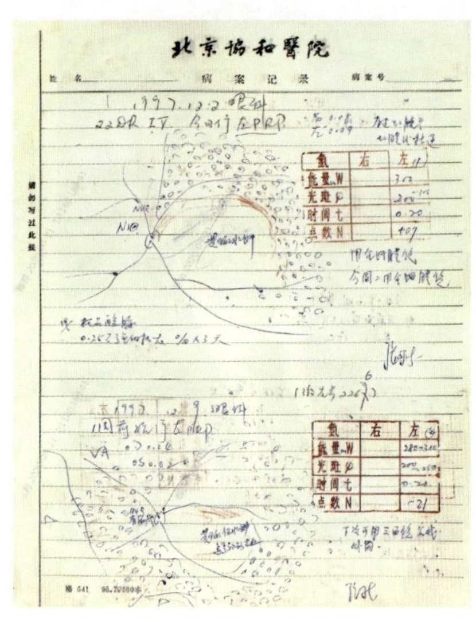
北京協和醫院

姓名　　病案记录　　病案号

一名患者看张承芬门诊时的部分病历

张承芬在国内外一级杂志上发表论文近130篇，贡献了自己大量的工作经验和科研成果，为世界眼科学的发展添砖加瓦。1993年，中国医学科学院授予她“中国协和医科大学‘协和名医’”称号。1998年8月，在第一届全球华人眼科大会上，她还荣获了中美眼科学会授予的中华医学眼科金钥匙奖，这是医科大学的最高荣耀。

2018年，张承芬因病辞世，享年93岁。

（陈哲　赵清）

第五节　胡天圣

眼科专家、医学教育家、中国葡萄膜炎的奠基人。

胡天圣

早年经历

胡天圣（1926—2014），于1926年生于湖南桃源。1946年毕业于长沙市雅礼中学（美国耶鲁大学雅礼协会于1906年在湖南办的教会中学），在那里接受了良好的中学教育。

1950年7月，胡天圣毕业于清华大学化学系，罗宗贤与他接触后发现他很有医学天赋，便动员他改学医科——“你读了化学就有特殊的优势，化学对医学基础研究十分重要”。胡天圣接受了这个建议，同年考进北京协和医学院，于1955年毕业，毕业后留在北京协和医院眼科工作，从住院医师做起，并兼任生物化学实验室的研究员。1980—1982年前往美国国立眼科研究所（NEI）做研修学者，师从于木下金（Jin Kinoshita）教授，主攻晶状体蛋白和白内障的形成研究。

投身协和眼科，创立葡萄膜炎专业组

胡天圣学成归国后，竭尽全力向协和眼科成员介绍西方的教学方法和仪器设备，并邀请来自世界各地的学者访问协和眼科，进行教学和手术演示。他的授课，也多是与化学、药理相关的。

胡天圣工作前期从事青光眼的相关研究，完成了房水动力学的相关研究，建立了原发性青光眼早期诊断的正常值。他结合自己擅长化学的优势，独立配制、合成了肾上腺硼酸络合溶液，其稳定性及临床疗效能达到与国外产品一致的效果。他在国内首先确立了慢性闭角型青光眼虹膜周边切除的适应证，对恶性青光眼的术前诊断提出指标并经临床验证，对各种浅前房的手术治疗提出了不同的治疗方案。

胡天圣向眼科后辈介绍仪器用法（左二，秦梅；左三，李维业）

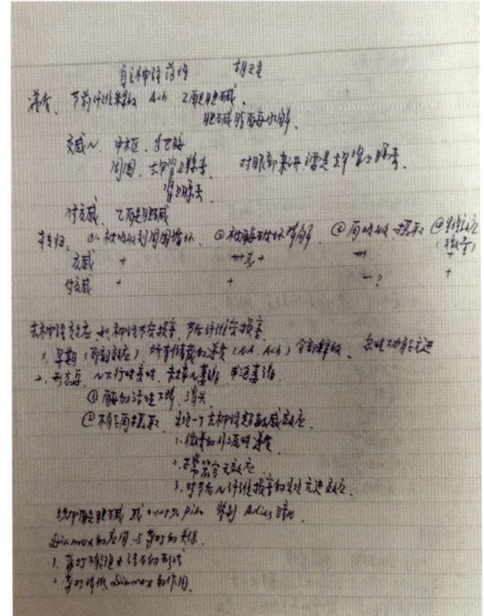

赖宗白珍藏的当年胡天圣讲授“自主神经药理”时所记录的听课笔记

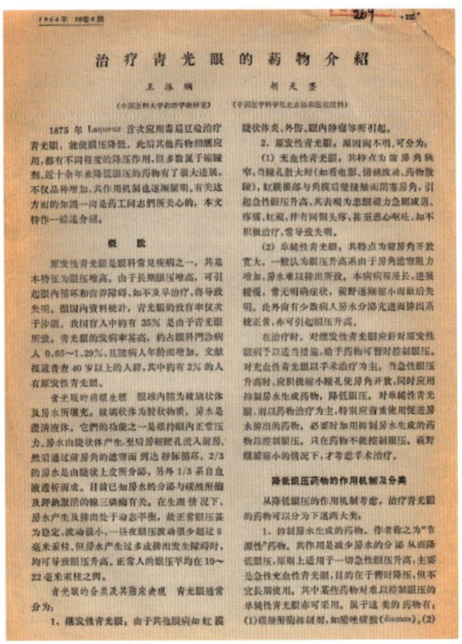

1964年 10卷6期　·235·

治疗青光眼的药物介紹

王振纲　胡天圣

（中国医科大学药理学教研室）（中国医学科学院北京协和医院眼科）

1875年 Laqueur 首次应用毒扁豆硷治疗青光眼，能使眼压降低，此后其他药物相继应用，都有不同程度的降压作用，但多数属于縮瞳剂。近十余年来降低眼压的药物有了很大进展，不仅品种增加，其作用机制也逐渐闡明。有关这方面的知識一向是药工同志們所关心的，本文特作一綜述介紹。

概　說

原发性青光眼是眼科常見疾病之一，其基本特征为眼压增高。由于長期眼压增高，可引起眼内循环和营养障碍，如不及早治疗，將导致失明。据国内資料統計，青光眼的致盲率仅次于沙眼。我国盲人中約有 25% 是由于青光眼所致。青光眼的发病率甚高，約占眼科門診病人 0.65～1.29%，且随病人年龄而增加。文献报道普查 40 岁以上的人群，其中約有 2% 的人有原发性青光眼。

青光眼的病理生理　眼球內腔为玻璃状体及房水所塡充。玻璃状体为膠状物质，房水是澄清液体。它們的功能之一是維持眼內正常压力。房水由睫状体产生，至后房經瞳孔流入前房，然后通过前房角的滤帘面到达靜脉循环。2/3 的房水是由睫状上皮所分泌，另外 1/3 系自血液透析而成。目前已知房水的分泌与碳酸酐酶及鉀鈉激活的腺三磷酶有关。在生理情况下，房水产生及排出处于动态平衡，故正常眼压甚为稳定，波动很小，一昼夜眼压波动很少超过 5 毫米汞柱，但房水产生过多或排出发生障碍时，均可导致眼压升高。正常人的眼压平均在 10～22 毫米汞柱之間。

青光眼的分类及其臨床表現　青光眼通常分为：

1. 繼发性青光眼，由于其他眼病如虹膜睫状体炎、外伤、眼内肿瘤等所引起。

2. 原发性青光眼，原因尚不明，可分为：

(1) 充血性青光眼，其特点为前房角狹窄，当瞳孔散大时（如看电影、情緒波动、药物散瞳），虹膜根部与角膜后壁接触而閉塞房角，引起急性眼压升高，其表現为患眼視力急劇減退、疼痛、虹視，伴有同側头疼，甚至恶心呕吐，如不积极治疗，常导致失明。

(2) 单純性青光眼，其特点为前房角开放寬大。一般认为眼压升高系由于房角滤帘阻力增加，房水难以排出所致。本病病程漫長，进展緩慢，常无明确症状，視野逐漸縮小而終后失明。此外尚有少数病人房水分泌亢进而排出系統正常，亦可引起眼压升高。

在治疗时，对繼发性青光眼应針对原发性眼病予以适当措施，給予药物可暂时控制眼压。对充血性青光眼以手术治疗为主。当急性眼压升高时，应积极縮小瞳孔使房角开放，同时应用抑制房水生成药物，降低眼压。对单純性青光眼，則以药物治疗为主，特別应着重使用促进房水排出的药物，必要时加用抑制房水生成的药物以控制眼压。只在药物不能控制眼压、視野繼續縮小的情况下，才考虑手术治疗。

降低眼压药物的作用机制及分类

从降低眼压的作用机制考虑，治疗青光眼的药物可以分为下述两大类：

1. 抑制房水生成的药物。作者称之为“节源性”药物。其作用是減少房水的分泌从而降低眼压，原則上适用于一切急性眼压升高，主要是急性充血性青光眼，目的在于暂时降压，但不宜長期使用。其中某些药物对难以控制眼压的单純性青光眼亦可采用。属于这类的药物有：(1)碳酸酐酶抑制剂，如醋唑磺胺（diamox）。(2)

胡天圣早期发表的有关青光眼方面的论文（部分）

胡天圣最擅长葡萄膜炎的诊治，1983年，他组建了协和眼科的葡萄膜炎专业组，并担任组长，在全国率先开设葡萄膜炎专科门诊。他开始尝试使用周身类固醇和免疫抑制剂对葡萄膜炎进行治疗，这在当时的中国是一种完全创新的治疗方法。其后他主要从事葡萄膜炎的临床及基础研究，取得了杰出成就，例如，他建立了糖皮质激素治疗方案及免疫抑制剂治疗方案和治疗适应证，尤其是在包括难治的白塞综合征、急性视网膜坏死、原田小柳病在内的疾病的治疗方面取得了良好的效果。1990年，他在《实用眼科杂志》上发表专题笔谈《葡萄膜炎的治疗》一文，详述了激素治疗的具体措施，推荐对前葡萄膜炎以局部激素为主，全及后葡萄膜炎以周身激素治疗为主，并对各种方案的剂量和时间进行了说明；明确了免疫抑制治疗的适应证，重点介绍了常用免疫抑制剂如环磷酰胺的应用。这些理论为后人提供了宝贵的借鉴。他还在眼部感染方面做出了突出贡献，主持完成急性视网膜坏死患者水痘－带状疱疹病毒感染的眼内病毒确诊（国内首次），以及发表论文《从某些抗核酸代谢物的局部应用展望眼部病毒感染的治疗》《抗生素在眼科的应用及眼部结核的化学治疗》等。

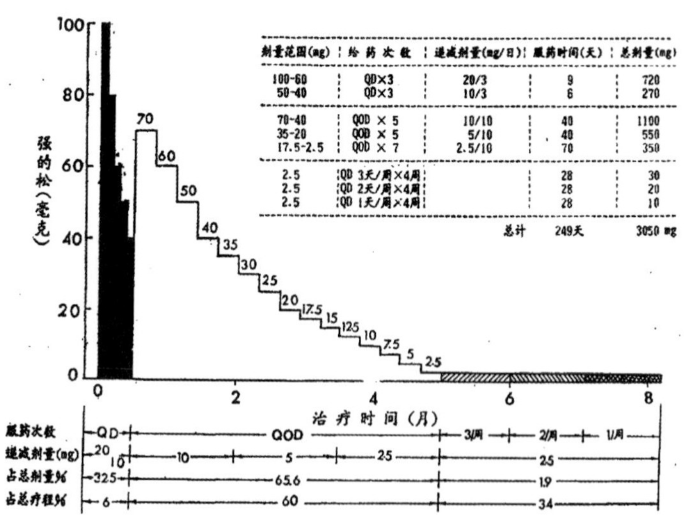

剂量范围(mg)	给药次数	递减剂量(mg/日)	服药时间(天)	总剂量(mg)
100-60	QD×3	20/3	9	720
50-40	QD×3	10/3	6	270
70-40	QOD × 5	10/10	40	1100
35-20	QOD × 5	5/10	40	550
17.5-2.5	QOD × 7	2.5/10	70	350
2.5	QD 3天/周×4周		28	30
2.5	QD 2天/周×4周		28	20
2.5	QD 1天/周×4周		28	10
		总计	249天	3050 mg

胡天圣提出的葡萄膜炎大剂量糖皮质激素治疗方案

1990年，胡天圣发表在《实用眼科杂志》上的专题笔谈《葡萄膜炎的治疗》（部分）

· 258 ·　　实用眼科杂志1990年第8卷第5期

专题笔谈

葡 萄 膜 炎 的 治 疗

中国协和医科大学眼科　胡天圣　黄庆玲　宁　叶*　张晓艳

由于葡萄膜炎的病因多属不明，临床治疗远比寻查病因更显重要。目前认为多数内因性葡萄膜炎的发生与机体免疫功能失调有关：前葡萄膜炎多由体液免疫介导，很可能通过免疫复合物诱发炎症，而后葡萄膜炎多由细胞免疫介导。对内因性葡萄膜炎治疗尚缺乏根治措施，控制炎症至关重要；临床上现多采用糖皮质激素（简称激素）或免疫抑制剂，但以激素治疗为主。

糖皮质激素

生物合成及分泌：糖皮质激素的生物合成是在肾上腺皮质的束状带和网状带细胞的线粒体及内质网内进行的。人体肾上腺皮质所分泌的糖皮质激素包括皮质醇（氢化可的松）及皮质酮。但分泌的皮质醇明显多于皮质酮，前者的生物效应也比后者强。

人体每24小时可分泌的皮质醇约15～20毫克，其中90～95%与α_1球蛋白结合，其余的5%～10%与清蛋白结合，形成皮质醇—清蛋白复合物。皮质醇与清蛋白结合松散，可以释出游离皮质醇，只有游离皮质醇方具有生物效应。外源性糖皮质激素的35%处在游离状态。

调控：肾上腺皮质的生物合成直接受垂体前叶分泌的促肾上腺皮质激素ACTH的控制，而ACTH的分泌又需要下丘脑所分泌的促肾上腺皮质激素释放因子（Corticotropin releasing factor,CRF）的兴奋，这个系统称为下丘脑-垂体-肾上腺轴（Hypothalamus-pituitary-adrenal axis, HPA）。在应激情况下，中枢兴奋使CRF分泌增加，通过血运兴奋垂体而使ACTH分泌增加，肾上腺相继受到刺激，皮质醇的分泌亦随之相应增加。但CRF及ACTH的分泌又受到血浆皮质醇的调控，当皮质醇水平增高时，随即产生负反馈效应，分别抑制下丘脑和垂体，使CRF及ACTH分泌减少。因此HPA是个典型的生物反馈体系，其中血浆皮质醇水平是调控的重要环节，具有特殊临床意义的是当病人周身应用糖皮质激素（外源性）时，血浆皮质醇水平升高，如长期处于持续高水平，势必使HPA自发的生理调控失调而导致HPA的抑制，其中以肾上腺皮质抑制最显著，从而使内源性皮质醇分泌减少，如时间过长，则可导致肾上腺皮质萎缩而不能分泌皮质醇，使机体失去自我稳定功能。HPA反馈调控如图1所示，上述相互制约过程如下：

图1　下丘脑-垂体-肾上腺轴调控

白内障相关流行病学研究及获奖

1987—1991年，胡天圣获得了美国国立卫生研究院的支持，得以进行流行病学研究，他先后对西藏及河南林县进行了白内障的流行病学及营养干预研究，该研究成果荣获美国眼科视觉研究学会的“为视觉而奋斗”（Fight for Sight）最佳论文奖。

> Arch Ophthalmol. 1989 May;107(5):666-9. doi: 10.1001/archopht.1989.01070010684027.

Age-related cataract in the Tibet Eye Study

T S Hu [1], Q Zhen, R D Sperduto, J L Zhao, R C Milton, A Nakajima

Affiliations + expand

PMID: 2719577 DOI: 10.1001/archopht.1989.01070010684027

Abstract

The Tibet Eye Study was designed to estimate the prevalence of age-related cataract in Duilong-Deqing County, west of Lhasa, China (altitude, 4000 m). Previous reports have suggested an unusually high prevalence of age-related cataract in Tibet. A two-stage probability sample of persons aged 20 years or older from the 35 townships of the county targeted 2884 persons for inclusion in the study; 2665 (92.4%) were examined. Age-related cataract was diagnosed when (1) visual acuity was worse than 6/12 (20/40) because of nuclear or cortical (including posterior subcapsular) opacities, or (2) aphakia associated with a history of age-related cataract was present in either eye. The prevalence of age-related cataract among persons aged 20 to 39 years was 0.2%; among persons 40 years old or older, the prevalence was 11.8%. Cortical cataracts were by far the most common type of cataract diagnosed. Age- and sex-adjusted prevalence in Tibet was 60% higher than the prevalence in a similar, previously conducted study of 6951 person in Shunyi County, northeast of Beijing (altitude, 50 m). A second, independent slit-lamp classification of lens status was conducted in the Tibet Eye Study using standard photographs previously described. Age-specific cataract prevalence was similar with the two examination techniques. Results from the Tibet Eye Study support previous suggestions of a high prevalence of age-related cataract in Tibet.

1989年，胡天圣发表在《眼科档案》杂志上的论文，荣获美国眼科视觉研究学会的“为视觉而奋斗”最佳论文奖

教书育人

胡天圣在协和接受了系统的医学教育、严格的临床训练，有着很深的协和情结，他对传承“老协和”的传统一直身体力行，从做人、做事、做学问方面全方位言传身教，严格要求，点点滴滴都在践行“淡泊名利，宁静致远”。他不但参与协和医大的教学，对办学宗旨和课程设计也积极参与讨论，直抒己见。他每次门诊结束，都把住院医师、研究生、进修生召集到他的诊室，进行特殊病例分析，以协和模式培养了一代又一代眼科人。他的学生在通信中描述他“以通俗清晰的方式传播知识”。他的教学风格总是逻辑性强，容易掌握。如今，他桃李满天下，有的学生成长为国内知名医学院院长，亦有多名学生在美国从事眼科临床或基础研究。

下放往事

胡天圣是罗宗贤的高足，他一生敬仰且受其影响最大的人就是他的恩师。他曾经回忆，“文化大革命”中被下放到江西省永修县周田镇的“五·七”医院，那里缺医少药，条件非常简陋，手术室就是几间平房，还经常会在手术

中突然停电，不得不依靠手电筒继续手术；临行前罗宗贤把当年从美国带回来的眼科专著和手术器械全部赠予了自己，这些手术器械后来派上了大用场，成为自己在农村的诊治工作不可或缺的助力；那时，自己视这些手术器械为宝，不放心把它们放在医院，而是放在家里，且手术前一天会把它们一件一件地挑出来包好，以便第二天送去消毒，术后又会小心翼翼地把器械一件件清洗、消毒后再带回家，收存好。在困难岁月里，胡天圣就是用这些手术器械，不知为多少病人解除了病痛，使他们得以重见光明。

治学为人、生活点滴

胡天圣师从罗宗贤教授，也继承了罗教授一生勤勉、治学严谨求精的精神。据胡天圣女儿回忆，父亲下班回家，手里常常“挽着”从协和图书馆借回来的英文书或期刊，直至傍晚依旧在桌前工作。在他书桌的右上角处，有一个带两个抽屉的卡片箱，每一个抽屉里都存放着一大排卡片，那都是他阅读后写下的笔记。在中国最早的葡萄膜炎专科诊室里，胡天圣既诊治过门卫，又诊治过部长，无论是谁，他都将每份病历仔细地记录在一个小笔记本上以便复习查阅。直到生命的最后几年，胡天圣也同往常一样出诊，认真对待在诊室里遇到的每一位患者。

胡天圣虽然爱读书，但他可不是个书呆子。他热爱生活，兴趣、爱好广泛，乐观开朗而且有很多朋友。他不仅是学识渊博的医者，更是志趣高雅的才子，写得一手好书法。他每年

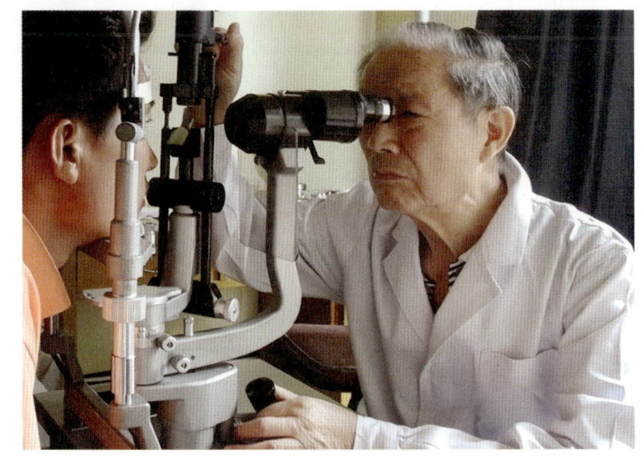

胡天圣生命中的最后几年，仍坚持常规出诊

必看维也纳新年音乐晚会，平时喜欢吟唱“长城外，古道边……”。胡天圣也曾填词赋诗，他的诗大多是在由于各种原因而两地分居时写给妻子的，还有一些是写于“文革”后，当中学时代的同窗好友在分别几十年后回国探亲访问，大家欢聚一堂时，他有感而发的。生活中的胡天圣时常会在不经意间脱口而出地吟诵一些应景诗句，年老后，他更是常常手捧中国古诗词，心醉神怡。胡天圣还醉心于书法，潇洒飘逸地题写墨宝是他的骄傲，也是他馈赠好友的心爱之物。闲时，他则喜欢垂钓。胡天圣是湖南人，虽然上大学时就来了北京，可饮食习惯一直没变，爱吃米饭，不爱吃馒头，一生最大的爱好就是烹饪。他炒得一手地道的湖南菜，这在亲朋好友中有口皆碑。他做菜和做学问一样认真，从挑选食材到刀工、佐料、火候都很讲究，一点也不凑合。

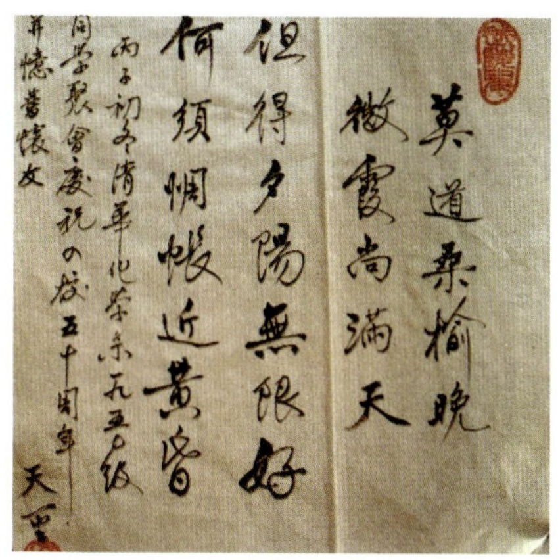

胡天圣的书法

胡天圣热爱生活，兴趣广泛，尤其喜欢垂钓

学术任职

胡天圣医师的职业生涯长达60年，担任过许多职务：

世界卫生组织防盲委员会顾问

国际眼部炎症和免疫学学会的创始成员之一，任执行理事

中国卫生部新药评审委员会委员、五官科主任委员

中国卫生部医学科学和技术进步奖评审委员会委员

《中华医学杂志》(英文版)编委

《眼部免疫学和炎症》(*Ocular Immunology and Inflammation*)杂志编委

2014年，胡天圣因病辞世，享年88岁。《美国眼科杂志》发布了纪念他的悼文。

OBITUARY

HU TIAN-SHENG

DR HU TIAN-SHENG, FORMER PROFESSOR AND CHAIR of Ophthalmology at Peking Union Medical College Hospital (PUMCH) in Beijing, died on May 26, 2014. He was 88. He is survived by his wife, Professor Liu Wenyuan, and 2 children, Hu Lihong, MD, and Hu Lisheng. Dr Hu's career spans 60 years and includes work on at least 4 continents. His training program produced professors at multiple universities throughout China, and his international research involved collaborators from Europe, the Americas, and Asia. His diminutive size contained an enormous spirit and determination. He was rigorous without malice and meticulous without intimidation.

Dr Hu graduated from a Yale University–affiliated high school in his native Changsha in 1946. After undergraduate studies, he received his medical degree from PUMCH in 1955. Residency followed until 1959, during which time he was also a Fellow in the Department of Biochemistry. After assuming the Chair in Ophthalmology at Nanchang University, Dr Hu was granted leave by the Chinese government to join Jin Kinoshita, PhD, at the National Eye Institute for 3 years, from 1980 to 1982, to advance his interest in lens proteins and the formation of cataract. Dr Kinoshita suggested that it would be easier to call Tian-Sheng "Tennyson," an Americanization that Dr Hu accepted with pride.

Tennyson was an iconoclast. He was able by force of his intellect and affiliations to introduce Western teaching methods and instrumentation to his department. He invited guests from the world over to visit his department, to teach and to perform surgical demonstrations. He was careful to make sure that his department members learned from these encounters and were permitted active involvement.

Tennyson's patients included people from all walks of life. His experience in the Yale-sponsored high school in his own province enabled him to become friendly with people who then rose to positions of importance in the central government. In his uveitis clinic at PUMC Hospital, one of the earliest specialty clinics in ophthalmology in China, he saw janitors and Ministers and initiated treatment with steroids and immune suppressants, at that time a completely innovative therapeutic approach. He managed each case carefully and documented their care in a little notebook that he returned to the patient to carry home and bring back for the next visit.

From 1987 to 1991, he received NIH support to perform epidemiologic studies of the environmental and nutritional influences on cataract formation in Tibet and Lin Xian, Henan Province. As his interest in the epidemiology of cataract blossomed, Professor Hu acted as a consultant to the World Health Organization (WHO). He was one of the founding members of the International Society of Ophthalmic Inflammation and Immunology and acted as executive director. He also became more active in governmental affairs. He was a member of the committee for approving new medications; Director of the Division of Ophthalmology and Otolaryngology, under the Ministry of Health in China; a member of the Committee Granting Prizes for Advancement in Medical Sciences and Technology; an editorial member of the English edition of the *Chinese Journal of Ophthalmology*; and a consulting editor of *Ocular Immunology and Inflammation*; and he received the Award for Special Contributions from the Peking Union Medical College Hospital.

Tennyson was shaken by the events of Tiananmen Square in the spring of 1989. He entered the Square to help tend to the wounds of students involved in the confrontation. He risked professional and political position for the principles in which he believed. Ultimately, his compassion and sincere desire to protect the lives of others was compelling to his peers, and his work was not interrupted.

Dr Hu Tian-Sheng will be remembered by those with whom he came in contact as a man whose moral compass was not shaken by the tumultuous events that surrounded him. During the Cultural Revolution, he established a

412

0002-9394/$36.00
http://dx.doi.org/10.1016/j.ajo.2014.11.024

2014年，《美国眼科杂志》发表了纪念胡天圣的悼文(部分)

（陈哲　孟丽慧）

第六节　陈耀真、毛文书

这两个名字是无法分开的，他们既是师生，也是夫妻，都是中国近当代眼科学界著名的人物，许多成就也是二人共同做出的。

陈耀真（1899—1986），祖籍广东台山，出生于福建福州，1927年毕业于美国波士顿大学，获医学博士学位。他是我国现代眼科学的奠基人之一，著名医学教育家。他曾任齐鲁大学医学院、华西协和大学医学院（今四川大学华西医学中心）、岭南大学医学院、中山医学院教授，中山医学院附属眼科医院首任院长，中山眼科中心名誉主任。还曾任中华医学会眼科分会理事、《中华眼科杂志》副总编。

毛文书（1910—1988），生于四川乐山，1930年考进华西协和大学医学院，1937年毕业，获理学学士和医学博士学位，1947—1949年在丈夫陈耀真的鼓励下，远赴加拿大多伦多大学、美国芝加哥大学深造。她是中国眼科学界享有盛誉的老前辈。1965年，她同陈耀真一起创立了新中国第一家眼科专科医院——中山医学院附属眼科医院；1983年，她主持创办中山眼科中心，使眼科医院、眼科研究所、防盲治盲办公室三位一体。她曾任中华医学会眼科分会副主委、《中华眼科杂志》副总编。

陈耀真、毛文书在一起探讨工作

虽然他们的功绩主要是在济南、成都和广州做出的，但他们二人在协和眼科工作过整整4年（1977—1981），担任教授，为协和眼科的发展做出过不可磨灭的贡献。二人的传记另有其他医院整理过，故本书着重补充他们在协和时期的经历，以便让后辈们永远铭记。

协和时期

1977年，陈耀真、毛文书调到北京，任中国医学科学院首都医院（今恢复为北京协和医院之名）眼科教授，陈耀真同时兼任中山医学院附属眼科医院名誉院长。随他们二人前来的，还有吴乐正（虽然只待了不长的一段时间，但他是生理实验室的实际负责人）。他们在这里创建了三个实验室：生化实验室（胡天圣任研究员）、生理实验室（吴乐正任主管，吴德正和姜茹欣参与主要工作）和遗传实验室（毛文书任主管，秦梅、庞国祥、胡伯越参与主要工作），进一步完善了协和眼科当时的研究领域，成为研究生们完成课题的重要基地。后来生理实验室逐渐演变成电生理实验室，又经过数十年历史沿革之后，遗传实验室并入电生理实验室，形成了协和眼科现在的遗传电生理专业组，因此，他们是协和眼科这方面亚专业组的实际缔造者。他们在协和的这些年，培养了秦梅、庞国祥、吴德正、赖宗白、姜茹欣、胡伯越等人才，广泛参与协和眼科的各项工作，为协和眼科的不断发展留下了不可磨灭的足迹，具体内容详见电生理专业组建立过程的相关章节。

陈耀真为后辈示范裂隙灯的使用（左一：叶俊杰；左三：董方田；左四：张潜娜；右一：张承芬）

陈耀真在指导协和眼科的门诊工作

均出自华西医院的三位医师合影（左：胡铮；中：陈耀真；右：李凤鸣）

胡铮（左一）、庞国祥（左二）、陈耀真（左三）与外宾在协和医院合影

1981年，青光眼专业组活动后留影［前排从左至右：胡铮、陈耀真、毛文书；后排从左至右：青光眼组研究生朱启仲（1978级）、金家炽（1979级）、赵家良（1978级）］

1978年，陈耀真、毛文书在协和期间，招收了吴德正和秦梅两名研究生。陈耀真是最早在中国眼科学领域开创、培养交叉学科人才的人，吴德正就是他培养的第一位交叉型人才。1978年，已经38岁的吴德正，在“文革”结束后考上了陈耀真的研究生，来到协和眼科读书。本科读生物物理专业的她，成了一名复合型人才，为今后开创、推进和发展我国临床视觉电生理事业打下了坚实基础，她如今已成长为全国知名的以电生理专业见长的眼科教授。秦梅则主要参与了遗传实验室工作，后来也成长为协和医院的一名眼科遗传病方面的教授。

1980年，陈耀真以81岁高龄，与毛文书一起，带领协和眼科医疗小组深入海南岛少数民族地区，进行眼病防治的调查与宣传。

1980年，陈耀真（前排右三）带队，在海南进行遗传病普查工作（前排左二：秦梅；前排左三：庞国祥；前排左五：毛文书；前排右一：胡伯越）

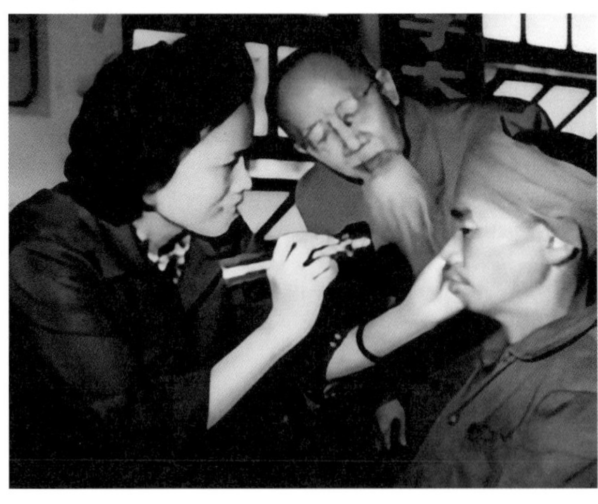

陈耀真与秦梅在海南为当地群众普查眼病

赴美

1981年，陈耀真、毛文书二人离开协和，当年11月，他们接受美国眼科学会的邀请，作为贵宾，出席在佐治亚州亚特兰大召开的美国眼科学会年会，这是该学会成立85年来，第一次邀请中国眼科专家莅会。

1981年，陈耀真（台上右一）与毛文书（台上右二）作为贵宾在亚特兰大出席美国眼科学会年会

正式调回广州

1983年，陈耀真、毛文书正式调回广州，在二人共同倡议下，卫生部批准他们在原眼科医院和眼科研究室的基础上，主持创办中国第一个眼科综合机构——中山医科大学中山眼科中心，下设眼科研究所、眼科医院、防盲治盲办公室。陈耀真医师担任该中心的名誉主任。值得注意的是，具有与眼科医院、研究所同样重要地位的防盲治盲办公室，组织了一批又一批眼科工作者上山下乡，到边远地区去服务，面向千千万万群众做眼病防治。

1986年4月，为表彰陈耀真对眼科学所做的贡献，在美国召开的国际视觉及眼科研究会议授予他“特殊贡献奖”（Recognition Award），当时，他已处在重病弥留之际，毛文书同他们的女儿——国际著名眼科专家陈之昭教授一起，带着这个奖项，飞奔回国，在病床前告诉了他这一消息。

1986年，陈耀真在广州病逝，享年87岁。

1988年，毛文书辞世，享年78岁。

陈耀真眼科家族

陈耀真医师一家两代人（包括亲属）有7位都是著名眼科医师，说他们是眼科家族，一点也不为过。这一现象，在中国眼科史上也是绝无仅有的。

陈耀真，父亲：中山眼科中心；

毛文书，母亲：中山眼科中心；

陈又昭，二女儿：中山眼科中心；

陈之昭，三女儿：美国国立卫生研究院视觉眼科研究中心；

吴乐正，陈又昭丈夫：中山眼科中心，陈耀真的研究生；

吴德正，吴乐正妹妹：中山眼科中心，陈耀真的研究生；

高汝龙，吴德正丈夫：中山眼科中心。

陈耀真夫妇与女儿、女婿合影（前排：毛文书、陈耀真；后排从左至右：吴乐正、陈又昭、陈之昭）

陈耀真家族第二代眼科人合影（从左至右：高汝龙、吴德正、陈之昭、陈又昭、吴乐正）

（陈哲）

［第七章］

新中国成立后的协和眼科

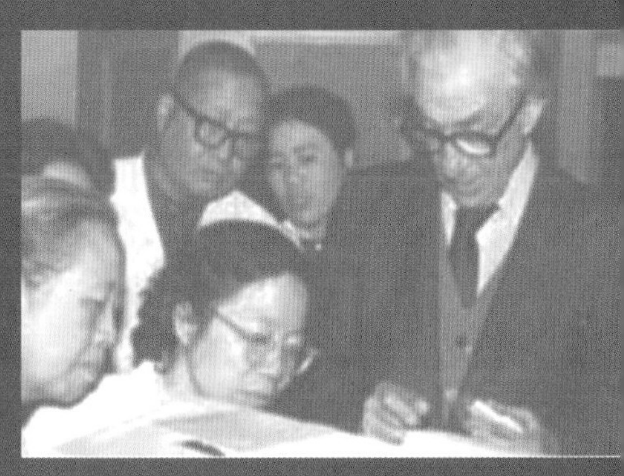

除了上述各位已故知名教授，在新中国成立后直至建院百年，协和眼科发生了很多动人故事，每一位曾经和正在协和眼科学习、工作的人，都经历过各种各样令他们记忆深刻的事情；相对年轻一些的科室员工，同样也是正在发生或刚过去不久的历史的见证者。他们回忆的这些故事，像遗落史海的一粒粒珍珠，串起了协和眼科新中国成立后70余年的传承、发展与变迁。

第一节　中华医学会眼科学分会的历届协和身影

中华医学会眼科学分会（曾称中华眼科学会）是我国首个且当前最大的眼科学术团体，它对我国眼科的发展起到了极大的推动作用。其建立和发展的历史，可以让更多的眼科同道，尤其是年轻一代的眼科医师了解我国现代眼科学的发展历程。在这个过程中，历届均出现过很多协和眼科人或出身于协和眼科的人士的身影，值得后辈们永远铭记。赵家良于2016年在《中华眼科杂志》上发表了一篇文章——《中华医学会眼科学分会的建立和发展简史（至2007年）》，本节节选该文主要内容并有所补充修订，供大家学习、了解。

虽然我国的眼科有着悠久的历史，在宋朝的太医院里就已经独立成科，但是在漫长的发展过程中并没有任何眼科学术团体出现。中华眼科学会是随着西方眼科学传入我国而兴起的，是随着我国现代眼科学的发展而逐渐壮大的。1820年，英国东印度公司的船医李文斯敦（P. Levingstone）和1807年来华的英国传教士马礼逊（Robert Morrison）在澳门开设诊所兼治眼病；1827年，英国医师郭雷枢（T. R. Colledge）在澳门开设眼科医院。1834年，美国耶鲁大学眼科医师伯驾（Peter Parker）在广州开设博济医院（现为孙逸仙纪念医院），并在此施行了我国首例白内障摘除术，产生了极大影响。其后有司督阁（Dugald Christie）在沈阳、高福林（F. W. Goddard）在绍兴、毕德生（R. A. Peterson）在成都相继建立教会医院或眼科，诊治眼病。

1918年，北京协和医学院建立了我国第一个眼科学系，开创了符合当时国际标准的现代眼科学的医学教育，我国第一代西医眼科专家及现代眼科医师队伍逐渐形成。为了促进眼科学的发展，一些地方的眼科医师自发地组织了眼科医师的团体。

1931年，哈尔滨成立了眼科研究会，当时有会员9人，但不久发生“九一八事变”，日军侵占了我国东北三省，眼科研究会的活动被迫停止。直到1948年哈尔滨解放后，该组织的眼科学术活动方恢复。1932年5月，由北平的眼科医师毕华德、刘宝华、裴乐德等发起，在北京协和医院召开会议，成立北平眼科学会，大家推举毕华德为首任会长，刘宝华为副会长。1937年，发生了“七七事变”，日军发动全面侵华战争，学会的活动被迫停止。1932年，在周诚浒等倡议下成立了上海眼科学会，周诚浒任会长，刘以祥任副会长。1932年，陈耀真在山东济南成立了眼科学会。各地的眼科学会纷纷兴起，这为建立全国性的眼科学术组织做好了思想上和组织上的准备。

1937年4月，在中华医学会第12届全国会员代表大会上，由出席会议的眼科代表发起，正式成立了全国统一的中华医学会眼科学会，周诚浒、林文秉分别担任正、副会长，学会设于上海。同年因“七七事变”爆发，学会陷于停顿。

全面抗战期间，华西大学、齐鲁大学、中央大学及成都存仁医院等单位的眼科医师于1941年组建了成都眼科学会，由陈耀真担任主席，孙葵书任书记。发起人还有毛文书、缪天荣、蔡用舒、沈祖实及李凤鸣等。学会地址设于成都存仁医院。

抗战胜利后，1947年，在南京召开中华医学会第15届全国会员代表大会期间，眼科学会组织得以恢复，林文秉、陈耀真分别任正、副会长。

新中国成立后，1950年8月，在北京召开中华医学会第16届全国会员代表大会期间，出席会议的眼科代表改选了中华眼科学会委员会，毕华德、罗宗贤分别任正、副会长。会议通过了眼科学会章程，学会正式定名为“中华眼科学会”（Chinese Ophthalmological Society）。同年，眼科学会随中华医学会自上海迁往北京。此后各省市眼科学会陆续成立或恢复组织活动。

北京眼科学会于1950年恢复活动，改选刘家琦为会长，张晓楼为副会长。

沈阳眼科学会于1950年7月成立，选举高文翰为主席，景崇德为副主席。

上海眼科学会于1950年重建，选举聂传贤为主任委员，何章岑为文书，丁希庆为会计；委员包括周诚浒、林文秉、郭秉宽等。

杭州眼科学会于1950年12月成立，选举姜辛曼为主任委员，孙道夫、俞德穰为副主任委员。

天津眼科学会于1950年11月通过分会章程，选举田大文为主任委员，麻镇远为副主任委员；林景奎为首届委员之一。

广州眼科学会于1948年成立，由于处于新中国成立前夕，学会并未开展活动。1950年10月，陈耀真赴广州讲学，倡议成立眼科学分会筹备会。1951年5月13日正式成立了广东眼科学分会，选举陈耀真为主任委员，沈毅为副主任委员，张峨为秘书兼会计。

西安眼科学会于1951年3月3日成立，选举刘新民为主任委员，张锡华为副主任委员。

1965年，以中华眼科学会的名义单独召开了全国眼科学术会议，称为“第一届中华眼科学会全国眼科学术会议”。会议经过选举产生了由48人组成的第一届中华医学会眼科学分会全国委员会，张晓楼任主任委员，罗宗贤、刘家琦、周诚浒和郭秉宽为副主任委员。

1979年，召开了第二届全国眼科学术会议。其后每4年举行一次，1984年在南宁、1988年在南京、1992年在北京、1996年在杭州、2000年在上海分别召开了第三、第四、第五、第六、第七届全国眼科学术会议。2002年后改为每2年举行一次，2005年后改为每年举行一次，最近的一届是第26届眼科学术会议（2021年11月于湖南长沙举办）。

如今，中华医学会眼科学分会已传承至第十二届领导集体，第七、第八届主任委员为协和眼科赵家良教授，第九届为黎晓新教授，第十届为赵堪兴教授，第十一届为王宁利教授，第十二届为姚克教授。协和眼科陈有信教授自第七届以来，长期担任学会秘书、秘书长、主任委员特别助理。

为奖励做出突出贡献的眼科医师，根据中美眼科学会提议，自1992年起由眼科学会常委会在全国范围内评选并颁发“金苹果奖”“金钥匙奖”，以后又逐次增加了“杰出成就奖”“中华眼科学会奖”及“国际金奖”等。

1930年始，周诚浒、毕华德等争取到了眼科资料的发表，在当时的《中华医学杂志》中编辑出版了眼科文献专号，至1943年共刊出11期。1950年10月1日，中华眼科学会自己的刊物《中华眼科杂志》创刊号正式出版（毕华德所撰写的发刊词详见他的个人传记章节），后为季刊定期出版。再后来又相继改为双月刊及月刊，近年又自每册64页增至96页。

中华眼科学会会员1950年有101人，2000年登记会员为4000人。当时全国眼科医师人数为22000人左右。中华眼科学会逐年扩大了与国际眼科学界的联系，主持召开过多次国际眼科学术会议，这不得不提到引领中华眼科重新站上国际舞台的赵家良。

赵家良2000年开始主持中华医学会眼科学分会的工作，直至2007年，共担任两届主任委员，任《中华眼科杂志》两任主编。2005—2012年，还担任中国医师协会眼科医师分会首任会长，曾获得“中华眼科杰出贡献奖”。赵家良主持学会工作之初，国内眼科学界与国际眼科学术组织几乎没有联系，国际上主要的眼科组织没有一个有国内眼科的加入，这在一定程度上是由台湾地区抢先加入这些

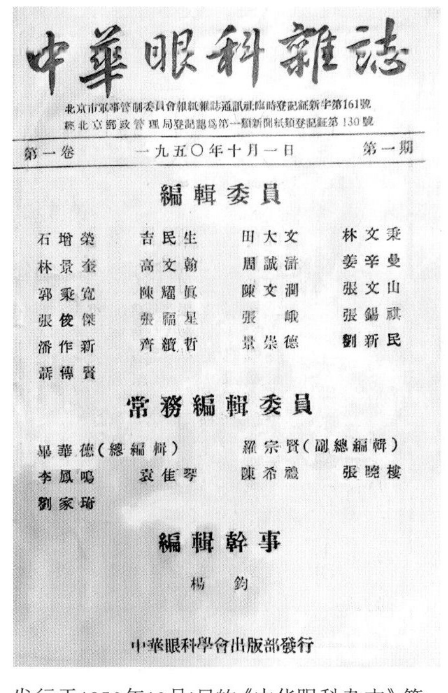

中華眼科雜誌

北京市軍事管制委員會報紙雜誌通訊社臨時登記證新字第161號
經北京郵政管理局登記認爲第一類新聞紙類登記證第130號

第一卷　一九五〇年十月一日　第一期

編輯委員

石增榮　吉民生　田大文　林文秉
林景奎　高文翰　周誠滸　姜辛曼
郭秉寬　陳耀眞　陳文潤　張文山
張俊傑　張福星　張　峨　張錫祺
潘作新　齊續哲　景崇德　劉新民
許傳賢

常務編輯委員

畢華德（總編輯）　羅宗賢（副總編輯）
李鳳鳴　袁佳琴　陳希鴻　張曉樓
劉家琦

編輯幹事

楊　鈞

中華眼科學會出版部發行

发行于1950年10月1日的《中华眼科杂志》第一卷第一期

组织造成的——因为台湾以“中华民国”的名义加入了这些国际组织，导致大陆眼科难以进入。以下就是两个这种情况的国际组织的例子。一个是成立于1960年的亚太眼科学会（Asia-Pacific Academy of Ophthalmology, APAO），台湾当时已加入，导致大陆眼科被排除在外。从2000年开始，经过赵家良与亚太眼科学会主席的多次面对面谈判，大陆眼科终于在2004年加入了亚太眼科学会。另一个就是国际眼科理事会（International Council of Ophthalmology, ICO），在赵家良的积极推动下，历经两三年的时间，成功地申请到将台湾的名字改为“中国台北”，并促使中华眼科学会作为唯一代表中国眼科的学会加入国际眼科理事会，成为国际眼科学会联盟（International Federation of Ophthalmological Societies, IFOS）成员。通过加入以上两个国际眼科组织，确定了中国眼科在国际眼科中的地位，也使国际眼科学界认识到中国眼科学界的影响力。赵家良教授为推动中国眼科的国际化，呕心沥血，做出了巨大贡献。

2003年9月，时任中华医学会眼科学分会主任委员的赵家良在日内瓦世界卫生组织总部参加世界卫生组织全球眼科研究工作会议，会上代表中华医学会眼科学分会向世界卫生组织提出将《眼科临床指南》（*Preferred Practice Pattern, PPP*）引入中国的申请，并得到了批准。同年10月，从美国眼科学会接受了全套《眼科临床指南》，其后将其翻译成中文出版，并推广至全国，2013年、2018年两次补充、更新、再版。18年来，《眼科临床指南》对中国眼科临床水平的提高发挥了极大作用。

2004年，赵家良当选为国际眼科科学院院士

2004年，由于在眼科领域做出了杰出贡献，赵家良当选为当时中国唯一的国际眼科科学院院士（截至2021年，除

赵家良外，中国大陆地区还有天津市眼科研究所赵堪兴、北大人民医院黎晓新、北京同仁医院王宁利与浙江大学第二医院姚克当选为国际眼科科学院院士）。2018年6月，在于西班牙巴塞罗那举行的国际眼科科学院全体成员大会上，赵家良当选为新一届国际眼科科学院副主席，这是到目前为止国际眼科学术机构里中国人担任的最高职务。

近年来，协和眼科各亚专业组带头人积极参与中华医学会眼科学分会的工作，成为各个领域的委员，接续着前辈们开创的工作。

（赵家良　陈哲）

第二节　两部三版眼底病书

罗宗贤自年轻时，受各位“老协和”时代主任及当时医院的会诊制度影响，对全身疾病与眼底改变的关系，一直颇感兴趣，发表过多篇与眼底相关的论文，在眼底病方面的积累日渐深厚。例如，由他提出的糖尿病视网膜病变分期的概念，后来成为中华医学会眼科学分会眼底病学组提出的糖尿病视网膜病变分期的基础。为了将自己毕生的经验留给后人，在罹患腮腺癌后，他仍忍着病痛，抓紧时间，组织北京协和医院和北京同仁医院的眼科同人编写《眼底病》一书，并担任主编。1972年，罗宗贤在生活需要他人照料的情况下，仍坚持亲自审订稿件；1974年春，《眼底病》第二稿完成，但因缺乏纸张无法付印；1978年，《眼底病》一书终于出版，它是当时国内唯一的眼底病学著作，但此时，罗宗贤已逝世4年，限于当时的历史条件，该书著者只以单位冠名。

1951年，张承芬从上海医学院毕业来到协和，加入眼科，受时任主任罗宗贤的鼓励和支持，主攻眼底病亚专业。她一生勤奋，深耕于眼底病专业，1998年，经过多年的编撰和反复研磨，终于以罗宗贤的手稿为蓝本编写成国内第一部眼底病学大部头专著《眼底病学》并出版（见第六章第四节）。这部

罗宗贤病重期间，坐在院子里

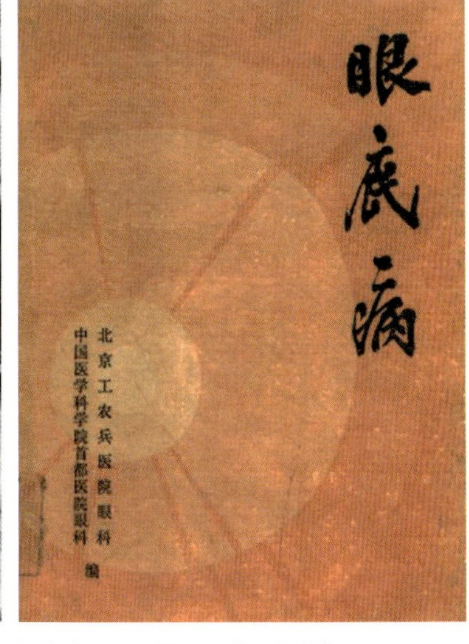

罗宗贤组织编写的《眼底病》

著作凝聚了她一生的心血，2005年秋，在赠予眼科图书馆保存的一册书的扉页上，张承芬亲笔写道："在历史的长河中，这本书见证了在罗老亲自创造、培植和导航下，眼底病学在我科发展壮大的轨迹。"该书于2000年获北京市科技进步一等奖，它一直被国内众多眼底病专业的医生摆在案头，作为必备

在历史的长河中，
这本书见证了在罗老亲自
创造、培植和导航下，眼底病学
在我科发展壮大的轨迹。

呈送一本给眼科图书馆
供翻阅和参考。

张承芬
2005年金秋

2005年，张承芬亲笔题字的赠予眼科图书馆保存的《眼底病学》（第一版）的扉页

《眼底病学》（第一版）获2000年北京市科技进步一等奖

的学习参考。

2010年，经过张承芬主导，她的学生们以及学生的学生们的努力，《眼底病学》再版（见第六章第四节），第二版传承了第一版的精髓，更新了眼底病学的最新成果与发现，为学科的进步和发展做出了不可磨灭的贡献。

《眼底病学》（第二版）的主编、副主编合影（前排为张承芬，后排左为陈有信，中为董方田，右为赵明威）

这两部三版眼底病书籍，记录了协和眼科眼底病专业从无到有，逐渐发展壮大的传承脉络，永远值得后辈们学习。

（陈哲）

第三节　垂体瘤多学科协作小组中的眼科

在垂体瘤诊疗方面，北京协和医院是国内的领航者。协和医院很早就意识到垂体瘤诊治必须要有多学科合作。为了能更有效地诊断和治疗垂体瘤，早在1978年，在协和内分泌科史轶蘩的倡导下，正式成立了垂体多学科团队（Multi-Disciplinary Team, MDT），开启多科协作模式，开始对垂体疾病进行联合会诊和研究工作。内分泌科、神经外科、眼科、耳鼻喉科、病理科、放射科、放射治疗科、麻醉科、计算机室9个相关科室参与其中，“激素分泌性垂体瘤的临床及基础研究”这项由9个不同科室专家组成的团队团结协作、呕心沥血完成的科研课题，于1992年获国家科学技术进步一等奖。

眼科是发现垂体瘤的一个重要窗口，视野检查在垂体瘤诊断、术中定位，甚至术后评估中都有着重要价值。

20世纪80年代以前，垂体瘤的诊断水平有限，国内尚无CT、MRI等影像学诊断技术，除了X线透视、脑血管造影、气脑造影可以“模棱两可”地“看见”垂体瘤以外，几乎没有其他影像学上的办法可以“看清”垂体瘤。

由于诊断水平的滞后以及对垂体瘤的认知不足，大部分垂体瘤在发现时都已是晚期，并且病人往往是以眼部症状、内分泌症状或头痛呕吐为首发症状到眼科、妇科或神经外科就诊。

那个年代，约半数以上的垂体瘤患者会有视野缺损，眼科会接诊到很大一部分垂体瘤患者，视野改变很可能就是首发诊断的依据。而要想准确诊断，可靠的视野检查是必要基础。

劳远琇根据国外资料介绍，设计并用黑绒布制作了30°手查视野屏，带领艾凤荣、王子政两名技术员设计制作了检查用的视标。这些视标的每一根，柄内都是铜丝，外面包裹常规的医用白色胶布，细铜丝外面的胶布不能相互压边，必须用手指甲慢慢将胶布对得严丝合缝，再反复多遍涂漆；视标两端是用锤子砸压而成或是焊接上的，尺寸要经过精确测量；红、白、黑色漆是艾老师四处寻觅、跑到装修人家那里要来的不反光的漆。最大的视标是20毫米，最小的是1毫米。这种艰苦的状态持续了很多年，到80年代，协和眼科才有了英国专家赠送的第一台自动视野计。

据资料统计，1978—1989年，劳远琇带领眼科同人，共检查垂体瘤患者视野近4000人次，观察垂体瘤对视功能的损伤，为垂体瘤协作组的研究项

自动视野计时代到来之前，劳远琇设计制作的30° 手查视野屏

20世纪70年代，艾凤荣、王子政手工制作的视标

20世纪80年代，劳远琇（前排左一）、王子政（后排左二）等人学习使用外宾赠送的自动视野计

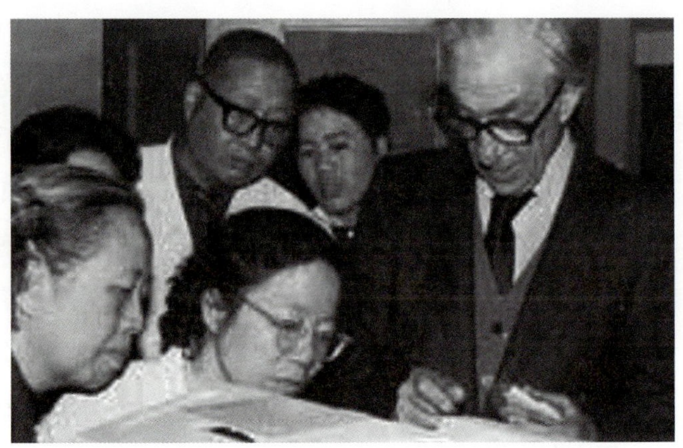

目做出了不可或缺的贡献。

说起视野检查，不能不提协和眼科技师艾凤荣老师，她直接参与了当时简陋条件下的视野检查工作，与劳远琇共事逾30年，既是后者的同事，也是其学生。

艾凤荣深度参与了垂体瘤MDT工作，她说："从查出第一个视野图起，就深深喜欢上了神经视野学。"在学习神经视野学的过程中，垂体瘤的视野改变是令她印象格外深刻的疾病之一。

"那时候，除了眼科接诊的垂体瘤患者，有内分泌相关症状（如闭经、溢乳、尿崩、甲亢等）的患者也都会被送到眼科检查视野，如果检查结果显示患者有垂体瘤，通常会再将患者转至神经外科做进一步的影像学检查，对于疑难病例会再进行垂体MDT的多学科讨论，最终给予确诊。"

艾凤荣技师（2006年退休）

与现在相比，那时候视野检查的条件很落后，手工制作的小视标在原始视

野屏上一点一点移动，医生手动为病人检查视野。病人需要坐在离视野屏1米远的地方，眼睛盯住视野屏中心的小白点，用眼睛余光看视标，以此确定视野的范围，判断视野是否有缺损，视野图也是需要用手画出来的。那时劳大夫总是强调查视野时“医患双方的配合”非常重要，只有跟病人讲明白了他才会配合，不能跟病人说医学术语，而要用大白话与病人沟通，因为只有病人配合了，才能查出真正的问题所在。“因此，查视野的时候必须做到不厌其烦，不停地说，并注意时刻观察病人。”此外，还必须看病历，了解病人病史，查完还要确认是否与眼底病变和病人主诉相符合。

用来存放前文中提到的视标的小木盒，在旁人看来也许仅是个旧物，而对于艾凤荣老师来说，它象征着薪火相传，象征着师情难忘，她珍藏至今。曾经，它承载了一代人对一个学科的期待，一代人的技艺和智慧，一代人对未知领域的不懈探索，一代人的无私奉献，同时，它又肩负着相邻疾病学科对视野学的重托。

此外，通过分析上千例垂体瘤视交叉综合征，劳远琇发现，虽然临床资料表明有的肿瘤很小，但是视野损害却很明显，因此她大胆提出了“视交叉与垂体分享同一血供”的假说。1984年开始，她指导学生高桦、钟勇等进行了“视交叉的血供研究”，证实了自己提出的假说——垂体瘤“窃血”的重要特征，为垂体瘤引起的视野缺损找到了解剖学和病理学依据。

钟勇（现任协和眼科神经眼科专业组组长）

始于劳远琇时代，传承至今的垂体瘤多学科团队，仍然焕发着旺盛的生命力，医院经常举办相关会议，光大这一多学科合作的典范。而协和眼科的神经眼科专业组，源自神经视野学组，得以不断发展壮大，也加入了不少年轻的后备力量，继续着劳远琇教授未竟的事业。

近期医院的垂体瘤多学科团队会议，每次会议协和眼科均会派神经眼科专业组的医生参加

神经眼科专业组照片（从左至右分别是：罗瑞、王萌、王雪娇、王旭倩、马瑾、钟勇、千霖洋、丑玉宇、邵恩华、柳思华、卢玥竹、张夏，摄于2020年底）

（陈哲节选、编撰）

第四节　走进国际防盲组织的两代人：青出于蓝而胜于蓝

IAPB，全称 the International Agency for the Prevention of Blindness，中文译为“国际防盲组织”，始建于1975年，是一个由超过100个国家的150余个机构组成的超级联盟，是公认的国际性眼公共卫生领域的权威组织。协和眼科历史上有两位医生走进了该组织。他们是两代人，也是师徒，分别在相差30年的1990年和2020年，站上了该组织的领奖台。

第一位是协和眼科的第六任主任——胡铮（1974—1983年在任）。他除了是协和眼科青光眼学组的创建者之外，其防盲工作同样令人瞩目。

胡铮师从陈耀真教授，并在其工作的基础上延续了对中国防盲治盲的关注和推进。1984年，国家卫生部成立了“全国防盲指导组”，对因我国地广人多、经济发展和医疗卫生条件不同所致的防盲工作缺陷进行了调研和改进。胡铮参与了组织工作，并担任指导组副组长，积极参与制定国家防盲治盲规划。此前，他就曾多次深入农村和医疗资源缺乏地区，开展沙眼防治工

在全国防盲指导组第五次会议上的合影（前排左四为胡铮）

作，在最基层的防治工作中积累了大量宝贵的经验，并将其应用于国家防盲治盲工作。其《我国防盲治盲现状的研究和防盲治盲工作的实施》获北京市科技进步二等奖。他在第七届全国眼科学术会议上发言，引述国际著名眼科专家爱德华·毛梅尼（Edward Maumenee）在1982年时的讲话："今后开任何眼科年会，首先要报告防盲治盲的工作。"

1985年，胡铮在协和眼科开办了全国眼科流行病学学习班，为公共卫生事业的发展培养了很多后备力量。

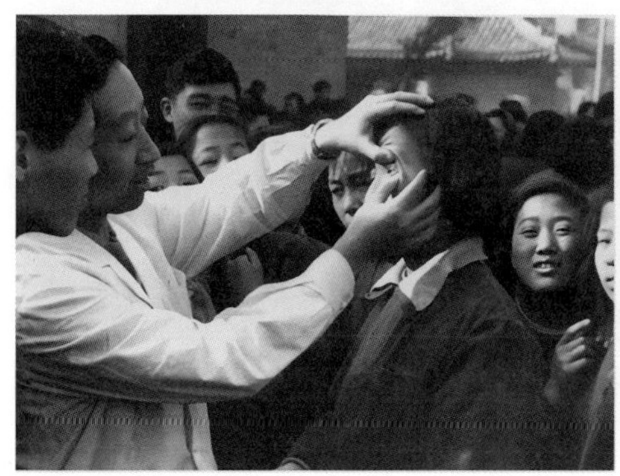

胡铮深入基层进行眼病检查

胡铮在第七届全国眼科学术会议上发言，强调防盲治盲工作的重要性

胡铮注重合作和经验的交流，曾多次在国际防盲讲坛中分享我国防盲治盲情况，并与美国海伦·凯勒国际防盲基金等非政府组织建立了合作关系，把防盲项目与初级眼科医疗服务结合起来，让国际防盲界和眼科学界看到了中国防盲事业的发展和成效，使中国的防盲治盲工作赢得了更多的经验分享和支持。

国际防盲组织在1990年向胡铮颁发了"防盲终身成就奖"（Award for Lifelong Service to the Prevention of Blindness），这是对他开创中国防盲工作及所取得的成就的高度认可。

1985年，胡铮举办的“全国眼科流行病学学习班”师生合影

1978年改革开放后，首批中国眼科代表团：胡铮（右）、张晓楼（中）和郭秉宽（左）出国访问，在巴黎合影

胡铮在国内会见外宾（左一，胡铮；左四，劳远琇；右二，刘家琦；右五长须者，陈耀真）

1990年，胡铮上台接受国际防盲组织主席卡尔·库普弗（Carl Kupfer）颁发“防盲终身成就奖”的情景

国际防盲组织向胡铮颁发的“防盲终身成就奖”

第二位是协和眼科的第十任主任赵家良（2003—2005年在任），他自年轻时代起，就受到了胡铮的很大影响，后来他接过了这个“接力棒”，为我国的防盲事业继续奋斗。

赵家良，1944年出生于江苏启东，1970年毕业于中国协和医科大学八年制临床医学专业，1978—1982年成为北京协和医院眼科研究生，师从胡铮教授，毕业后留协和眼科工作，历任主治医师、助理研究员、副主任医师、主任医师。他在防盲方面的工作，可谓与前辈一脉相承，青出于蓝而胜于蓝。

赵家良

“从事防盲工作的20年来，我认为防盲工作不能仅仅被视为疾病的治疗，把视角放宏观来看，防盲工作相关项目可以说是解决民生问题的项目，本质上也伴随着社会变革发展进步。20年来，我们在推动防盲工作的同时，也推动了眼科事业的发展。同时，中国眼科的发展也是防盲工作进展的基石。”这是赵家良对自己20年防盲治盲工作的总结。

他积极从事眼病流行病学研究工作，先后完成了“西藏眼病研究”“河南林县白内障研究”“学龄期儿童屈光不正研究”“学龄期儿童屈光不正随诊研究”“1996年北京顺义眼病研究”“2006年全国九省眼病研究”“2014年全国九省眼病研究”“全国致盲性沙眼评估研究”等中外合作的项目，了解了我国的眼病发生状况和流行趋势，为我国开展防盲治盲和眼健康提供了重要依据。

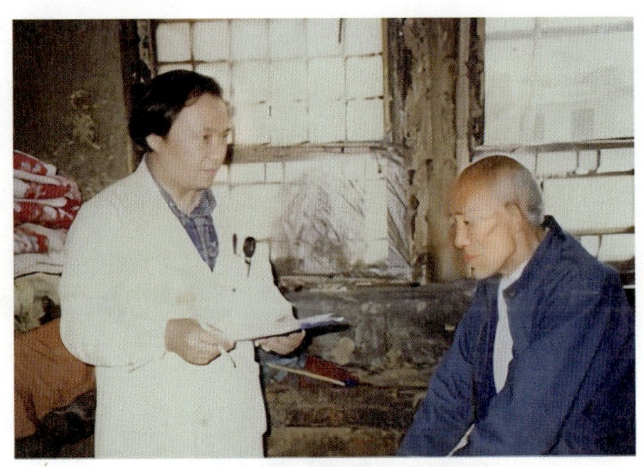
1996年，赵家良在北京顺义眼病研究调查现场

协和眼科早在胡铮担任主任期间，通过流调，发现国人致盲的主要原因是罹患白内障，但当时我国白内障的手术量很低。1997—2007年10年间，赵家良作为中国残联的专家组成员之一，推动并切实参与践行了1997年我国政府和国际狮子会合作开展的“视觉第一，中国行动”防盲项目，负责检查工作质量，并根据不同地区的经济状况因地制宜地制定标准以保证工作的顺利开展。2009年，在他的努力推动下，卫生部、财政部、中国残联实施“百万贫困白内障患者复明工程”项目，对全国的贫困白内障患者实施复明手术并发放手术费用补助。在他和全国众多眼科工作者的不断推动下，我国白内障手术量明显增加：从1999到2010年，手术量提升到每年100万例，再经过6年时间，提升到每年200万例，又经过三四年时间提升到每年300万例，截至2019年，白内障年手术量达到约440万例。

除了白内障的防控，赵家良在我国沙眼防控中也做出了巨大贡献。在参加WHO会议时，负责防盲工作的官员对赵家良说：“你们中国是沙眼的高发流行国。”听闻此言，他积极推动把第三期“视觉第一，中国行动”项目的重点放在根治致盲性沙眼上，为了解我国的沙眼患病情况，他和各位专家主持设计调查方案并亲身参与。历经两年多的时间，调研专家得出结论：我国达到了宣布致盲性沙眼已被消灭的指标。2020年，WHO网页上修改了中国沙眼患病率情况的相关表述，中国自此摘掉了“沙眼高发流行”的帽子。这是以赵家良为首的400多位我国眼科工作者共同奋斗的结果。

1999年2月，WHO和国际防盲协会发起“视觉2020，人人享有看见的权利”行动，旨在用四个五年的时间，在2020年之前在全球范围内根治可避免眼盲，重点解决白内障、沙眼、河盲、儿童盲、低视力和屈光不正等眼病。2020年，国际防盲协会授予赵家良防盲领域顶尖专家“视觉卓越奖”（Vision Excellence Award）荣誉，以表彰其20余年来在“视觉2020”行动中的杰出贡献。这是对赵家良教授20年来在防盲工作中创新想法、实施项目、建立制度以及控制疾病等工作的极大肯定。

2020年，赵家良因20年来在防盲领域的工作成就，荣获“视觉卓越奖”

（陈哲）

第五节 青光眼专业组的发展简史

1958年，胡铮在罗宗贤主任的支持下，建立了青光眼专业组并担任组长。如今，协和眼科青光眼专业组已培养了赵家良、李静贞、毛进（目前在澳门仁伯爵综合医院眼科工作）、周崎、程钢炜（现任协和眼科青光眼专业组组长）、李略、张顺华、卞爱玲、张扬医生及研究生若干。另有刘小力副主任技师主要参与青光眼专业组的工作。

协和眼科的青光眼团队，从创始之初，一路走来，创造了辉煌的历史，并仍然在孜孜以求地探索着，取得了不少国内业界领先的成绩。

1978年，青光眼团队在胡铮带领下，在国内率先推广压平眼压测量及24小时眼压曲线描计和青光眼激发试验，做了很多青光眼方面的工作，详细内容可参见前文他的个人传略。其后相当长一段时间，由赵家良担任青光眼专业组组长，带领团队成员创造了很多成绩，例如，建立了我国最早的眼科现代公共卫生学体系，并以现代流行病学方法，进行了我国青光眼患病率及发病率的调研工作。

1983年，协和眼科在国内率先引进法国进口的“氩离子”激光机，开始眼前节激光的动物实验及人体治疗。

青光眼专业组成员合影（前排从左至右：刘小力、赵家良、李静贞；后排从左至右：周崎、李略、张扬、程钢炜、张顺华、卞爱玲。2020年拍摄）

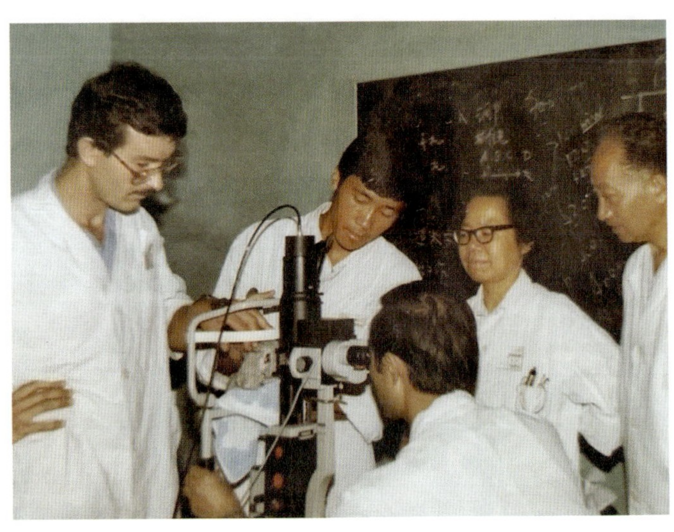

1983年，协和眼科率先在国内引进法国的“氩离子”激光机（从左至右：法国工程师、胡伯越、张承芬、胡铮；坐者：金家炽）

李静贞

2000年，李静贞在国内最早开展选择性激光小梁成形术（Selective Laser Trabeculoplasty，SLT）来治疗原发性开角型青光眼。她1941年出生于江苏，1959年进入北京医学院（北京大学医学部前身）医疗系学习，毕业后来到湖南，在基层开展了白内障等很多与眼科相关的手术。后加入协和眼科，逐渐成长为主任医师、教授。她不仅有扎实的医学基础知识，还锻造了高超的手术技术，面对疑难复杂问题，特别是高难度的再次手术，有着自己独到的看法和见解。李静贞曾跟随多个医疗队前往祖国的各个角落支边，为基层医疗建设和人民的健康奉献青春：在西藏等边疆地区，在敦煌莫高窟，她曾跟随医疗队，用自己的临床知识和经验治愈了大量患者的眼疾。在西藏支边的时候，因为术后拆线工作复杂，等待患者恢复的时间较久，于是她研究了一种特殊的线，手术之后不需要拆线，这在很大程度上节省了等待的时间，为救助更多的患者提供了便利。

2005年，赵家良将明暗超声活体显微镜（Ultrasound Biomcroscopy，UBM）检查引入青光眼流行病学筛查。

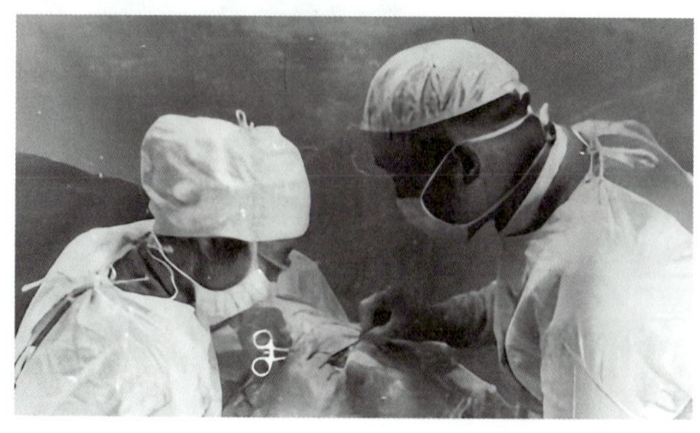

1970年，李静贞（左）在西藏普兰为藏民做手术

20世纪90年代初，协和青光眼团队就在国内率先开展了房角分离联合白内障摘除术治疗慢性闭角型青光眼，2010年又进一步改良房角镜下分离前房角治疗，直接在房角镜指导下实施微创精准化直视前房角粘连分离手术。

程钢炜（现任协和眼科青光眼专业组组长）

2014年至今，团队在国内倡导推广基于5R——关联（Relevance）、感受（Receptivity）、反应（Responsive）、回报（Recognition）和关系（Relationship）——策略的青光眼立体视神经检查及分析，提高早期诊断青光眼性视神经损害的能力。

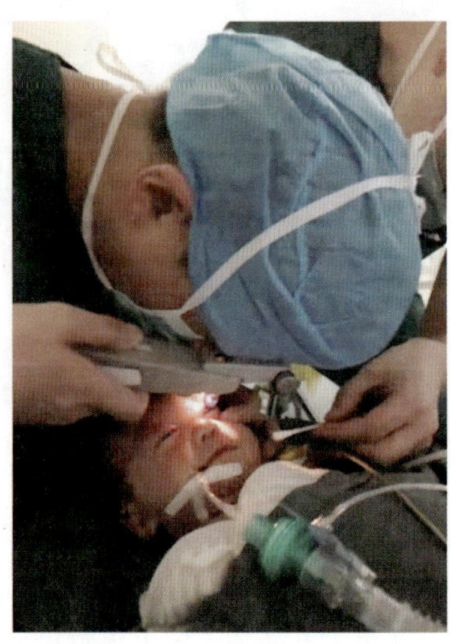

程钢炜为出生30天的婴儿（协和历史上年龄最小的青光眼患者）做青光眼手术

2018年，程钢炜担任青光眼专业组组长之后，在国内率先开展二氧化碳激光辅助深层巩膜切割术（CO_2 Laser-Assisted Sclerectomy Surgery，CLASS），并根据中国人群的眼部结构和特征，提出CLASS手术的中国改良方案，通过两年的临床观察，验证了CLASS中国方案治疗中国原发性开角型青光眼及剥脱综合征患者的有效性和安全性，并得到了国内外同行的认可。近年来，针对儿童青光眼病例及复杂性、难治性青光眼病例，青光眼团队在国内外开拓性地开展了以CLASS为基础的多通路手术治疗，取得了较为理想的治疗效果，获得了越来越多国内外患者的认可。

对群众与患者的教育和知识普及也是协和青光眼团队关注的内容。以赵家良和李静贞为首的青光眼专家团队，在多个会议和活动中对患者开展教育活动，并提供免费检测。自2007年起，他们每年面向青光眼患者、家属及社会开展青光眼俱乐部患教活动，以方便医患间的沟通、交流，通过提高广大群众对青光眼疾病的认识，促进青光眼患者的健康教育，将青光眼正确的理念及积极对待青光眼生活的态度传递给更多的患友们，以帮助患友们更好地适应青光眼疾病所带来的诸多生活不便，与眼科医师一道，共同战胜青光眼这一窃取视力的疾病。团队所做的这些受到了青光眼患者的广泛好评。

青光眼专业组的患教活动留影（左上：李略；右上：赵家良；左下：张扬；右下：王雪娇）

2016年，团队开展的以“青光眼诊治新进展为患友们带来新希望”为主题的青光眼联谊活动，为广大青光眼患者进行了免费的眼压检测，普及了青光眼的相关知识以及日常生活中的注意事项；2017年开展的以“青光眼与炎症”为主题的青光眼大讲堂活动，也是协和医院眼科青光眼专业组主办的第十届青光眼患教活动。患教活动能让患者更多地了解疾病，更好地在日常生活中控制疾病，这也是临床治疗的重要支持手段。

（陈哲　张扬　程甜甜）

第六节　师徒的眼底激光情结

眼底激光，是眼底病内、外科治疗领域不可或缺的手段之一。在这个领域，协和眼科的师徒两代人，都取得了他们所在时代的创新性领先成果。

20世纪70年代，张承芬紧跟世界眼科学发展潮流，最早在国内开展了眼底病激光治疗的尝试；在国内设备、激光治疗条件都不完备的情况下，根据临床需求进行了大量的创新和实践探索，经过近十年的努力，终于冲破西方国家的封锁，自主研发成功了红宝石激光机、氩离子激光机，率先在国内使用激光治疗眼底疾病，填补了我国激光治疗的空白。

1979年，她代表中国向日本眼科同行展示了自主研发的激光治疗机以及治疗眼底病的成果和经验，这些成果都被刊登在日本的眼科杂志上，为中国眼科赢得了声誉。

1981年，“红宝石与氩离子激光治疗眼底病”获卫生部甲级科研成果奖；1986年，“脉络膜血管瘤的临床诊断及激光治疗研究”获卫生部乙级科研成果奖。

陈有信——张承芬医师的“关门弟子”，在眼底激光方面，可以说与其恩师一脉相承。

他曾在北京协和医院，利用5G网络，通过远程激光诊疗平台，一方面

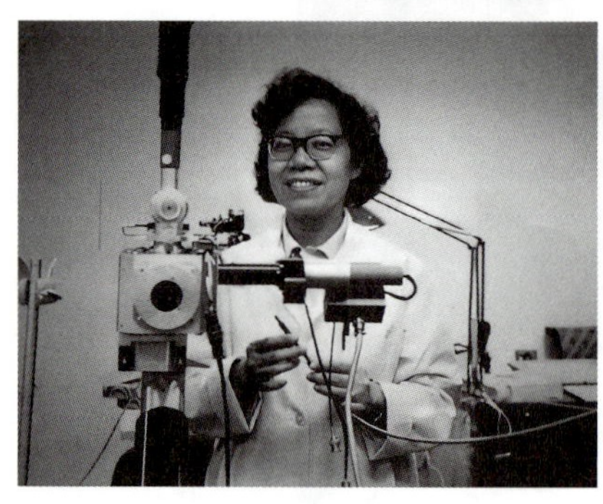

张承芬站在自主研发的眼底激光治疗机前

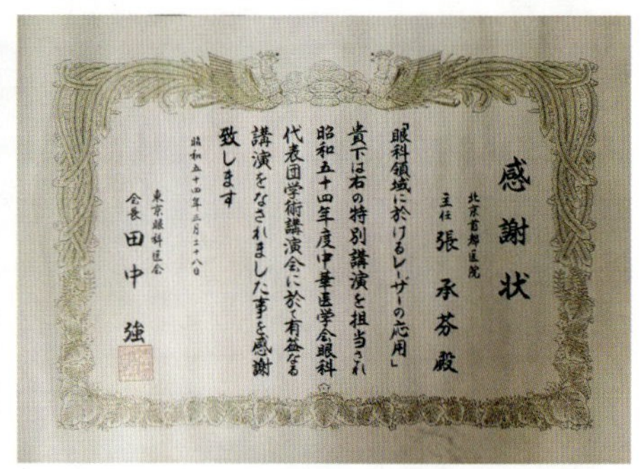

感謝状

北京首都医院
主任　張承芬殿

「眼科領域に於けるレーザーの応用」
貴下は右の特別講演を担当され
昭和五十四年度中華医学会眼科
代表団学術講演会に於て有益なる
講演をなされました事を感謝
致します

昭和五十四年三月二十八日

東京眼科医会
会長　田中強

1979年张承芬携自主研发的激光机前往日本演讲所获得的感谢状

陈有信（现任协和眼科眼底组组长，上任科室主任）

用视频会议系统与位于浙江省湖州市第一人民医院（距离北京1200公里）的眼科医生一道，和增殖期或重度非增殖期糖尿病视网膜病变患者保持沟通，一方面在笔记本电脑上通过远程操控软件进行眼底激光治疗的规划设计。他标注激光治疗位点的区域，设定激光治疗的参数，将方案实时传输给远方的导航激光，然后实施了眼底光凝治疗；在整个过程中，他通过监控激光效果，随时终止或调整激光参数，以确保实时同步和治疗的安全性。北京卫视的《生命缘》栏目和中央电视台综合频道的纪录片《大国基石》第5集“智连未来”，倾力报道了从协和医院远程医学中心对吉林省通化市患者实施远程激光治疗的情况，引起了轰动。

2021年，陈有信带领协和眼科眼底组团队以原创研究的形式，在眼科领域的著名杂志《JAMA眼科》（*JAMA Ophthalmology*）上发表论著《5G技

北京卫视《生命缘》栏目全程报道陈有信全球首例远程5G导航激光治疗糖尿病视网膜病变患者的现场

术应用于实时远程激光治疗糖尿病视网膜病变》("Application of 5G Technology to Conduct Real-Time Teleretinal Laser Photocoagulation for the Treatment of Diabetic Retinopathy"),在世界上首次报道了应用5G技术实施远程视网膜激光光凝治疗糖尿病视网膜病变的研究。该文将处于世界一流的中国5G技术与眼底激光治疗相结合,开拓了具有中国特色的创新性远程医疗范式,得到了杂志编辑的高度认可,并被作为杂志的封面文章进行在线发表。

上述两位专家在眼底激光领域所取得的成就,值得眼科人学习。

(陈哲)

第七节　眼病理专业组

1979年,在胡铮主任主持下,协和眼科恢复了新中国建立前"老协和"时代就已经开展的病理工作,并从人民医院调来了曾任眼科主任的费佩芬

费佩芬(前排左二)与协和眼科及外院专家合影

孙玉敏技术员

（1929—1998）教授，主持协和眼科的病理实验室工作。在她的带领下，孙玉敏技术员做了大量的辅助工作，至今协和眼科仍保留有大量当初的病理切片标本和她出具的病理报告。

费佩芬存世的资料非常少，但她当时所主持的病理工作对协和眼科至关重要，我们多方采访，整理了来自曾与她共事的同事们的一些回忆。

孙玉敏回忆费佩芬

孙玉敏1972年毕业于协和医院卫校，被分配到眼科，做临床技术员的工作（同时学习验光和青光眼等的临床技术检查）。1979年，在胡铮（时任眼科主任）支持下，眼科开始恢复病理实验室。费佩芬随后从人民医院调来，承担病理研究的工作，由孙玉敏辅助她，担任病理技术员。病理实验室的恢复是协和眼科历史上的重要事件，费佩芬与孙玉敏为之做出了重大贡献。这项工作任务艰巨，不仅需要有独立工作的能力，更需要创新、开拓的精神。在她们踏实、认真的工作下，病理实验室从一无所有，甚至载玻片、实验容器等基本器材也需要多番周转购置，逐步发展到可以开展一项又一项重大研究课题。

眼科病理实验室自恢复至90年代初期做了大量工作，具体包括以下方面。

一是开始制作石蜡切片。例如，王子政老师（技术员，已故）研究火棉胶的眼球病理，用原先传统的标本制作方法，从开始制片到能够在显微镜下观察，需要两三个月时间。于是，老一辈病理研究工作者们开始探索制作石蜡切片，经过不断的细心观察、反复揣摩和认真摸索，终于获得成功。这对于临床上疾病的快速诊断具有重大意义，尤其是对恶性肿瘤如眼内黑色素瘤、视网膜母细胞瘤等病的及时诊断尤为重要。

二是将多种切片染色技术以及电镜技术运用到了研究当中。染色技术包括普通染色、特殊染色等。此外，费佩芬等人亲自到北京农业大学学习电镜技术、制作电镜标本，完成了大量与病理相关的科研课题。

三是开展了大量动物实验的病理研究。例如，开展眼底激光的相关研究，最早是利用兔子模型对红宝石激光的功效进行研究。将激光打到眼底的不同分层，使眼底产生不同程度的出血，从而进行眼底出血的分级，研究其吸收过程，并制作切片观察病理改变，整项实验的过程需要数月至一年的时间，并且往往由于失败而需要多次重复。再如，对玻璃体切割手术的探究，对兔子麻醉技巧的探索，也都是如此开展的。

除费佩芬外，张承芬、刘熙朴等人都在病理研究方面做出了贡献，并将经验在全国范围内进行推广，在20世纪90年代初期举办了全国性的病理学习班。费佩芬作为协和眼科病理实验室的带头人，一直本着严谨求精、开拓创新的精神，在严于律己的同时，对学生谆谆教诲、循循善诱，为眼科病理事业的发展做出了突出贡献。

（孟丽慧　陈哲）

第八节　遗传及电生理专业的建立

1979年，陈耀真、毛文书、吴乐正调来北京协和医院，创建了生理实验室（后来改称电生理实验室）、遗传实验室和生化实验室，使原本的眼科实验室项目也逐渐从之前只有病理扩展到了包括病理、电生理、遗传和生化等多个方面。当年的眼科研究生，大多是在这些实验室完成课题的，这里成了眼科基础研究和人才培养的重要阵地。吴乐正、毛文书分别担任生理实验室和遗传实验室的主管。

改革开放后，眼科招收了第一批硕士研究生。吴德正和秦梅分别考上了陈耀真教授和毛文书教授的研究生，二人参与了很多实验室的工作。

吴德正（详见后文专门传略）主要在电生理实验室，与姜茹欣技术员（1978年来协和眼科，在基础所生理实验室学习半年之后回来参与协和眼科电生理实验室的工作）一起，在吴乐正的带领下，从开展动物实验开始，逐渐发展到用生理记录仪检查病人的视网膜病变，用暗适应仪检查患者是否存在夜盲等，从无到有，艰难地开展起协和眼科最早的电生理工作。当时，电生理实验室的条件非常困难，没有经费，没有机器，缺乏专业人员，仅有的生理记录仪也是吴乐正想尽办法搞到的，检查所用的光源为地灯的弥散光，需要检查者后期选出像样的波形，用圆规手动测量获得数据，再将结果贴在病人的病历里形成报告。因为是新生事物，当时大家对这种非常费力的检查不理解，但实际上，通过电生理检查，可以诊断很多临床上的疑难病症。

姜茹欣

据姜茹欣回忆，曾有一位无色素性视网膜色素变性患者，在全国各地多家医院均查不出病因，最后来到协和眼科，通过电生理检查，明确了诊断；还有一位曾受过外伤的患者，主诉视力下降，但眼底正常，也没有其他改变，视网膜电流图（Electroretinogram, ERG）正常，但视觉诱发电位（Visual Evoked Potential，VEP）却表现出下降，这一检查结果帮助医生确定了球后视神经病变的诊断。这些例子，让姜茹欣觉得，再辛苦的付出，都是值得的。

除了电生理检查工作外，吴乐正还主导了早期的一些低视力康复研究，比如1979年做了盲人拐杖、盲人眼镜等，但可惜的是，随着吴乐正出国进修，这方面的工作一度中断。协和眼科近年已在恢复低视力康复工作。

同一时期，庞国祥、秦梅和胡伯越（1979年来协和眼科）主要参与了遗传组的工作。

庞国祥，1937年出生于天津，毕业后分配来协和眼科，早期的专业方向为遗传病，1978年在毛文书的指导下参与组建实验室，开始了眼科遗传病的研究，并进行染色体分析。主要是针对伴有眼部异常的染色体畸变导致的疾病，如21三体综合征（唐氏综合征）。此外，她还去了海南、云南等地的少数民族地区进行眼遗传病普查，对北京盲童学校和盲人工厂进行了调研。当时发现儿童的致盲有很多是遗传性眼病引起的，如先天性小眼球小角膜、先天性白内障、遗传性视神经病、半乳糖激酶缺乏等。她回忆起当年的情景，不禁感叹："当时面对那些天真可爱而失去视功能的孩子，真的内心很痛，因为没有办法给他们带来希望。"在眼科遗传病门诊的工作中，她绘制了许多视网膜遗传变性、先天性白内障的家系图，并回答患者的遗传问题咨询。

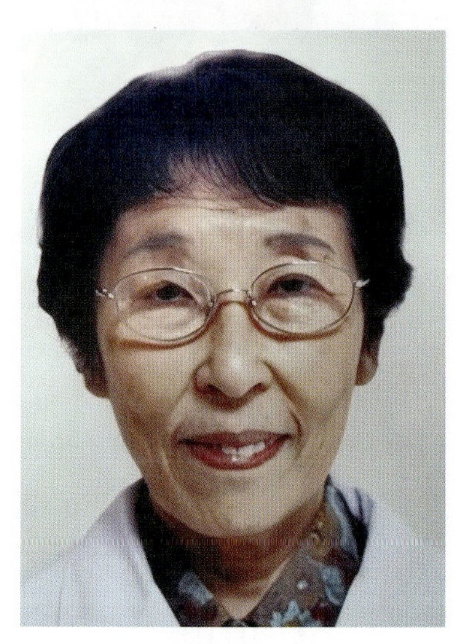

庞国祥

秦梅

秦梅，江苏苏州人，1963—1970年就读于协和医科大学医疗系，1970—1978年分配到新疆基层"锻炼"，并在新疆哈密铁路医院（今哈密市第二人民医院）的五官科工作，1978年考取毛文书教

胡伯越

授的研究生，1981年在北京协和医院眼科完成硕士研究生学业，之后便留在协和眼科工作。从1978年开始，她参与了眼科生化和遗传实验室的筹建工作，做出了重要贡献。那个年代，眼科遗传在国内还是一个崭新的领域，在毛文书和陈耀真的带领下，协和眼科开始了对这个领域的实践和探索。秦梅曾与毛文书、陈耀真、庞国祥、胡伯越等人一起，前往海南、云南的边远山区，北京的盲童学校、盲人工厂做遗传性眼病的普查工作。此外，秦梅坚持了近20年的眼科遗传门诊，为诊治遗传性眼病、开展遗传咨询和优生优育做了大量工作，并配合儿科和产科诊断了很多罕见的遗传性疾病，如黑蒙样痴呆、特纳综合征、马方综合征等。她发表了《猪视网膜色素上皮细胞原代培养方法的建立和体外观察》《家族遗传性睑缘皮肤色素增多家系》等重要临床与基础文献。

中华医学会在内蒙古举办的遗传病培训（前排右四为庞国祥）

庞国祥医师（第二排左二）在美国国立眼科科研所学习时

2003年，睢瑞芳恢复、整合协和眼科之前的遗传电生理工作，建立遗传电生理专业组，任组长，目前已有邹绚、李蕙、韩筱煦及若干研究生等后备力量，开展的遗传门诊和研究水平也早已远远超过了当年，已建成拥有16800余例样本，涉及100多种病种的遗传病数据库，完成了4000余例患者的基因分析，获得了多种表型基因突变谱，首次报道了多个中国眼遗传病的临床队列及基因研究，发现多个遗传性视网膜变性和高度近视新基因（IFT140、IFT81、CEP78、NEUROD1、CWC27、HKDC1、POMGNT1、RCBTB1、TNFRSF21），形成了眼遗传病临床及分子诊疗的模式和体系，发表SCI论文60余篇，完成国内外、省部级以上课题十余项，获得了中华医学科技奖三等奖、华夏医学科技奖二等奖，并已成功开展视网膜变性基因治疗的动物实验及多项临床试验。

睢瑞芳（现任协和眼科遗传及电生理专业组组长）

前辈们的这段初创和实践探索的历

遗传电生理专业组（中坐，睢瑞芳；左二，韩筱煦；左五，邹绚；右一，孙子系；右三，李蕙；余为研究生）

史，应当永远被铭记。

（孟丽慧　陈哲）

第九节　协和眼科超声检查的由来

改革开放后，协和眼科时任主任胡铮为了科室的建设与发展，决定分设专业组。杜源耀被分到了超声组。当时真是一穷二白零基础，既没有经费，也缺乏人才，杜源耀可谓“光杆司令”一个。

杜源耀，1964年毕业于广州中山医科大学，1965年起在北京协和医院眼科历任住院医师、主治医师、副主任医师；1987年进修于美国艾奥瓦大学医院眼科，主要学习眼部B超；1995年离开协和，就职于汕头市第二人民医院眼科。

回想当年在协和推动眼科超声检查的经历，杜源耀感慨良多。

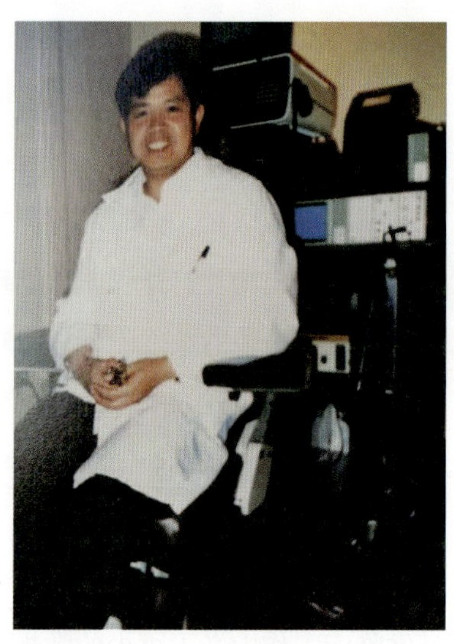
杜源耀在美国学习眼B超期间

1982年左右，杜源耀开始筹备眼科超声室，由于当时经费有限，对于购买眼科超声仪器，院里迟迟没有批准；杜大夫就与医院的大超声室合作，每周安排时间，把病人带到大超声室做检查，并且经过努力，终于在1985年购买了第一台眼科专用超声检查仪——美国产Sonometrics Ocuscan 400型眼用实时超声诊断仪，探头频率为15 MHz，从此开始了协和眼科的B超检查工作。

参与早期超声检查工作的还有姜茹欣，她还时常会与从事眼病理专业

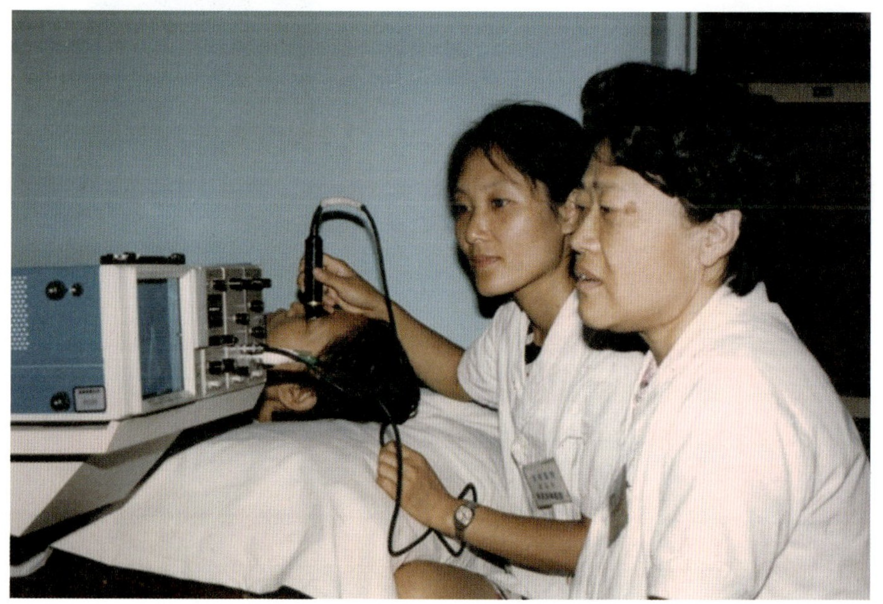
姜茹欣（左）、费佩芬（右）用协和眼科第一台B超机给患者做检查

的费佩芬一起，从解剖学的角度，探讨检查病人的病情。直到现在，每当年轻的后辈们遇到拿不准的超声疑难病例时，仍会请姜老师“出山”帮助核查。

据姜老师回忆，当时的超声检查报告由杜源耀大夫用英文出具，她自己则洗胶卷、出相片，过程非常烦琐、耗时。

在这样艰苦的条件下，杜源耀和姜茹欣仍然通过不断的临床摸索，发表了许多高质量的论文，如1992年的《外伤性近视的超声诊断》《眼内异物的斜声束定位法》，1994年的《超声诊断视网膜下出血五例》，1995年的《脉络膜骨瘤的超声诊断》，等等。

如今，协和眼科的眼部超声检查设备早已迭代换新，这个项目也已成为日常临床工作中必不可少的常规检查，出具的报告也能即时、方便地打印出来。但是，后辈们仍然要铭记前辈们在最初的道路上披荆斩棘的精神，珍惜现在拥有的条件，认真为患者服务。

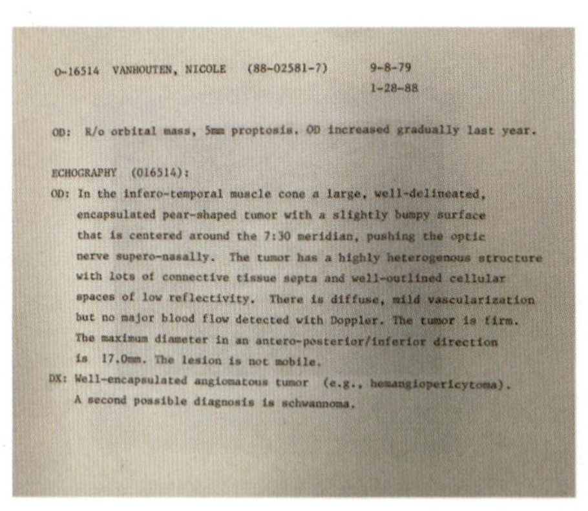

O-16514 VANHOUTEN, NICOLE (88-02581-7) 9-8-79
1-28-88

OD: R/o orbital mass, 5mm proptosis. OD increased gradually last year.

ECHOGRAPHY (016514):
OD: In the infero-temporal muscle cone a large, well-delineated, encapsulated pear-shaped tumor with a slightly bumpy surface that is centered around the 7:30 meridian, pushing the optic nerve supero-nasally. The tumor has a highly heterogenous structure with lots of connective tissue septa and well-outlined cellular spaces of low reflectivity. There is diffuse, mild vascularization but no major blood flow detected with Doppler. The tumor is firm. The maximum diameter in an antero-posterior/inferior direction is 17.0mm. The lesion is not mobile.
DX: Well-encapsulated angiomatous tumor (e.g., hemangiopericytoma). A second possible diagnosis is schwannoma.

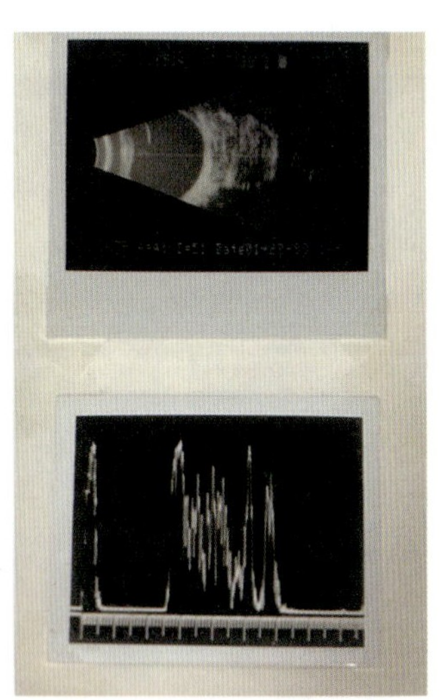

1988年，杜源耀出具的报告及姜茹欣亲手冲印的超声影像

（陈哲）

第十节　葡萄膜炎诊治的发展历程

葡萄膜炎诊治是协和眼科的特色项目，在国内具有相当大的影响力。冰冻三尺，非一日之寒，回顾一路走来的历史，其中充满着前辈们不断探索的艰辛与如今仍然持续不断的孜孜以求。

1983年，胡天圣开创了眼科葡萄膜炎专科门诊，这是国内最早成立的葡萄膜炎专科门诊之一，也标志着葡萄膜炎专业组的成立。他在专科门诊应用葡萄膜炎解剖分型、病理分型、病因诊断等规范化诊断流程，并规范化应用周身大剂量糖皮质激素和免疫抑制剂治疗重症后/全葡萄膜炎，拯救了大量疑难重症葡萄膜炎患者的视力。

胡天圣分别于1964年和1965年在《医学文摘（眼科学）》上报道了周身和眼表应用糖皮质激素所引起的眼压升高和青光眼的副作用，这是国内在这方面较早的研究报道。

为了提高白塞病葡萄膜炎、小柳原田综合征等国人常见后/全葡萄膜炎类型的视力预后，胡天圣医师根据临床实践总结了针对上述疾病的大剂量糖皮质激素联合免疫抑制剂的治疗方案，这在国内眼科界产生了较大影响，被称为“协和眼科方案”。他指导学生刘勤、张美芬等开展的VKH（小柳原田综合征）基因型研究，在当时处于国内领先水平。

1996年12月26日，叶俊杰接诊了一例中年女性患者，这名患者曾在外地医院被诊断为“左眼葡萄膜炎、眼底出血、急性视网膜坏死”。用阿昔洛韦、地塞米松等治疗后，视力仍继续下降，病情进行性加重。继而右眼又出现同样病变，视力迅速下降至0.4，在增加阿昔洛韦的剂量后，病情仍然继续恶化。她来到协和医院就诊时已发展至左眼无光感、全视网膜脱离。当时国内均采用针对单纯疱疹病毒感染的阿昔洛韦来治疗急性视网膜坏死。在患者病情每况愈下，阿昔洛韦治疗无效的情况下，叶俊杰在胡天圣的指导与支持下，拟对患者无光感的左眼施行玻璃体切割术，同时获取脉络膜视网膜组织以确定病因，经过院、科领导批准及征得患者和家属同意后，为患者做了左眼脉络膜视网膜活检术，感染的病原体经过活检组织聚合酶链反应（Polymerase Chain Reaction，PCR）检测后，发现是水痘带状疱疹病毒。经查阅文献，发现其可通过更昔洛韦玻璃体腔注药治疗。在经过患者和家属的同意后，对患者探索性地进行了右眼更昔洛韦玻璃体腔注药术及更昔洛韦静脉点滴。治疗后，患者双眼的炎症均得到控制，随诊3年多后，右眼视力保持在1.0，眼底正常，左眼术后视网膜复位，病变消退。这是国内第一例通过脉络膜活检和PCR检测，确定急性视网膜坏死病原体为疱疹病毒的病例。

1998年，胡天圣推荐其博士生张美芬至美国国立眼科研究所免疫实验室创始人伊加尔·格雷（Igal Gery）的实验室从事博士后研究。张美芬在伊加尔·格雷的实验室从事葡萄膜炎动物模型的T细胞免疫学研究，参与了小鼠鸡卵溶菌酶（HEL）特异性效应T细胞过继转移至晶状体表达小鼠鸡卵溶菌酶的小鼠诱发的葡萄膜炎模型的建立，在《免疫学》（*Journal of Immunology*）、《眼科研究与视觉科学》（*Investigative Ophthalmology & Visual Science, IOVS*）等杂志发表了数篇论文。

在导师胡天圣的召唤下，张美芬于2001年回到北京协和医院眼科，从事葡萄膜炎专业的工作，成为国内较早的葡萄膜炎专家之一。中华医学会眼科学分会葡萄膜炎学组成立后，张美芬任学组首届委员并担任副组长。她将

1999年，胡天圣带领张美芬与院外专家交流（从左至右：杨培增、陈之昭、胡天圣、蒋又琴、张美芬）

国际最新研究成果和经验引入了葡萄膜炎的临床诊疗，是国内为数不多的顶尖葡萄膜炎专家，每年接收了大量疑难葡萄膜炎转诊患者。考虑到门诊病人数量的激增和专业组的发展，张美芬先后培养赵潺、高斐、韩筱煦等从事葡萄膜炎的诊治和研究，并引领他们加入专业组，使专业组规模得以扩大。

张美芬（现任协和眼科葡萄膜炎专业组组长）

张美芬带领的葡萄膜炎团队，系统地梳理了门诊患者的疾病谱，开展了以白塞病、小柳原田综合征、玻璃体视网膜淋巴瘤为重点研究方向的临床和基础研究。专业组紧跟国际前沿，以北京协

葡萄膜炎专业组合影（前排从右至左：高斐、张美芬、赵潺、韩筱煦；后排从右至左：梁安怡、钱宇婧、程卫东、肖俊彦、宋航。2020年摄）

和医院作为综合性医院的优势，与风湿免疫科、血液科、病理科、检验科、儿科、感染科等科室以及科内眼底病专业组、青光眼专业组等开展多学科治疗及科研合作。团队在国内最早应用肿瘤坏死因子抑制剂（益赛普）；较早应用干扰素 α 治疗难治性白塞病葡萄膜炎；较早开展玻璃体视网膜淋巴瘤的规范化诊疗并探索全新诊断标准和治疗方案；探索结核性葡萄膜炎的诊断及治疗；开展疑难葡萄膜炎并发白内障的手术治疗；探索葡萄膜炎继发青光眼的治疗策略；探索小柳原田综合征的分级诊疗方案及视网膜下纤维化的手术治疗；探索儿童葡萄膜炎的分级治疗策略；等等。这些成果与探索进一步提高了协和眼科葡萄膜炎专业组在全国的影响力。

葡萄膜炎专业组自2008年起承担国家级继续教育项目——葡萄膜炎高级研修班，接收了大量进修医师，培养了大量葡萄膜炎专科医师，为国内葡萄膜炎专业的发展做出了积极贡献。

如今，协和眼科重症葡萄膜炎的诊治已在全国处于领先地位，葡萄膜炎团队还在不断探索与进取中。

（赵潺　陈哲）

第十一节　“绿洲”实验室

“电梯工看不见的人”这个比喻，是李维业的爱人对他的评价。因为早上5点电梯工还没上班时，他已经到了实验室；晚上11点电梯工早已下班，他却还没下班回家。这里提到的实验室，指的是李维业1985年回国加入协和眼科时白手起家创办的协和眼科“绿洲”生化实验室。

李维业，1946年出生于浙江省杭州市。1970年毕业于北京第二医学院（今首都医科大学）医疗系，1978—1980年于北京协和医院攻读劳远琇教授的研究生，1984年毕业于美国宾夕法尼亚大学研究生院并获生物化学博士

李维业

学位，同年开始在美国费城谢氏眼科研究所做博士后研究。1990—1999年，李维业担任协和眼科的第八任主任。

“我们给了他最优厚的待遇——博士生一毕业就聘为助教，这在我们这里是绝无仅有的；给了他最先进的设备，最好的助手；年薪8万美金；特许他住在院内设备齐全、环境舒适的公寓里……但他执意回国，我们实在困惑不解……”以上文字出自美国宾夕法尼亚大学医学院德高望重的眼科研究所所长雅洛夫教授于1985年年初写给北京协和医院朱预院长的信。

1984年，李维业在美国费城谢氏眼科研究所做博士后研究期间

美国知名教授对李维业的赏识和器重并非平白无故，在美国宾夕法尼亚大学期间，李维业在眼科医生、生化学家诺基指导下，成功分离了纯化视网膜毛细血管周细胞，首次创立了“糖尿病视网膜病变的体外模型”，为进一步探究该病周细胞衰亡的原因开辟了道路，并在之后的在学期间提出了不少新见解，引起同行的注目。

李维业其实深知，回国后，等待他的将是狭小的宿舍、微薄的薪金和简陋的实验设施，可他心系祖国，毅然决然选择了回国，他想要使自己的研究在祖国的土地上扎根，为后来者创造条件。在一些人为自己精打细算准备带大包小件回国时，他却苦心盘算着归国后创建实验室还需要什么，于是一有空就跑到工厂、研究所咨询，与专

Nonenzymatic Glycosylation of Bovine Retinal Microvessel Basement Membranes In Vitro

Kinetic Analysis and Inhibition by Aspirin

Weiye Li,* Mahin Kharami,* George A. Robertson,† Shuyu Shen,* and John H. Rockey*

Incubation of intact bovine retinal microvessels or isolated retinal microvessel basement membranes (RVBM) with radioactive D-glucose or L-glucose, followed by basement membrane collagenous protein purification, resulted in the isolation of nonenzymatically glycosylated RVBM collagens. Type IV collagen was identified in the RVBM by selective salt fractionation, SDS-polyacrylamide gel electrophoresis, amino acid analysis, and immunoprecipitation with specific antibody. Kinetic analysis of the condensation of glucose with RVBM was carried out by labeling retinal microvessel basement membranes with D-[2-^{3}H]-glucose and D-[6-^{14}C]-glucose. The rate constant for aldimine product formation, k_1, was 1.95 ± 0.24 (SD) × 10^{-4} mM^{-1} h^{-1}, and the rate constant for the reversed reaction, k_{-1}, was 5.9 ± 1.0 × 10^{-2} h^{-1}. Based on a rate constant for the Amadori rearrangement, k_2, of 8.8 ± 1.0 × 10^{-3} h^{-1}, which was the rate-determining step, the half life of this reaction was 80 ± 9 h. These data may be useful in estimating the glycosylation of retinal microvessel basement membranes in vivo. The nonenzymatic glycosylation of retinal microvessel basement membrane proteins was progressively inhibited by increasing concentrations (0.1 to 2.0 mM) of aspirin. Invest Ophthalmol Vis Sci 25:884–892, 1984

Diabetic retinopathy appears to be the result of a two-stage process. A primary pathophysiologic process, due to the altered metabolism of diabetes mellitus, leads to primary pathologic changes such as basement membrane thickening, loss of pericytes of retinal microvessels, and vascular nonperfusion, which in turn result in retinal hypoxia. The retinal hypoxia secondarily leads to the release of angiogenic factors that cause retinal microvessel proliferation.[1]

One way hyperglycemia, per se, may play a role in the primary pathology of diabetic retinopathy is by altering the structure and function of retinal microvessel basement membrane proteins through increased nonenzymatic glycosylation. D-glucose, an aldehyde, undergoes a condensation reaction with the amino groups of proteins with the formation of an aldimine or Schiff-base linkage that subsequently may undergo an Amadori rearrangement to form a more stable condensation product. High levels of ambient glucose have been shown to increase the glycosylation of a number of proteins[2–4] and to alter the physiochemical properties and/or activities of some.[5,6] Recently, an increased level of nonenzymatic glycosylation of glomerular basement membrane collagen,[7] and a decreased level of intermolecular cross-linkage products paralleling an increased hydroxylysine content in glomerular basement membrane collagen,[8] have been reported in diabetic rats, offering supports for this hypothesis.

In the present study, we report the identification of type IV collagen in bovine retinal microvessel basement membranes (RVBM), the nonenzymatic glycosylation of RVBM proteins, kinetic analysis of this reaction, and the inhibition of RVBM glycosylation with aspirin.

Materials and Methods

Retinal microvessels were isolated from 800 fresh bovine eyes essentially as described by Carlson et al[9] with minor modifications. All procedures for the preparation of retinal microvessels were carried out at 4°C unless otherwise indicated. Homogenates of neuroretinas were applied to a 74-μm-opening, nylon screen (Tetko) and washed extensively with distilled water containing 0.02% NaN_3. The retained material was poured onto a 250-μm nylon screen. After extensive washing, the filtrate was again applied to a 74-μm screen, washed, and retained microvessels were collected from the under surface of the screen and viewed

From the Department of Ophthalmology, Scheie Eye Institute,* and the Department of Microbiology,† School of Medicine, University of Pennsylvania, Philadelphia, Pennsylvania.

Supported by USPHS NEI grants EY-03984 and EY-07035, by Fight for Sight, Inc., New York City, by the Gretel and Eugene Ormandy Teaching and Research Fund, and by a Juvenile Diabetes Foundation Fellowship (WL).

Submitted for publication: January 27, 1983.

Reprint requests: John H. Rockey, MD, PhD, Scheie Eye Institute, Myrin Circle, 51 North 39th Street, Philadelphia, PA 19104.

李维业于1984年发表于《眼科研究与视觉科学》杂志上的论文（部分）

做眼药的爱尔康公司签订合作研究的协定——他帮公司设计实验，而他所需求的报酬只是一些他需要的设备或试剂，甚至是一些人家淘汰下来的仪器。最终，在1985年，李维业带着他的“几大件”回国了。

归国后，等待李维业的全部“家当”是地下室的一间20平方米的房间、一架旧天平，外加几支试管。但是，准备初创“绿洲”的他二话没说，便和实验室的同伴一起安装自己带回的仪器。建立实验室并不容易，据当时的亲历者之一秦梅后来回忆，大货车运来新购置的实验仪器，人手不够，为了尽快卸货，李维业亲自和工人们一起靠肩挑车拉，汗流浃背地快速把大型仪器搬进实验室，安置妥当。“绿洲”实验室就这样建立起来了，甚至很多仪器是协和中心实验室都缺乏的。李维业宣布：“只要有合理的科研想法，经过我们同意，协和医院任何科室都可以免费使用眼科生化实验室。”秦梅回忆道：“协和眼科之前的实验室，仅有病理、电生理的内容，自李维业归国后，才逐步扩展到包括组织细胞学、生物化学、分子生物学等诸多领域。”

1986年，李维业鼓起勇气，向美国国立卫生研究院科研基金会申请科研经费。世界各地申请经费的单位和个人每年有100多个，评委们要进行近乎挑剔的审查，但是他大胆提出的关于细胞调控的精细设想和关于糖尿病细胞的死亡与存活的独特见解，以及当时只有他能够培养“视网膜毛细血管周细胞”的事实，使他最终因积分最高而获得1986年的科研基金15万美元，成为中国第一个以个人名义获得这项无条件科研资助的人。

当时实验室的工作气氛是令人难忘的，可以说是不分昼夜、灯火通明，常常是深夜11点，人和仪器都还在不知疲倦地运转……

正是在这里，1987年，李维业首次用外加肌醇的体外疗法，逆转了高糖条件下周细胞肌醇磷脂代谢的紊乱。该研究成果指明了“糖尿病视网膜病

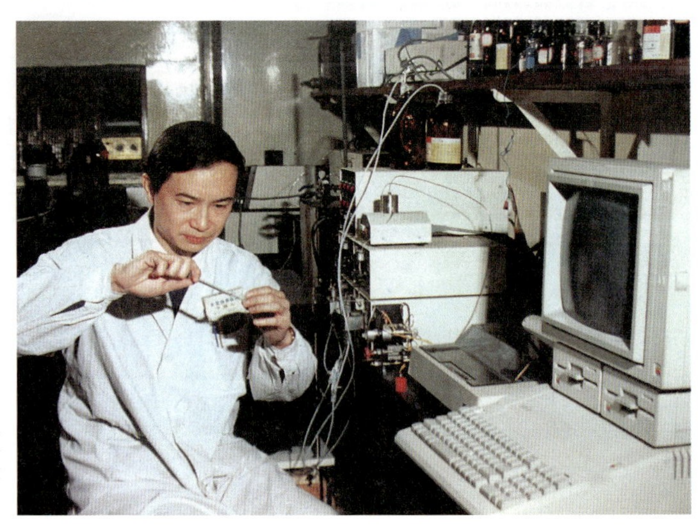

1986年，李维业在协和初创的“绿洲”实验室

变”生物化学机理的研究方向，动摇了20世纪80年代曾被普遍接受的山梨醇代谢为糖尿病视网膜病变的主要发病机理学说，轰动了眼科学术界；也是在这里，李维业发现了糖尿病视网膜病变中血管周细胞发生凋亡的现象。美国国立卫生研究院给他补发了4万美元的科研经费。李维业也因此获得1988年中国卫生部科学技术一等奖。1989年，他将该项研究成果在《实验眼科研究》（*Experimental Eye Research*）杂志上发表。

如今，协和医院老楼的实验室早已换了模样，进行着其他实验；不变的，是一代代科室成员们，在科学道路上孜孜以求的精神。李维业的“绿洲”实验室就像一座灯塔，为后辈们照亮了前行的方向。

第11卷 第6期 1989年12月 中国医学科学院学报 ACTA ACADEMIAE MEDICINAE SINICAE Vol. 11, No. 6 December, 1989

肌醇磷脂代谢异常导致糖尿病视网膜病变时毛细血管周细胞消失

李维业 唐 蕾 周 琦
秦 梅 叶晓丹 胡天圣

（协和医院，北京）

提要 在高浓度葡萄糖条件下（模拟糖尿病条件）培养视网膜毛细血管周细胞，由于调控细胞增殖的第二信使——肌醇磷脂代谢产物减少，使周细胞增殖活力降低。在高葡萄糖条件下，周细胞内肌醇水平下降、山梨醇通路被激活；外加肌醇或阻断山梨醇通路则可使异常的肌醇磷脂代谢得到不同程度的纠正，周细胞增殖活力亦随之回升。提示外加肌醇和阻断山梨醇通路是防止糖尿病周细胞衰亡的有效体外治疗。

关键词 糖尿病视网膜病变 细胞增殖调控 肌醇磷脂 周细胞 醛糖还原酶抑制剂

视网膜毛细血管周细胞（简称周细胞）消失是糖尿病视网膜病变（简称糖网病）最早期的病理改变之一。周细胞消失损害了视网膜毛细血管的完整性，使血-视网膜屏障破坏，最终导致一系列眼底并发症[1]。因此，探索周细胞消失的生物化学机理一直是近三十年来糖网病基础科研的热点。本实验用细胞培养方法建立了糖网病周细胞病变的病理模型，提出并初步验证了肌醇磷脂代谢异常及有关细胞信息通路障碍是周细胞消失的主要原因。

材 料 与 方 法

一、实验病理模型的建立 分离、提纯和培养牛视网膜毛细血管周细胞的方法同文献1。

对照组周细胞培养在含生理浓度葡萄糖（5 mmol/L）DMEM培养基中，实验组周细胞则培养在相当于糖尿病的高血糖（10～40 mmol/L）DMEM培养基中。高糖条件下培养的周细胞增殖活力降低，作为糖网病时周细胞衰亡的体外病理模型[2]。

二、周细胞内山梨醇及游离肌醇浓度测定 周细胞提取液去蛋白后，在pH 9.5条件下加入山梨醇脱氢酶（SDH），以使胞内山梨醇定量氧化，生成NADH；后者在波长340 nm处测定生成量以确定山梨醇浓度[3]。

$$\text{山梨醇} \xrightarrow{\text{SDH}} \text{D-果糖} + \text{NADH} + \text{H}^+$$

肌醇浓度测定原理同上，仅将山梨醇脱氢酶改为肌醇脱氢酶[4]。

三、三磷酸肌醇（IP_3）及二酯酰甘油（DG）对周细胞增殖作用的测定 周细胞增殖以^{3}H-胸苷参入量即细胞合成DNA的能力为指标[4]。周细胞预先与^{3}H-胸苷共同孵育，然后在培养基中分别加入IP_3和DG；在某些实验组中用Ca^{++}载体A23187（1 μmol/L）替代

本文于1988年7月8日收到

1989年，李维业发表于《中国医学科学院学报》上的论文（部分）

Exp. Eye Res. (1989) **48**, 99–106

Attenuation of Phosphoinositidase Activity and Phosphatidylinositol Bisphosphate Level of Bovine Retinal Capillary Pericytes in High Glucose

WEIYE LI,* LEI TANG, QI ZHOU, MEI QIN AND TIANSHENG HU

Department of Ophthalmology, Eye Research Center, Peking Union Medical College Hospital, Beijing, People's Republic of China

(*Received 31 March 1988 and accepted in revised form 10 June 1988*)

Both phosphoinositidase (PIase) and individual species of inositol phospholipid (IPL) of bovine retinal capillary pericytes (BRCP) were quantitatively determined. When glucose in growth medium was increased from 5- to 15- or 30 mM, PIase activity was attenuated to 82% or 55%, respectively. In contrast, when glucose (5-, 15-, 30 mM) was added to an enzyme extract from cells grown in the standard growth medium (5 mM glucose, 0·04 mM myo-inositol) the PIase activity was not changed, indicating that the reduced PIase activity was not due to the direct effect of glucose. When IPLs from BRCP were analysed by HPLC and TLC, we observed reduction of the total and newly formed IPLs including the substrate of PIase, Phosphatidylinositol bisphosphate (PIP_2). Reduced levels of IPLs were associated with a decrease in myo-inositol and an increase in sorbitol. The changes in IPL metabolism were reversed by adding either free myo-inositol or AL1576, an aldose reductase inhibitor (ARI), to the high-glucose medium. However, the addition of myo-inositol to the growth medium with a standard concentration of glucose only caused a marked increase in phosphatidylinositol, but not in PIP or PIP_2, while the supplement of AL1576 in the standard medium did not cause any changes in IPL formation. These findings suggest that the alteration in IPL metabolism in BRCP may be related to insufficient myo-inositol or activated sorbitol pathway under high-glucose conditions. Further explanation of the role of the altered hydrolysis of PIP_2 triggered by PIase may provide clues to understanding of the mechanism of decreased pericyte viability in the presence of high glucose concentrations.

Key words: phosphoinositidase; inositol phospholipid; diabetic retinopathy; pericyte; aldose reductase inhibitor.

1. Introduction

Selective loss of pericytes is one of the early pathological changes in diabetic retinopathy (Cogan, Toussaint and Kuwabara, 1961). The accumulation of sorbitol, triggered by aldose reductase, may be responsible for the degeneration of pericytes (Kador, Akagi, Terubayashi and Kinoshita, 1987). The alteration of inositol phospholipid (IPL) metabolism may relate to the decrease in cell viability of pericytes induced by high glucose (Li, Hu, Stramm, Rockey and Liu, 1987; Li, Zhou, Qin and Hu, 1987). In previous studies we demonstrated that high concentrations of glucose suppress the mitotic rate and cell birth rate of cultured bovine retinal capillary pericytes (BRCP) (Li, Shen, Khatami and Rockey, 1984). High concentrations of glucose inhibit myo-inositol transport and result in a decreased myo-inositol content in cultured pericytes (Li, Chan, Khatami and Rockey, 1986; Li, Lou, Chan, Khatami and Rockey, 1988). Myo-inositol is a precursor of IPLs, whose metabolism is responsible for a number of signal transduction processes (Nishizuka, 1984; Berridge and Irvine, 1984). Phosphoinositidase (PIase, a synonym of phosphoinositide-specific phospholipase C) cleaves the phosphodiester bond of phosphatidylinositol 4,5-bisphosphate (PIP_2) to produce two second messengers, inositol trisphosphate (IP_3)

* To whom correspondence should be addressed.

0014-4835/89/010099+08 $03.00/0

4-2

1989年，李维业发表于《实验眼科研究》杂志上的论文（部分）

（赵清　陈哲）

第十二节　玻璃体切除技术的发展

如今的眼底病专业、眼底外科领域发展迅猛，尤其以玻璃体切除类手术为代表，踏入了之前被认为的眼底“禁区”，解决了很多百年前根本无法治疗的眼底疾病问题，给无数眼疾患者带去了光明。目前，玻璃体切除类手术已是当今治疗眼底病的主流手术，有着广泛的应用场景，其在眼底领域的地位已不容替代。由于这是高水准的现代显微眼科手术，难度大、时间长、设备昂贵、技术含量高，已成为一个医院眼科技术水平与综合实力的体现。

协和眼科近几十年间，经历了玻璃体切除术从无到有、规模从小到大、从简单到复杂到高精尖的发展过程，目前各项技术已经与世界同步，这个过程，饱含着一代代协和眼底人的奋斗与努力。

玻璃体切除术在世界范围内始于20世纪70年代。在20世纪80年代后期，时任眼科主任的张承芬，派科里的年轻医师董方田大夫去香港学习现代玻璃体切除技术。那时候刚刚改革开放不久，医院资金缺乏，1988年，张主任顶着重重压力，用科室奖金作为担保，向医院贷款购买了首台玻切机，北京协和医院由此成为国内最先开展玻璃体切除手术的医院之一。正是张承芬、董方田大夫当时的大胆举措，使协和眼科的眼底外科领域的发展迈出了重要的一步。董大夫学成归来之后，也成为我国最早开展此类手术的人之一，被誉为“北京玻切四小龙”之一。

董方田

董方田，1951年出生于黑龙江省富锦县，1977年毕业于上海第一医学院（现复旦大学上海医学院）医疗系，自此开启了在北京协和医院眼科的工作，历任住院医师、主治医师、副教授、教授。1987—1990年，在香港中文大学威尔

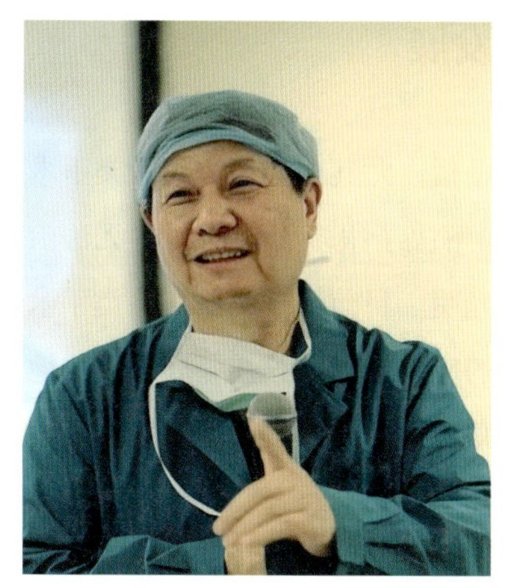
董方田刚从手术台上下来，给年轻医生讲解刚才的手术演示

斯亲王医院眼科学习玻璃体视网膜手术，1992年于美国哈佛大学史基班（Schepens）视网膜研究所考察学习，1995—1996年于美国圣路易斯华盛顿大学眼科中心从事视网膜移植研究工作。1999—2003年代理北京协和医院眼科科室主任的工作，2005—2014年任主任。

在20世纪80年代以前，玻璃体手术仍然是手术禁区，复杂视网膜脱离、晚期增殖性糖尿病视网膜病变等玻璃体视网膜疾病基本属于不治之症。与此同时，国际上已经兴起了具有划时代意义的玻璃体切除技术。1987年香港中文大学威尔斯亲王医院何志平教授邀请内地年轻有为的医师到香港学习玻璃体视网膜手术，时任眼科主任的张承芬把董方田医师送往香港学习。据他后来回忆，初到香港的时候，感觉非常汗颜，因为我们内地这么大，居然没有一个人掌握现代玻璃体手术的先进技术，甚至连玻切机什么样都不清楚。在香港一年的学习时间内，董方田医师每天起早贪黑，如饥似渴地学习玻璃体切除技术。1988年，他学成归来，满怀信心准备大干一场，然而面临的却是缺乏设备的现实困难。时任眼科主任的张承芬，做出极具魄力的决定，以科

董方田于20世纪80年代末，在香港学习期间

董方田1992年在美国波士顿考察学习期间，与张承芬合影

室奖金为担保，贷款23万购买玻切机。于是，在1988年12月，经过充分的准备，董方田终于站在手术台上，顺利完成了第一例玻璃体视网膜手术——为一位“巨大裂孔性视网膜脱离”患者，行玻璃体切除联合SF6填充术，术后患者视网膜复位良好，手术取得成功。自此，协和眼科的眼底病治疗迈上了一个新台阶，购置玻切机后，头一年就完成了玻切手术200多台，很快就完成了从治疗简单的玻璃体出血到治疗增殖性糖尿病视网膜病变以及实施复杂视网膜脱离手术的跃升。

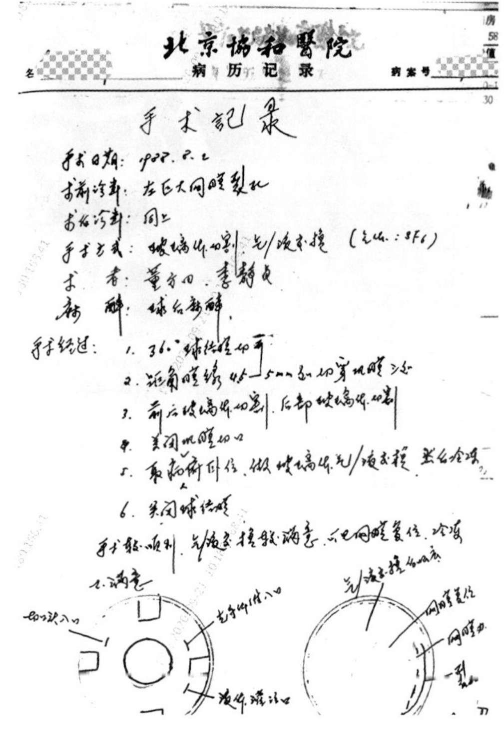
北京协和醫院
病 历 记 录
手术記录

1988年董方田在协和开展的第一台玻切手术的手术记录

但是，董方田是一个勇于探索、永不满足的人。继完成简单玻璃体切除手术后，他便向难度更大的黄斑手术发起挑战，先后完成视网膜黄斑前膜（1990年开始）、视网膜黄斑下新生血管膜（1994年开始）、糖尿病黄斑水肿、黄斑裂孔等手术，成功突破黄斑区这一“手术禁区中的禁区”，成为当时国内屈指可数的敢于在黄斑区做手术的大夫。在手术方面，董方田已经跟国外，尤其是美国的先进眼科技术基本看齐。

后来，董方田还开展了更多更新的玻璃体视网膜手术，手术技术日趋成熟，为大量以往无法治疗或放弃治疗的患者带去了光明，并培养了协和眼科现在眼底外科领域的许多中坚力量。

除了董大夫之外，在协和眼科的眼底外科历史上同样需要被记住的，还

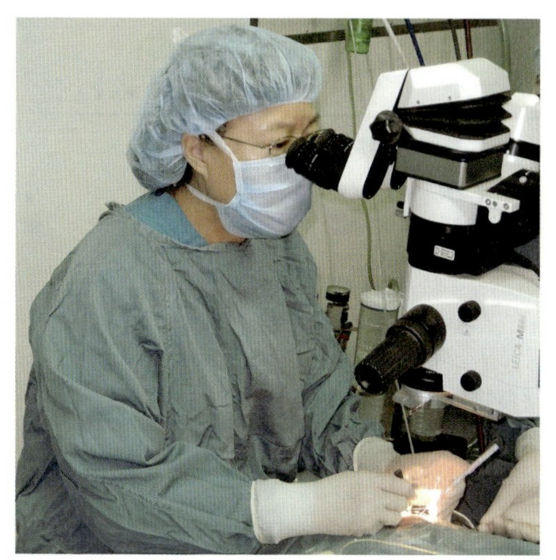
叶俊杰为患者手术，给患者带来光明

有叶俊杰大夫。

1996年，时任眼科主任李维业派叶俊杰前往香港中文大学眼科及视觉科学学系进行为期6个月的玻璃体手术的进修学习。担任叶俊杰手术带教老师的是两位美国玻璃体视网膜专家沙内·素万那玛尼（Chanet Suvarnamani）教授和迈兰·范·纽柯克（Mylan Van Newkirk）教授，然而跟两位资深教授学习的医生很多，既有香港当地医生，也有像叶俊杰一样前去进修学习的医生。她深知手术操作机会有限，必须珍惜每一次机会。因此，叶俊杰会提前根据患者病情制订可行的手术计划，手术当日提前进入手术室完成患者的术前准备，等素万那玛尼教授或纽柯克教授进入手术室后，将提前拟定好的手术计划让教授审阅。通过这样的方式，她的手术思路水平不断提高，同时也慢慢得到两位教授的认可，获得了更多手术操作的机会。叶俊杰并未只顾提升自己，也尽量去帮助香港当地的医生，同大家分享手术经验。进修6个月后，她带着新技术回到北京协和医院，解决了大量疑难重症玻璃体视网膜问题。例如，2001年协和的第一例黄斑转位手术就是由她完成的。1997年，叶俊杰因“应用新技术手术成功治疗18例重度增殖性玻璃体视网膜病变”获得北京协和医院医疗成果二等奖，叶大夫在此领域先后获得11项北京协和医院医疗成果。

近年来，玻璃体类手术又有了新的发展趋势。

其一，传统玻璃体切除手术均须借助显微镜，在镜下进行显微手术操作，但手术时间长了之后，医生容易患上颈椎病、腰椎病等。3D数字辅助显示系统，使得医生可以不埋头看显微镜，而是坐直了戴着3D眼镜面对前面的大屏

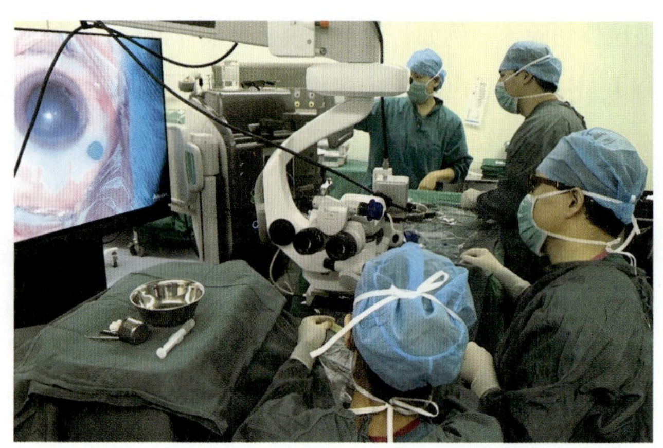
陈有信（右一）于2018年使用3D数字系统做手术

幕做手术，不仅缓解了术者的疲劳感，且经过数字化处理的图像，其放大率和景深感都较传统玻璃体切除术提高很多，有利于手术的进行。

其二，近年来，国际趋势已从传统20G玻璃体切除手术向23G、25G、27G玻璃体切除手术发展转变，巩膜穿刺切口更小，封闭性更好，切割头更灵活高效，使得玻璃体切除手术更加适应难度更大、更复杂的眼底疾病治疗。例如，闵寒毅大夫，自2019年起开始做23G玻璃体切除联合视网膜血管瘤缝扎术，对一些以往实施玻璃体切除都无法疗治的病症，进行了大胆的手术尝试。

闵寒毅（时任眼底专业组副组长）

其三，术中OCT辅助25G微创玻璃体切除手术。术中光学相干断层扫描（Optical Coherence Tomography，OCT）技术是近年来精准玻璃体手术的新的进展。使用实时监控视网膜穿刺注水松解黄斑裂孔周围粘连，极大提高了黄斑裂孔手术的精确性和裂孔闭合率。

其四，开始施行27G前后联合微创

玻璃体切除术。例如，为被近视、玻璃体混浊（飞蚊症）困扰多年的患者施行了“白内障超声乳化＋多焦点人工晶体植入＋27G微创玻璃体切除术”，术后患者的视功能和症状得到极大改善，摘掉了佩戴多年的高度近视眼镜，非常满意。这种技术标志着玻璃体切除类手术向着更精细、更微创的方向发展，从一种疾病的治疗手段向一种改善生活质量的普通技术手段发展，其意义是巨大的。

其五，利用3D手术系统，开展了视网膜下注射基因药物临床试验和tPA视网膜下注射治疗大量黄斑下出血病例，积累了经验，开启了视网膜下手术的新篇章。

眼底专业组发展至今，已成为协和眼科在全国领先的优势专业组，成绩辉煌。张承芬教授与华西医院罗承仁教授、严密教授等共同创立了中华医学会眼科学分会眼底病学组以及《眼底病杂志》（后改名为《中华眼底病杂志》），张承芬教授历任眼底病学组副组长、《眼底病杂志》副总编辑。董方田、陈有信大夫为眼底病学组委员，叶俊杰大夫曾任中华医学会眼科学分会眼免疫专业组副组长。陈有信教授担任《中华眼底病杂志》副总编辑。眼底专业组还致力于著书立说，先后编纂《眼底病学》《协和眼科光学相干断层扫描（OCT）图谱》《立体眼底病图谱》《视网膜血管性疾病多模影像图谱》《视网膜黄斑病变陈有信2020观点》《扫频源光相干断层扫描及血流成像图

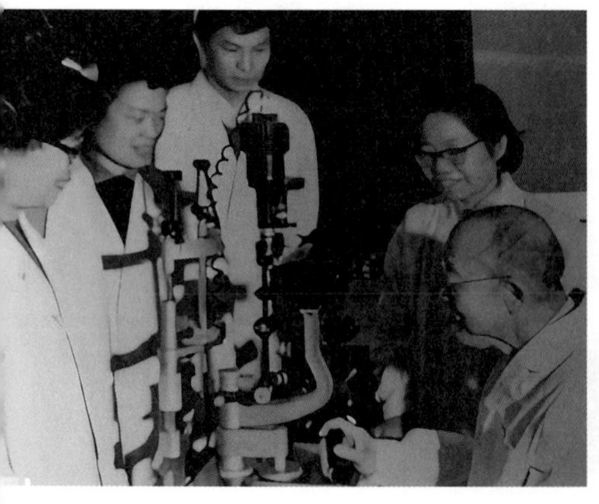

张潜娜技术员（左一），1994年退休

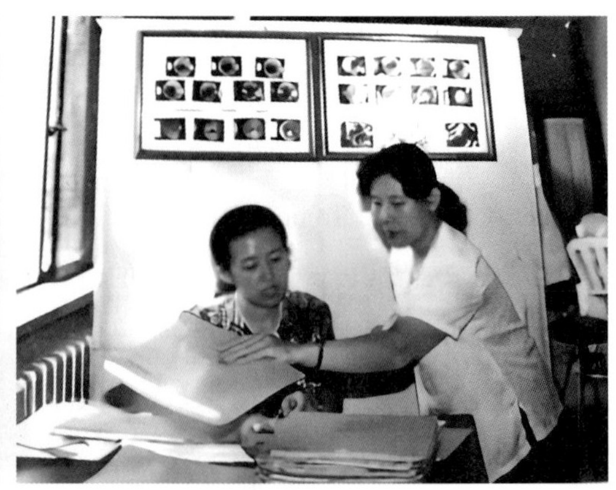

韩宝玲技术员（右），2012年退休

谱》《艾滋病眼底病变图谱》《眼底疾病病例精解》等专著。同时，眼底专业组培养了大量硕士、博士、博士后学生，为国家培养了大量眼底人才。

除了上述诸人之外，还有很多医师、技术员、住院医师、研究生曾经或正在参与其中。例如朱宣和大夫，在糖尿病视网膜病变临床研究方面非常有建树，后定居美国。还有孙心铨大夫（1965年北京医科大学医疗系六年制毕业，1965—1981年在协和眼科工作，离开协和后担任中日友好医院眼科主任，曾任中华医学会北京分会眼科学分会副主任委员、中华医学会激光医学分会眼科学组组长，1993年10月开始享受国务院津贴）、王燕琪大夫（孙心铨教授之妻，1965年北京医科大学医疗系六年制毕业，1965—1981年在协和眼科工作，后随孙心铨一同离开协和眼科，前往中日友好医院眼科担任教授）、张潜娜技术员（1994年退休）、韩宝玲技术员（2012年退休）、其他眼底组医师、杜虹技术员、李东辉技术员，以及各位已毕业或在读的眼底专业研究生。现在的协和眼科眼底组已是相较于其他专业组更为“庞大”的群体。

一代代协和眼底人，为了专业组的发展，贡献了自己的力量。

眼底专业组合影（前排从左至右：闵寒毅、陈有信、叶俊杰、董方田、谭柯；后排从左至右：李东辉、郑霖、王尔茜、吴婵、张潇、陈哲、韩若安、杜虹、贺峰、戴荣平、陈欢、杨治坤；于伟泓其时正在援疆。2020年底摄）

（陈哲）

第十三节　中国最早的准分子激光近视中心

1993年的7月3日，北京协和医院眼科成立了北京协和－森美激光角膜屈光手术中心。

此前一年，庞国祥看到了国外有关准分子激光治疗角膜病和屈光不正的报道，在时任主任李维业的支持下，他们决定向医院申请应用此项技术。1993年，这个想法得以实现——协和眼科在全国率先开始了准分子激光治疗屈光不正。因为是应用新技术，遇到了许多挑战和困难。庞国祥带领的协和团队共同努力，率先做了大量准分子屈光手术的基础与临床研究，培养了大量的人才，其研究成果得到了同行专家的认可，获得了卫生部科技进步三等奖。

庞国祥，1937年出生于天津，1961年从北京医科大学（现北京大学医学部）毕业，随后加入北京协和医院眼科。她40余年坚守在临床第一线，专业重点除了屈光角膜手术之外，还有角膜病和早期参与的眼科遗传病研究。她从1986年以后开始专门进行角膜病的研究，在角膜病门诊诊治常见和疑难的角膜病。1990年，在时任主任李维业的支持下，她与斯里兰卡眼库取

1993年，协和眼科在国内首先引入准分子激光，成立了北京协和–森美激光角膜屈光手术中心

得联系，有幸获得捐赠角膜，开展了角膜移植手术，并在协和医院建立眼库，成为负责人，开展了大量的角膜捐献宣传工作。

近年来，随着飞秒激光技术的发展，角膜移植以另一种形式重获新生——用小切口透镜切除（Small Incision Lenticule Extraction, SMILE）全飞秒激光切削下来的角膜透镜做供体材料，移植到需要角膜补片的地方。例如，治疗严重的角膜溃疡，对于角膜溃疡面积大、深度较深的患者，甚至可以通过多片联合移植的方法进行治疗。中央电视台新闻频道曾对该技术做过相关报道。2021年，李莹带领的团队，总结了近6年来开展并实施逾万例SMILE手术的临床结果，以《万例小切口透镜切除近视手术长期疗效和角膜组织材料转化再利用》而荣获北京协和医院医疗科研成果三等奖及中国SMILE手术质量贡献奖。

经过该领域几代协和人的努力，术式从激光光学角膜切削术（Photo Refractive Keratectomy, PRK）、准分子激光原位角膜消融术（Laser-Assisted in Situ Keratomileusis, LASIK）、准分子激光上皮下角膜磨镶术（Laser-Assisted Subepithelial Keratomileusis, LASEK）到飞秒激光、经上皮准分子

协和医院眼库成立

邓朴方等千余人愿辞世后捐献眼球

据新华社北京六月二十三日电　「为了盲人的光明和幸福，我自愿在离世后捐献我的双眼」——这是中国残联主席邓朴方和中国残联、协和医院的千余名工作者在今天上午举行的中国医学科学院北京协和医院眼库成立大会上，在捐献眼球志愿书上表达的一致心愿。

1990年，报纸（1990年6月24日《北京晚报》1版）刊登协和医院眼库宣告成立

Original Article

A Novel Tectonic Keratoplasty with Femtosecond Laser Intrastromal Lenticule for Corneal Ulcer and Perforation

Yang Jiang, Ying Li, Xiao-Wei Liu, Jing Xu

Department of Ophthalmology, Peking Union Medical College Hospital, Chinese Academy of Medical Sciences, Beijing 100730, China

Abstract

Background: Small incision refractive lenticule extraction (SMILE) is an effective laser procedure that treats myopia. This research was to describe a novel approach to treat corneal ulcer or perforation using the corneal lenticules obtained from SMILE and to evaluate the safety and effectiveness of tectonic keratoplasty with femtosecond laser intrastromal lenticule (TEKIL).

Methods: A total of twenty patients (22 eyes) were monitored for at least 6 months and were assessed using slit lamp microscopy, optical coherence tomography, and best-corrected visual acuity (BCVA). Postoperative complications throughout the study period were recorded.

Results: Corneal ulcer in 14 patients (16 eyes) and corneal perforation in six patients (6 eyes) were treated with TEKIL. The patients were ten females and ten males, with a mean age of 58.5 ± 16.3 years (range: 16–81 years). In this study, the most causes of corneal ulcer or perforation were immunologic causes (54.5%). After TEKIL procedure, global integrity was achieved in all cases. No immune rejection or perforation was detected. The mean BCVA improved from 0.17 ± 0.20 preoperatively to 0.27 ± 0.25 postoperatively at the final follow-up ($t = 2.095$, $P = 0.052$). The postoperative BCVA improved in 12 eyes (54.5%) and maintained in nine eyes (40.9%). Vision function successfully maintained in all eyes (100%). In three cases, corneal ulcers were treated by reoperation of TEKIL at 3 months after the initial surgery for the reason that the residual corneal thickness was <250 μm.

Conclusions: TEKIL seems to be an effective treatment for corneal ulcer and perforation in the condition of emergency and donor shortage.

2016年，李莹团队发表于《中华医学杂志》（英文版）上的论文，总结了飞秒激光近视手术角膜植片用于治疗角膜溃疡和穿孔的情况（部分）

李莹（现任协和眼科角膜屈光手术专业组组长）

激光角膜切削术（Trans-PRK）、眼内晶体植入手术（Implantable Collamer Lens, ICL），在李莹的带领下，协和眼科角膜专业组团队始终走在全国前列。如今的协和准分子屈光中心，早已在业界站稳脚跟，中心的工作繁忙异常，有时单个医生的日门诊手术量就达到了100多台，获得了广大有摘镜需求人群的认可。看到援鄂抗击“新冠”的医务工作者们在武汉佩戴着防护镜和眼镜，镜片上布满雾气，难以看清物象的样子，激光中心于2020年为胜利归来的协和医院的勇士们免费实施了摘镜激光手术，表达了一份来自眼科的特别敬意。

角膜专业组合影（前排从左至右：金玉梅、陈迪、龙琴、李莹、艾凤荣、罗岩、刘小伟、杨治坤；后排从左至右：护士顾琳、护士陈秉钧、技术员张蓓、护士丁欣、王宇晨、黄天泽、技术员孙磊、姜洋、吴昱舟、狄宇、崔歌、王天骄。2020年摄）

（陈哲）

第十四节　“那一抹翠绿”

陈有信是国内最早开展吲哚青绿眼底血管造影的人，这为他后来在许多眼底血管性疾病，尤其是息肉状脉络膜病变方面的深厚造诣，打下了坚实的基础。在此，奉上陈教授所回忆的当年有关“那一抹翠绿”的故事。

1993年，陈有信幸运地考入了北京协和医院眼科，成为张承芬教授的最后一位博士研究生，那时的张老师已经68周岁。

协和医院的研究生培养模式跟别的医院有所不同，临床研究生报到以后就立即投入到临床工作的摸爬滚打之中。除了学习英语之外，没有多少课程。陈有信后来回忆：当时他心里总嘀咕，是不是要做点什么课题。张老师那时的主要精力在写她那本《眼底病学》上，也没有给出具体的课题。记得有一次，陈有信参加了一个学术活动，会中有人提到了脉络膜血管造影。他感觉这是一个新东西，于是在将近两个月的时间内，一有空就泡在图书馆里，快速查阅了当时有关吲哚青绿（又译作“吲哚菁绿”：Indocyanine Green，ICG）的几乎所有资料。这个新词那时不知道怎么翻译，先是翻译成“吲哚花青绿”，也有叫“吲哚青绿”的，后面投稿时还有专家提议叫“靛青绿”。分子式和分子量是在台湾出版的一本化工方面的书上找到的。那段时间，陈有信完全沉浸在吲哚青绿的知识之中，人很兴奋。

很快，他写出了吲哚青绿脉络膜血管造影综述三个部分的内容：1.基本情况；2.临床应用；3.技术进展。初稿在寒假前一天交给了张老师。春节回来，张老师修改后，建议投稿给《中华眼底病杂志》。最终，《中华眼底病杂志》分三次刊登了这篇综述。

张承芬看了陈有信的这篇综述，没有就此了事，她觉得陈有信可能想开展这个项目，同时她自己也觉得这项技术的开展有助于临床诊疗。

然而，首先是没有相应的造影设备。那时文献上有一种设备是德国罗敦司得（Rodenstock）公司生产的，叫扫描激光检眼镜（Scanning Laser Ophthalmoscope, SLO），即激光扫描检眼镜，如果没有这个设备，想做造影也做

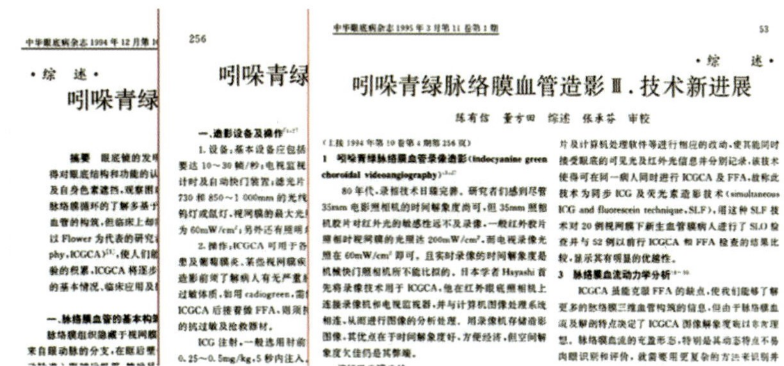
中华眼底病杂志1994年12月第1

·综 述·

吲哚青绿

256

吲哚青绿

中华眼底病杂志1995年3月第11卷第1期　　53

·综　述·

吲哚青绿脉络膜血管造影Ⅲ.技术新进展

陈有信　董方田　综述　张承芬　审校

（上接1994年第10卷第4期第256页）

1　吲哚青绿脉络膜血管录像造影（indocyanine green choroidal videoangiography）

80年代，录相技术日臻完善。研究者们感到尽管35mm电影照相机的时间解象度尚可，但35mm照相机胶片对红外光的敏感性远不及录像，一般红外胶片摄相时视网膜的光照达200mW/cm²，而电视录像光照在60mW/cm²即可。且实时录像的时间解象度是机械快门照相机所不能比拟的。日本学者Hayashi首先将录像技术用于ICGCA，他在红外眼底照相机上连接录像机和电视监视器，并与计算机图像处理系统相连，从而进行图像的分析处理。用录像机存储造影图像，其优点在于时间解象度好，方便经济，但空间解象度欠佳仍是其弊端。

片及计算机处理软件等进行相应的改动，使其能同时接受眼底的可见光及红外光信息并分别记录，该技术使得可在同一病人同时进行ICGCA及FFA，故称此技术为同步ICG及荧光素造影技术（simultaneous ICG and fluorescein technique，SLF），用这种SLF技术对20例视网膜下新生血管膜病人进行了SLO检查并与52例以前行ICGCA和FFA检查的结果比较，显示其有明显的优越性。

3　脉络膜血流动力学分析

ICGCA虽能克服FFA的缺点，使我们能够了解更多的脉络膜三维血管构筑的信息，但由于脉络膜血流及解剖特点决定了ICGCA图像解像度难以非常理想。脉络膜血流的充盈形态，特别是其动态特点不易肉眼识别和评价，故需要用更复杂的方法来识别并

1994—1995年发表在《中华眼底病杂志》上的系列重要综述：《吲哚青绿脉络膜血管造影》（部分）

不成。张承芬了解了这一点，当时也是一筹莫展，但她身上有一股韧劲，会想方设法去努力争取。终于，经过艰苦的努力，也得益于卫生部领导的支持，从对外经济贸易合作部（现在的商务部）下属的一家租赁公司获得了这台设备，价格是150万元，在当时这是天价。当然，在后面的几年，陈有信几乎天天做造影，最终通过做造影技术收取费用，把租机器的贷款给还上了。但有了机器还是做不成脉络膜造影，因为没有吲哚青绿造影剂。当时美国有“心血管绿”（cardiogreen），日本有“诊断绿”（diagnostic green），但如果去弄进口药物，加上审批过程，陈有信想要以此为课题完成博士论文，时间显然来不及。

正所谓天无绝人之路，1995年的一天，陈有信正泡在图书馆里，阴差阳

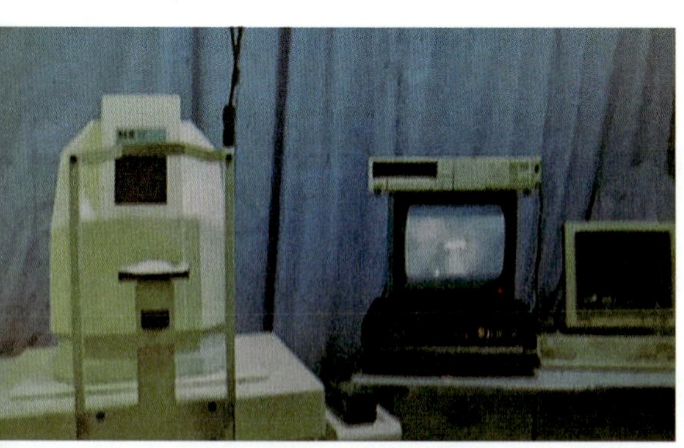
1995年，中国第一台激光扫描检眼镜（从对外经济贸易合作部下属公司租赁而来的德国“罗敦司得”牌扫描激光检眼镜）

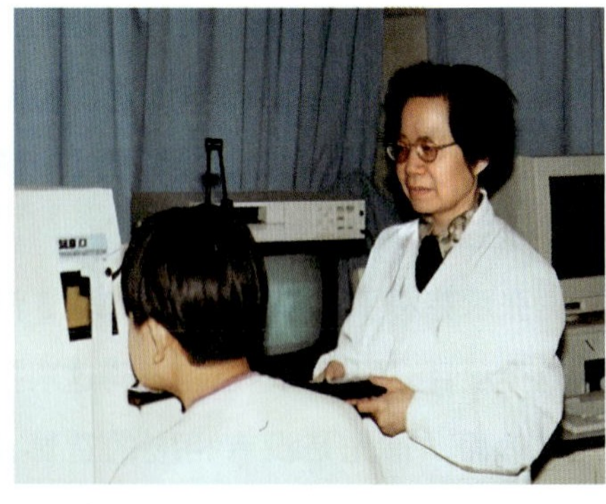
20世纪90年代，协和眼科在国内率先开展吲哚青绿造影研究

错地翻到了一本中文的消化科杂志，有一篇文章是介绍用辽宁省辽阳市庆新制药有限公司生产的吲哚青绿做肝功能检测。当时，陈有信真是觉得如获至宝，立即给这家公司的销售科发信，要买吲哚青绿。当时该公司的销售科长还在回信中纳闷——吲哚青绿可以用在眼科吗？很快，他们给陈有信发了一箱大概100支吲哚青绿造影剂，此时，中国第一例脉络膜吲哚青绿血管造影得以开启。其中还有一个插曲。当药剂科收到一箱药时，上面收货人写着“陈有信”，后来制药公司跟药剂科要钱，药剂科觉得莫名其妙。查知实情后，药剂科主任把陈有信找去大骂了一顿，说你一个学生怎么就自作主张地进药呢，进药有很多程序的，云云，还问他是谁的研究生。陈有信说自己是张承芬教授的学生，对方说，你们张老师绝不会像你这样做事的，绝不会这么不靠谱的，等等。但陈有信后来回忆：明显感觉，当提到张承芬老师，药剂科主任的语气缓和了下来，说“你先回去吧”。后来，药剂科还是给陈有信买下了这批药。后面一直正规进药，保证了课题的完成以及临床的需求。事后，陈有信才知道药剂科主任也是糖尿病患者，张老师经常给她看眼底，她对张老师是非常崇敬的。有了药以后，陈有信从用于兔眼开始，逐步过渡到了用于正常人，以及用于疾病状态下患者的吲哚青绿研究。

1996年4月和9月，在杭州分别召开了全国眼科学术大会和全国眼底病学术会议，陈有信在会上分别做了《激光扫描检眼镜的临床应用》和《中浆的脉络膜血管造影特征》报告，当时还没有其他人做同类发言。后来，陈有信做了“正常人的脉络膜血管造影参数的研究以及多种眼底病的脉络膜血管造影特征”研究，毕业论文获得好评，荣获1997年协和医院的科研成果三等奖以及1998年中华医学会眼科学分会第二次全国中青年学术会议优秀论文二等奖。同时他多次出席各地的学习班，讲授吲哚青绿血管造影，为此项技术的推广做出了贡献。后面由于大量设备（包括拓普康公司的501A系统、海德堡眼底造影系统）的引入，我国的脉络膜血管造影蓬勃发展起来了。

回想起这些，陈有信感慨万分，说首先是要有对新鲜事物的高度兴趣，其次是要坚持不懈地努力。这方面，陈有信深感张承芬老师是他的表率，为了学生的课题，她奔走呼号，千方百计地努力争取，成就了学生，也让北京协和医院眼科为国内开展吲哚青绿血管造影开辟了先河。

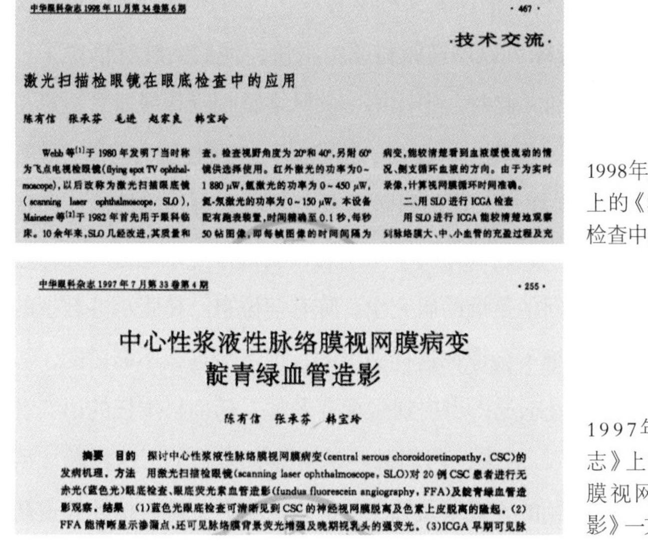

中华眼科杂志1998年11月第34卷第6期 · 467 ·

·技术交流·

激光扫描检眼镜在眼底检查中的应用

陈有信 张承芬 毛进 赵家良 韩宝玲

Webb等[1]于1980年发明了当时称为飞点电视检眼镜(flying spot TV ophthalmoscope)，以后改称为激光扫描眼底镜(scanning laser ophthalmoscope, SLO)，Mainster等[2]于1982年首先用于眼科临床。10余年来，SLO几经改进，其质量和

查。检查视野角度为20°和40°，另附60°镜供选择使用。红外激光的功率为0~1 880 μW，氩激光的功率为0~450 μW，氦-氖激光的功率为0~150 μW。本设备配有跑表装置，时间精确至0.1秒，每秒50帧图像，即每帧图像的时间间隔为

病变，能较清楚看到血液缓慢流动的情况、侧支循环血液的方向。由于为实时录像，计算视网膜循环时间准确。

二、用SLO进行ICGA检查

用SLO进行ICGA能较清楚地观察到脉络膜大、中、小血管的充盈过程及充

1998年发表在《中华眼科杂志》上的《激光扫描检眼镜在眼底检查中的应用》一文（部分）

中华眼科杂志1997年7月第33卷第4期 · 255 ·

中心性浆液性脉络膜视网膜病变靛青绿血管造影

陈有信 张承芬 韩宝玲

摘要 **目的** 探讨中心性浆液性脉络膜视网膜病变(central serous choroidoretinopathy, CSC)的发病机理。**方法** 用激光扫描检眼镜(scanning laser ophthalmoscope, SLO)对20例CSC患者进行无赤光(蓝色光)眼底检查、眼底荧光素血管造影(fundus fluorescein angiography, FFA)及靛青绿血管造影观察。**结果** (1)蓝色光眼底检查可清晰见到CSC的神经视网膜脱离及色素上皮脱离的隆起。(2)FFA能清晰显示渗漏点，还可见脉络膜背景荧光增强及晚期视乳头的强荧光。(3)ICGA早期可见脉

1997年发表在《中华眼科杂志》上的《中心性浆液性脉络膜视网膜病变靛青绿血管造影》一文（部分）

（陈有信）

第十五节　我国第一例人类免疫缺陷病毒（HIV）眼科首诊病例

一名33岁的男性患者因双眼视力下降，于2001年5月就诊于协和眼科门诊，该患者曾被当地医院诊断为“双眼视网膜血管炎、左眼视神经炎”，口服激素治疗后病情仍持续进展。

2001年7月14日，叶俊杰在为该患者进行眼底检查时，发现患者双眼“番茄奶酪样”眼底改变，这一眼底表现让她立刻想起在美国学习时曾见过的巨细胞病毒性视网膜炎，而这种表现，主要是AIDS（艾滋病）晚期的并发性眼部改变。

追问病史，得知患者来自河南，1995年曾因外伤有过输血史，询问患者是否做过 HIV 血清抗体检测，患者回答做过，但结果是阴性。

为谨慎起见，叶俊杰先后为患者进行了两次 HIV 感染患者血清抗体检测，结果均是阳性，请感染科李太生教授会诊后确诊为“人类免疫缺陷病毒感染、艾滋病（AIDS）期”，眼科确诊为“双眼艾滋病并发巨细胞病毒性视网膜炎”。

这是我国发现的首例以眼部症状首诊的艾滋病患者。

此后北京协和眼科便开始与感染科进行了一系列合作，并率先开展了与人类免疫缺陷病毒感染/艾滋病眼部病变相关的基础和临床研究，探索适合中国国情的相关规范化诊断和治疗模式，提高了以眼部为首发症状患者的早期诊断水平。

2005年，叶俊杰带领团队与感染科合作，首次在我国艾滋病患者眼部房水中检测到人类免疫缺陷病毒；2011年，首次在我国艾滋病患者泪液中检测到人类免疫缺陷病毒。两项发现分别被评为2005年与2011年“中国十大医学新闻”，2015年被评为“我国眼免疫学领域近五年十大研究进展之一”。

2017年，叶俊杰总结了她在艾滋病眼底病变方面耕耘17年的经验与收获，出版了《艾滋病眼底病变图谱》一书。

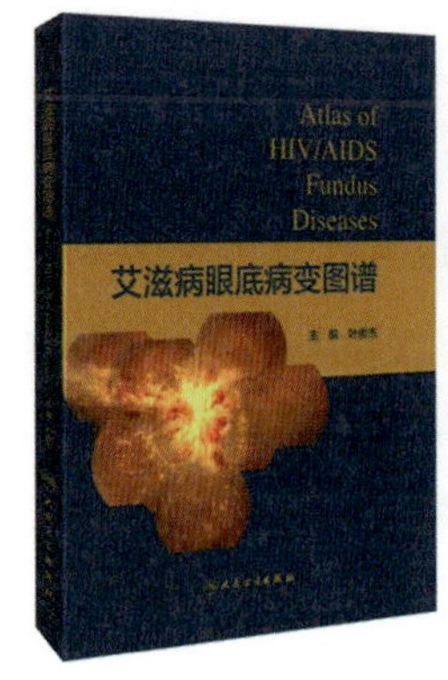

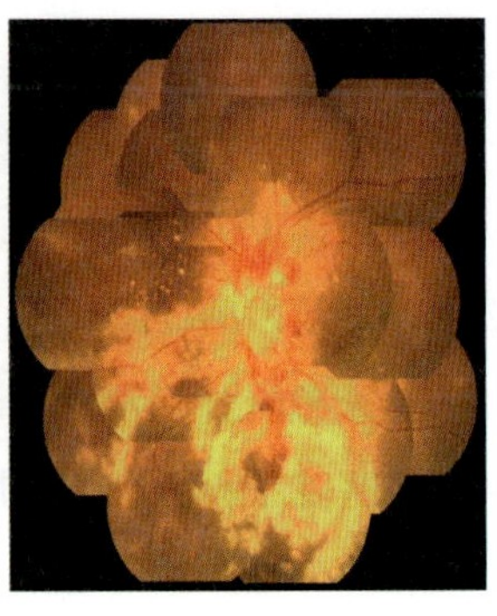

叶俊杰主编的《艾滋病眼底病变图谱》及典型的巨细胞病毒性视网膜炎“番茄奶酪样”改变

叶俊杰是我国当代著名的眼底病专家，1952年出生于沈阳市，1978年毕业于北京医科大学（现北京大学医学部），后被分配至北京协和医院眼科工作，历任住院医师、主治医师、副教授和教授。1991—1993

叶俊杰

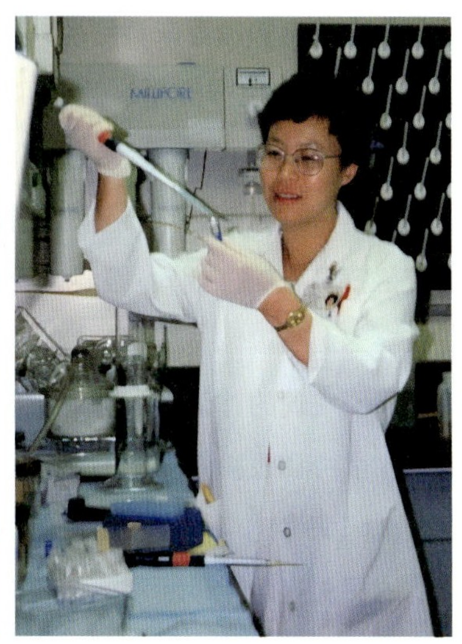

1992年，叶俊杰在美国多希尼眼科研究所学习、工作

年间以访问学者身份在美国南加州大学医学院多希尼（Doheny）眼科研究所学习、工作；1996年1—7月，赴香港中文大学眼科及视觉科学学系学习、工作。

学习——且行且珍惜

叶俊杰1978年毕业后被分配至中国医学科学院医务处从事行政工作。然而，她最大的理想是成为一名工作于临床一线的医生。为实现理想，她反复向黄家驷院长等领导申请，并最终在医务处工作6个月后，被批准进入北京协和医院眼科做住院医师，开始接受正规扎实的医学训练。在任住院医师期间，叶俊杰踏踏实实地“泡”在门诊和病房，遇到不熟悉的病例总是力求当天弄明白，并在笔记本上完成详细的手术记录以便日后翻阅……正是因为这是自己努力争取才得到的来之不易的机会，她更加珍惜医生这个职业；也正因为这份珍惜，她更加努力，在临床工作中从未有过一丝一毫的懈怠。

时任眼科副主任的张承芬将她的努力和认真看在眼里，在她入科一年后便让她进入眼底组学习。自此，她与眼底病结下了不解之缘。

1991年，经张承芬推荐，叶俊杰前往美国南加州大学医学院多希尼眼科研究所进修学习，师从史蒂夫·J. 瑞安（Stephen J. Ryan）教授。进修学习期间，叶俊杰的工作之一是建立视网膜色素上皮细胞移植的兔眼动物模型——不同国家前来学习的同行们经过尝试都失败了，但是她凭借在北京协和医院眼科手术中打下的基础，经历一次失败后很快便找到原因，在第二次尝试时成功地完成了动物模型构建。即使在她1993年完成进修学习离开美国后，实验室也一直在用她构建的动物模型做实验。在美国学习的两年中，叶俊杰在美国国家级眼科杂志上发表SCI文章9篇，并先后在1992年和1993年的视觉与眼科学研究协会（Association for Research in Vision and Ophthalmology, ARVO）年会上做论文报告。

从医——严谨、细致、勤奋

叶俊杰在不断的日积月累中丰富着自己的临床经验，为自己的临床工作打下了坚实的基础。正因为对医生这一职业的敬畏，她对待工作非常严谨，她始终认为，养成严谨的工作态度，是对自己负责，更是对患者负责。她平时是这样严格要求自己的，也是这样严格要求她所带组的后辈医师们的，甚至让年轻大夫们都有点“害怕”她的严厉作风。

回忆起在协和医院学习工作的42年，叶俊杰深有感触的一点便是勤奋：医生不仅要做到行为上的勤奋，也要做到思维上的勤奋。临床工作或学习中遇到不熟悉的病例，应该通过查阅文献、看书、请教老师或与他人讨论等多种方式，力求当天弄明白，在探索中不断提高自己对疾病的认识，这是行为上的勤奋；善于思考，遇到疑难病例多问为什么，努力找出病因，勤于总结，最后将临床工作转化为科研成果，惠人惠己，这是思维上的勤奋。

叶俊杰曾担任眼科副主任10年，担任眼科党支部书记20年。2013年，她荣获“中国女医师协会五洲女子科技奖”，现为中国医师协会眼科医师分会葡萄

叶俊杰于2013年获“中国女医师协会五洲女子科技奖”

膜炎免疫专业委员会副主任委员等，并担任多种杂志的编委。

教育教学工作方面，她担任科室副主任期间，主要负责教学工作。她带领全科人员共同努力，出色地完成了各项教学工作，建立了授课教师预讲与长期教学评估制度，建立健全了教学资料，包括教学档案、授课教案、规范化课件及眼科医大试题库等。科室成功邀请到美国密歇根大学特罗布（Trobe）教授来协和眼科讲座，举办多次北京市眼科教学讲座，开展了眼科手术模拟系统培训及手术操作技能竞赛。眼科教研室也因此于2006年被评为“中国协和医科大学临床医学院先进集体”，于2009年获“首届青年教师教学基本功比赛最佳组织奖”。

党支部工作方面，20年间，协和眼科党支部在叶俊杰带领下共发展党员13人，2003年荣获“北京协和医院抗击非典型性肺炎（SARS）先进党支部”称号，2006年被评选为“2005—2006年度先进基层党组织”。她个人于2015年被评为“国家卫健委优秀共产党员”。

叶俊杰已经退休，却仍然一如既往地关心医院包括科室建设。她常说，作为一名协和人，应该经常问自己能为协和及科室的建设做些什么；作为一名医生，应该经常问自己能再为患者多做点儿什么。她的手术量虽然已经没有从前那样多，但是她仍然没有闲着，忙于总结临床经验与讲课，继续从事着她所热爱一生的眼科临床事业。

（赵清　陈哲）

第十六节　白内障手术条件的“鸟枪换大炮”

除了药物、激光等方面的治疗，眼科其实也是一个偏重手术的科室，很多问题需要动手术才能解决，白内障即其中的突出代表。虽然白内障从古至今就是眼科的常见病，这类手术在协和建院之初就已经开始（详见后文附录的“老协和眼科病历”章节），但当时以及之后许多年的术式依然停留在“针拨术”的水平上。1948年北京协和医院恢复之后的相当长一段时间，协和眼科白内障手术的设备和条件依然非常原始和简陋。协和眼科各位白内障手术医生的成长史，都伴随着手术条件的进步，有着深深的时代烙印。

擅长白内障手术的赖宗白就是一个例子。

赖宗白，1954年出生于四川成都，1977年毕业于上海医科大学医疗系（今复旦大学上海医学院）。毕业后来到协和眼科，几十年如一日从事眼科临床医疗、科研和医大教学工作，历任住院医师、主治医师、副主任医师、主任医师。1992年，由劳远琇推荐，赖宗白到美国耶鲁大学眼科中心进修学习，2019年从协和眼科退休。他早年从事电生理、神经眼科的内科诊治、眼眶手术等工作，并逐渐成长为白内障手术专家。

20世纪80年代的北京协和医院老门诊楼的眼科诊室里，赖宗白正在工作

青年时期的赖宗白在协和眼科得到了良好的手术方面的培养，逐步成长，其中的师长既包括较他年资高的本院医师，也包括对协和怀有友好情谊、改革开放后多次来华传授手术技术的外国友人。20世纪70—80年代前期，协和眼科还没有手术显微镜，那时候还是主治医师的李静贞，带着年轻的赖宗白，在地灯照明下做手术；90年代初期，国内开展超声乳化手术的单位很少，美

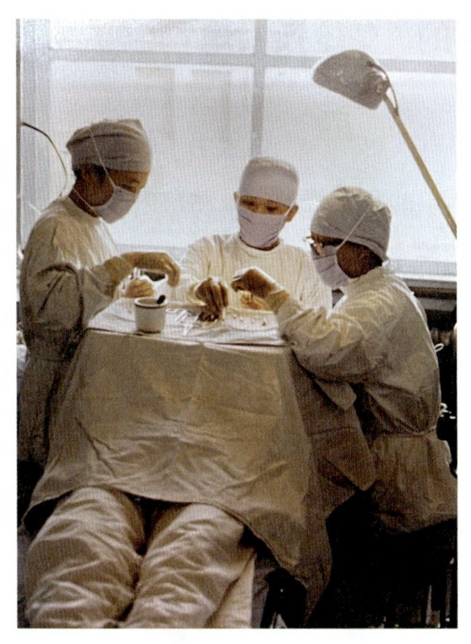

20世纪七八十年代，李静贞（图右）做助手，带着年轻的赖宗白（图中，主刀）以及一位进修医生（图左）在地灯照明下做手术

国达拉斯的著名眼科医生伊丽莎白·沃伦（Elizabeth Warren）带着最先进的超乳技术来到中国，传授超乳技术，赖宗白等人提前协助做手术的病人准备好，术中配合，有时她甚至直接让赖宗白主刀做超乳手术。赖宗白回忆，他掌握超乳技术，和伊丽莎白·沃伦等的培养分不开。

赖宗白的眼科手术技术逐渐成熟。80年代，他到西藏开展医疗支援工作。西藏为我国白内障高发地区，当时的医疗条件艰苦，眼科手术没有显微镜，白内障手术均是在肉眼观察下操作。赖宗白与胡天圣等人一起，完成了一台台高难度的手术，圆满完成了援藏工作，为深受白内障疾患折磨的藏族同胞送去光明。

赖宗白的工作生涯正值改革开放春风沐浴中国大地之时，他对此深有感

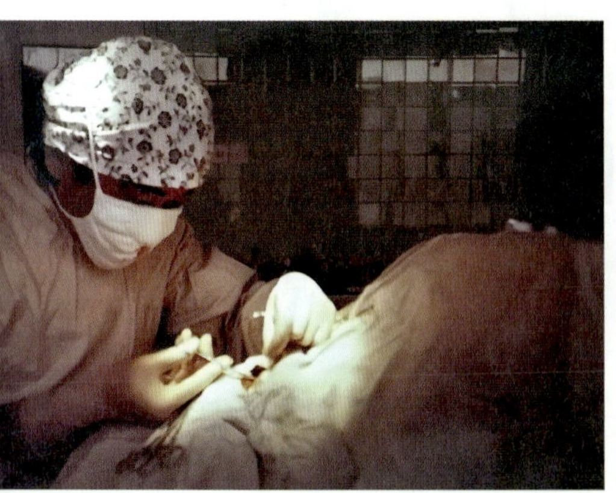

赖宗白在西藏开展白内障手术

赖宗白取下的不同色泽（硬度）的晶状体拼出的“核”字

触，多次与后辈们谈道：“眼科医疗技术的推动和发展离不开改革开放政策，我们这一代既是参与者，也是受益者。”对外开放引进了西方先进的医学技术与医疗设备，极大地推动了眼科手术的发展，尤其是眼科手术显微镜和超

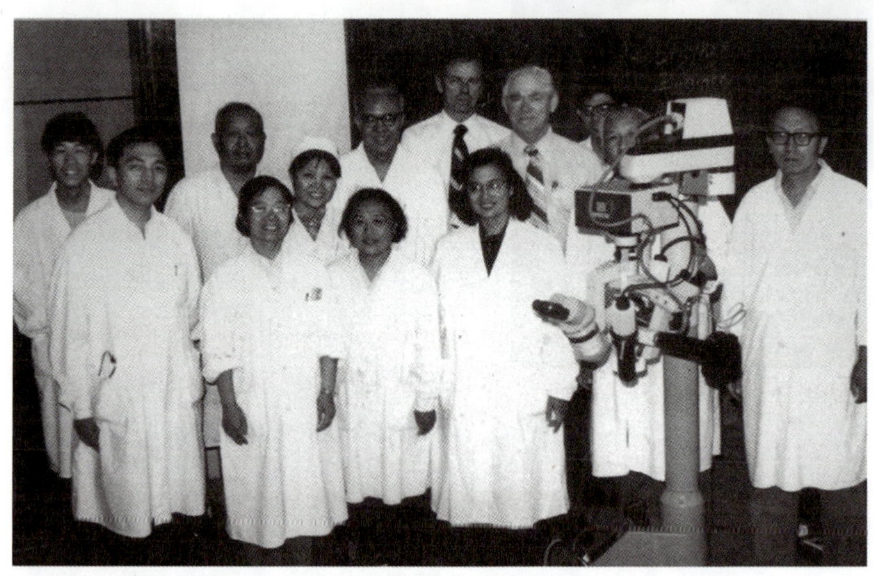

1979年，改革开放后，协和眼科的第一台显微镜，由德国威克（Weck）公司赠送（第一排左二，张承芬；左三，费佩芬；左四，张潜娜。第二排左一，胡伯越；左二，王子政）

声乳化机器的引入，给协和眼科手术条件带来了第一次飞跃。

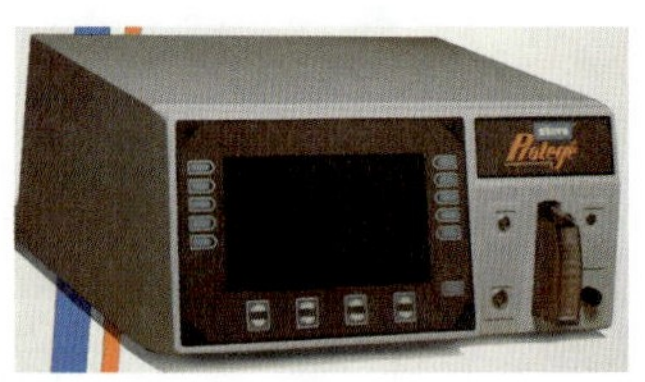

1994年，协和眼科引入的第一台超声乳化机

赖宗白分别于2001年、2011年两次参加了由香港“明天更好”基金会与卫生部发起、组织的“健康快车”工程，这是一项民生工程，旨在为贫困白内障患者全部免费实施复明手术。后来，协和眼科还陆续有王造文、张美芬、闵寒毅、郑霖、于伟泓、张顺华、张枝桥、戴荣平、赵潺、张潇、陈欢等参与过“健康快车”工程，他们以精湛的手术技术帮助众多的白内障患者得以重见光明，为协

张顺华（现任协和眼科白内障专业组组长）

和眼科赢得了声誉。

2018年，白内障专业组成立，张顺华担任组长，建立起完整的人才梯队，目前成员包括钟勇、王造文、卞爱玲、张夏以及技术员孙璐。和几十年前甚至近百年前相比，手术条件真是“鸟枪换大炮”，拥有了各种先进的检查设备和手术设备，建立和完善了手术质量与安全控制体系。2021年，协和眼科成立了老视矫正手术示范中心，进一步推动了白内障和老花眼诊疗新技术在我国的发展，让白内障和老花眼的诊疗迈入了新时代。

2020年，白内障专业组合影（从左至右：王造文、钟勇、孙璐、张顺华、卞爱玲、张夏）

（陈哲）

第十七节　东西两院眼科的合并

21世纪初，各大医院通过托管、重组、联网运作等方式兼并小医院的做法，蔚然成风。为了突破北京协和医院受空间环境掣肘的困境，2002年，经国家相关部门批准，原来的协和医院与信息产业部邮电总医院（位于北京西单辟才胡同）合并重组，形成东西两院区的新格局，新增的部分称为西院，原来的院区称为东院。医院的这一举措，大大缓解了改革开放以来就医人数的快速增长与空间狭小有限之间的矛盾。东西院区设一套领导班子，统一核算资产，统一管理，两院人员执行统一政策，享受同等待遇。

眼科，也在这样的大背景下，实行了相当长一段时间的同一医师东西两院轮流出诊的制度，保证每天都有从教授到主治医师到辅助检查技术人员到护士的全套人员配备，还设有两个门诊手术间，进行准分子激光近视矫正和白内障手术。目前眼科的人员，大多有东西两院班车通勤的经历。

随着2012年东院区新的急诊楼和外科楼的相继启用，协和医院的诊疗空间得到了很大提升，为医院进行新的战略布局，谋求新的发展提供了条件。

2014年，西院区新一轮功能定位及装修改造启动，目标是建成与国际接轨的特色医学中心。2018年，装修改造完成后的西院被正式更名为“西单院区”，整形美容中心、乳腺疾病诊疗中心、妇科内分泌与生殖医学中心、口腔中心落户西单院区。眼科从西单院区撤回，只保留国际医疗门诊和会诊。

李辉（现任协和眼科屈光斜弱视与眼肌专业组组长）

此外，西单院区人员加入协和眼科，还有着更多的重要意义。

例如，“新鲜血液”李辉、徐海燕

刘玉华

加入了刘玉华所创立的屈光斜弱视与眼肌专业组，后来，出自东院区的徐冬冬也加入了进来。李辉成为协和眼科目前的屈光斜弱视与眼肌专业组组长，带领团队不断探索、进取，在甲状腺相关性眼病的综合治疗、角膜塑形镜（orthokeratology, OK）验配等方面，形成了自己的特色。

说到眼科的屈光斜弱视与眼肌专业组，离不开一个人，她就是刘玉华。

刘玉华，1938年出生于辽宁绥中的一个中医世家，10岁随父母迁到北京。她的祖辈曾开过中药店，出过中医大夫，到父

屈光斜弱视与眼肌专业组合影留念（第一排从左至右：胡伯越技术员、刘玉华、李辉；第二排从左至右：耿爽、吕勇峰技术员、张玥技术员、史和芳技术员、徐冬冬、张一妍技术员、梁美玲技术员；第三排从左至右：徐海燕、赵晋波技术员、李东辉技术员、盛立技术员。2021年摄）

亲这一辈，开始学西医。她父亲、舅舅和叔叔都是内科大夫，她因从小在这样的环境里耳濡目染，“经常看到他们为了治病救人，没时没晌地工作，对那些拿不起钱治病的穷人，从来不予刁难，反而免费，所以从小就有了最初的爱心和同情心”。受家庭影响，她自然而然地选择了医学作为一生的方向。

1964年从天津医科大学医疗系毕业后，刘玉华被分配到天津眼科医院任住院医师。在从事的眼科工作中对眼肌专业产生了浓厚的兴趣，她师从国内眼肌学顶尖专家郝雨时。因“文革”原因，当时郝雨时教授被隔离，撤去了院长职务，所以她只能偷偷向其请教疑难问题。刘玉华一旦遇到门诊诊断不了的病人，比如说检查不出麻痹性斜视患者的哪条眼肌麻痹，就会利用中午吃饭的时间，大家都不在的时候，去求教郝院长，就这样学到了不少东西，打下了扎实的眼肌专业理论基础。那时候，天津眼科医院的工作量特别大，有时住院医师一上午要看50个病人，而且天津眼科医院的外眼手术都由住院医师独立完成，每次，刘玉华一在手术室轮转就是3个月，所以外眼手术技术已经达到娴熟的程度，积累了非常丰富的临床经验。9年之后，1973年，她调入了北京协和医院眼科，历任住院医师（除天津眼科医院的9年外，又在协和眼科做了6年住院医师）、主治医师、副教授、教授，逐渐成为眼肌及小儿眼科视光学专家，是北京协和医院眼科屈光斜弱视与眼肌专科的创始人和带头人。

20世纪70年代末，刘玉华等人在眼科老病房外的合影［从左至右：刘玉华、王良乐（20世纪80年代电影《人到中年》主角的原型，现已去世）、赖宗白、赵宏奎（隆福医院来的进修医生）］

1981年，刘玉华在时任主任胡铮的大力支持下，在王子政等资深专业验光师（曾被我国斜视眼肌专业顶尖教授刘家琦称赞说“你们的王子政验光水平全国第一”；协和眼科现

王子政

刘玉华在美国学习期间，给患儿做检查

在屈光专业的技术员们，大都由他一手带出来）的协助下，屈光斜弱视与眼肌专业组在协和眼科从无到有且顺利地发展了起来。此后，刘玉华钻研眼肌学理论知识，通过一切可能的途径，获得眼肌学及其手术的相关资料，虚心向其他同专业资深人士请教实际问题，不断攻克新的难题。1993年，她以访问学者身份，公派赴美国匹兹堡大学儿童医院小儿眼科、宾夕法尼亚大学费城屈光学院研修。初到美国学习的刘玉华，对美国同行先进的儿童斜弱视检查设备和手术室的先进器械羡慕不已，甚至让手术室的器械护士把用剩的显微缝线留给自己，后来该护士把这件事告诉了豪斯（House）教授，于是他赠送了刘玉华几套显微缝线和斜视手术专用镊子等器械，她如获至宝，带回国内。

在眼肌与儿童眼病工作中，刘玉华深切感受到，小儿眼病最常见与多发的就是儿童斜视和弱视，没有全麻就无法开展矫治的手术工作。于是回国后，与时任北京协和医院麻醉科主任罗爱伦讨论之后，刘玉华开始集中精力开展小儿麻醉下或全麻手术。她后来回忆道："第一个与我配合做儿童麻醉的就是黄宇光（时任协和麻醉科主任），他真是一上来就做到了我希望的那样。当我说‘黄老师，这个孩子还有5分钟就要结束了’，结果我手术一结束，孩子就醒了；当时我特别高兴，就像自己的孩子安全渡过手术的那种高兴。”从此，小儿全麻斜视矫正手术，在协和眼科顺利开展了起来。此外，在胡铮主任时代准备的基础斜视检查仪器——如同视机、视野弓、斜视角定量检查仪器以及三棱镜——的基础上，刘玉华还引进了新的儿童视力检查手段，如点状视力表、光闪视力表等，并且和国内厂家一起研发了在美国见过的托米勒（Tomilar）视力表的国产版本，解决了很多检查存在误差的问题，提高了诊断的准确率。

刘玉华对儿童斜、弱视及青少年近视进行了长期深入的临床研究，20年来一直坚持不懈地对刚入学的6岁儿童进行弱视筛查、治疗、观察，挽救了数以千计儿童的视力和立体视，在诊断和治疗上将儿童斜视、弱视、屈光不正三者有机结合，提出针对不同病因的不同治疗方案。1984年，刘玉华在全国第一届弱视研讨会上宣读了“一年级小学生弱视筛查和治疗的初步方案”；1992年，在青岛小儿眼科及斜视第五届会议上，她提出了微小斜视检查和微小斜视性弱视的治疗理念，在学术界产生了轰动。

刘玉华带领屈光斜弱视与眼肌专业组，开拓创新，取得了丰硕的学术成果，受到了社会和学术界的高度赞扬。例如，“一年级小学生弱视筛查和治疗的初步方案”，获得了1984年北京市科技进步奖三等奖；关于垂直性斜视

2012年，协和医院老门诊楼拆除前，刘玉华（右二）与年轻的后辈验光师们合影（左一，张玥技术员；左二，李东辉技术员；右一，史和芳技术员）

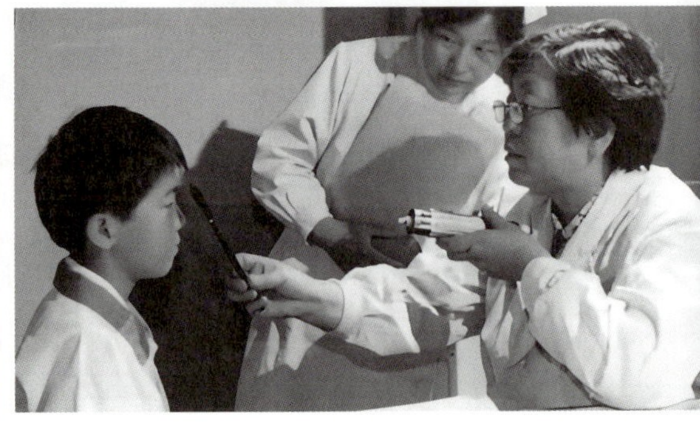

刘玉华在门诊给一名儿童做斜视检查

手术的探讨，在1989年获得了北京协和医院医疗成果奖；关于超大角膜移植手术治疗绿脓感染的角膜炎，获得了北京协和医院科技进步奖。

后期，刘玉华从事甲状腺相关眼病的研究，充分利用协和医院的医学综合优势，与内分泌科及其他相关科室协作，对甲状腺相关眼病的诊治提出了独到的见解；她不断开发、探讨早期诊断甲状腺相关眼病的方法，主张早期干预可以减少组织纤维化的发生，改善预后；她还提出对甲状腺相关眼病晚期的牵制性斜视进行择期手术是必要的，手术不仅解决复视和运动障碍，而且对降低眼压和改善视功能、提高视力具有确定的积极作用。

刘玉华重视眼肌住院医师的培训与教学，提倡脚踏实地，打好基础；她十分重视医大授课，每次讲课都认真准备，深受广大学生喜爱。她对跟诊的住院医师耐心讲解患者的诊治要点，培养了大批眼肌学专业人才。她以高尚的人格魅力，深厚的学术造诣，刻苦钻研、开拓创新的精神，深深影响着青年医师们。

刘玉华在斜弱视及眼肌专业领域的造诣日渐成熟，并为协和眼科培养了几位专业研究生，但随着这些研究生毕业和离院，协和眼科面临屈光斜弱视与眼科专业组人才断档的危险。所幸，2002年邮电医院并入协和医院，西院区“新鲜血液”的注入，使得刘玉华在协和眼科创立的屈光斜弱视与眼肌专业组后继有人。

刘小伟（现任协和眼科整形与泪道专业组组长）

此外，来自西院的刘丽英和耿爽，后来加入了东院的刘小伟创立的整形与泪道专业组，补齐了协和眼科在该亚专业方面的欠缺，对协和眼科当前的专业组规模的形成具有十分重要的意义。

整形与泪道专业组成员（从左至右：刘丽英、刘小伟、耿爽、干霖洋。2022年摄）

（陈哲　孟丽慧）

第十八节　中国眼科博物馆的建立

“一个人不识字走不远，一个团队没有文化同样走不远……医学人文必须有实物，没有东西就没有依托和载体……”

赵家良在中华眼科学会工作期间，便一直在考虑文化传承的问题，也慢慢产生了创建眼科博物馆的想法。他主要有三方面的考虑：记录中国眼科发展之路；表彰做出过突出贡献的人；开辟科普基地。于是，他找到南通大学校长顾晓松教授，讨论合作创建眼科博物馆的相关事宜。

由于眼科界普遍认为这是一件大好事，于是他很快得到了房屋、人力等方面的支持。但有了场所，展览物怎么办？赵家良只能一样一样收集东西，一步一步往前走。例如，曾经用于给毛主席做白内障手术的器械，被手术专家放在家里，非常宝贵。通过各方面人士做工作，这位专家欣然将整套手术器械捐赠给眼科博物馆，成为全国眼科大夫共享的宝贵文物。

赵家良认为，除了收集文物，还应该通过这些文物向现在的人和后来的人讲述文物背后的故事，于是，他有了另一个身份——一名尽职尽责的眼科博物馆讲解员。

在赵家良的多方呼吁与奔走下，中国眼科博物馆于2012年在南通大学附属医院正式开馆，共分12个展区，有馆藏文物500多件，其中国家一级文物1件，国家三级文物3件。

眼科博物馆内陈列的实物和资料向公众展示了中国眼科的发展历史和眼科杰出人才的贡献，也成了周边地区医学生、中小学生以及一些眼病患者接受眼疾知识和健康教育的重要科普基地。

2012年中国眼科博物馆开馆典礼合影（第一排左七为赵家良）

（赵家良）

第十九节　协和眼科的国际“光明行”

通过2017年11月14日晚的中央电视台《新闻联播》，人们在国家主席习近平访问老挝的报道中看到了协和眼科医务工作者的身影：习主席和他们一一握手并合影留念。随后习主席和老挝国家主席本扬走进病房，两位医务人员分别为两位患者揭去眼部的纱布，重见光明的患者紧紧握住习主席的手，激动地表达了感激之情。习主席盛赞医务人员作为光明和友好的使者，不仅为老挝患者带来了光明，也为夯实中老友好的民意基础做出了积极贡献，体现了新时代的国际主义精神。

此前，协和眼科团队已连续3年圆满完成了具有特殊意义的援外任务，包括2014年的“埃塞俄比亚光明行”、2015年的“毛里塔尼亚光明行”、2016年的“斯里兰卡光明行”。

从2014年开始，国家卫生部在非洲、亚洲和中美洲的一些国家开展“光明行”项目，组织国内大型三甲医院的优秀眼科专家赴受援国，在短期

参加2017年“老挝光明行”的协和眼科及麻醉科医务人员，与中国国家主席习近平、老挝国家主席及随行人员合影（前排：左二，张顺华；右一，王造文；右四，钟勇。后排：左六，杨治坤；右四，麻醉科王菲护士；右二，麻醉科王一亦护士；右一，眼科谢丹护士）

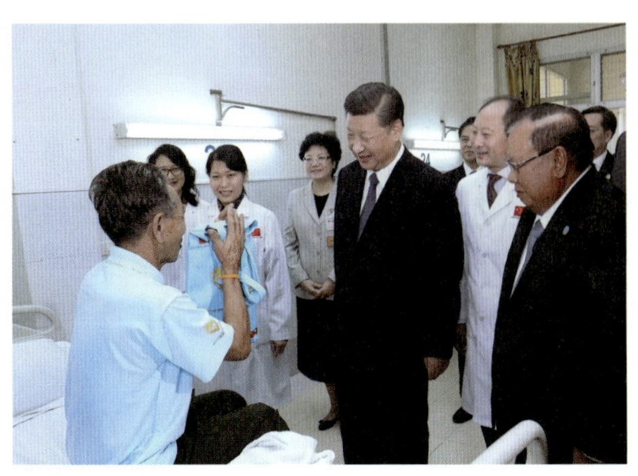

中国国家主席习近平看望刚揭开纱布的老挝白内障术后患者，患者激动地表达感激之情

内开展白内障手术。董方田于2014年5月2日首次带队赴埃塞俄比亚完成“光明行”任务。这是李克强总理访问非洲期间的配套项目，是外交部第一次尝试在高层领导人访问期间完成医疗任务。其间建立的工作模式成为此后“光明行”项目的基本框架。董方田医师提出的“尽量使用国产品牌，通过‘光明行’把中国的医药产业推向世界”的理念，也成为此后“光明行”所遵从的重要原则。当时，医疗队带去整整18箱医疗设备，货柜一运抵医院，医疗队员就立即投入安装工作。午夜时分，几个空房间就变成了一个现代化的眼科诊所。参加过“埃塞俄比亚光明行”的一位眼科专家介绍，当地九成患者的白内障已经发展到成熟期和过熟期，这么晚期的白内障在国内很少遇到，手术难度比普通白内障大很多，且假性囊膜剥脱综合征也很常见，需要医生有极大的耐心和精湛的技术。中国医疗队做手术时，当地医生在旁观摩学习，医疗队还举办了学术讲座、手术演示，离开时把医疗设备均留在了当地，留下了“带不走的医疗队”。中国医疗队“光明行”项目的成果远超预期，得到了李克强总理的高度评价：“你们把大爱带到非洲，是真正的光明使者、白衣天使，我向你们表示崇高的敬意。”

2015年，中毛建交50周年之际，钟勇带队执行了“毛里塔尼亚光明行”任务，这是中毛两国庆祝活动的配套医疗外交项目。这次行动推动建立了中

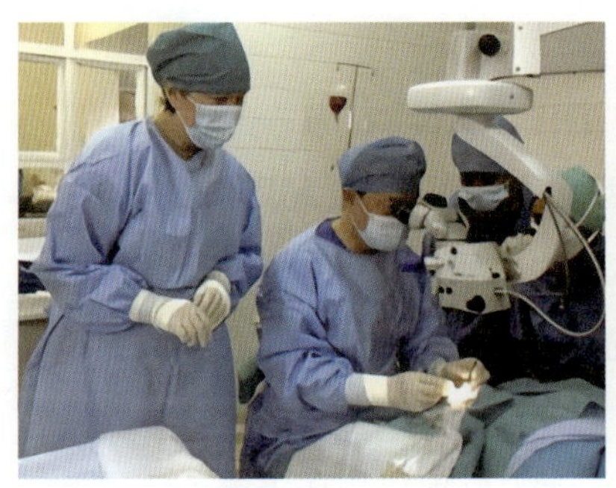

2014年，董方田在埃塞俄比亚做手术

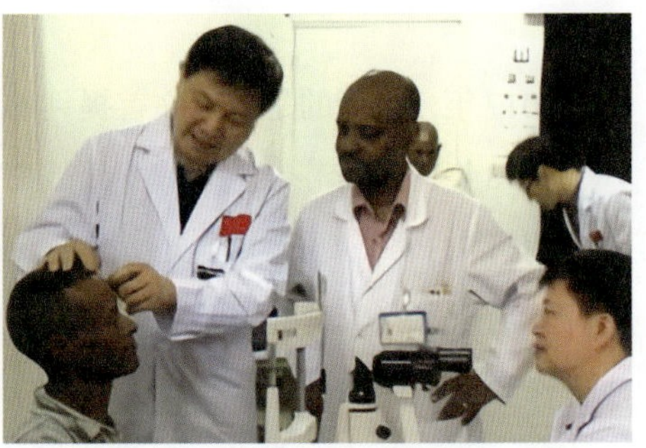

2014年，董方田在埃塞俄比亚为前一天手术的患者揭去纱布（图中右侧坐在裂隙灯前者为协和眼科王造文，他也是“光明行”的主刀之一）

2014年，董方田在埃塞俄比亚向时任总理李克强汇报“光明行”工作

毛合作眼科中心，首次在非洲国家建立了眼科中心，这种在短期的医疗扶助后，建立长期合作的机制，是“光明行”项目中的一次创新。

2016年，董方田再次带队赴斯里兰卡，完成“光明行”医疗任务；因斯里兰卡对海上丝绸之路具有重要意义，加之当时国家有“一带一路”的宏观战略背景，所以这次“斯里兰卡光明行”标志着“健康丝绸之路”建设的开始。

2017年，执行的是本节文首提到的“老挝光明行”任务，由钟勇带队。

2018年，张美芬带队完成了栗战书委员长出访纳米比亚期间的“纳米比亚光明行”任务。栗战书委员长指出，揭去患者眼前的纱布是一个象征性动作，背后蕴含着中纳两国的深厚友谊，希望援非医务工作者继续为两国的卫生合作做出积极贡献。

2019年，陈有信带队，赴非洲纳米比亚，以高超的技术实力和严谨勤奋的工作作风完成了“光明行”任务，同时在孙春兰副总理的见证下，完成了为纳方眼科患者开展的首次国际远程会诊，并在历次“光明行”中首次开展了玻璃体切除术及玻璃体腔国产创新药康柏西普的注射，为多位眼底病患者带来了光明和希望。

协和眼科代表中国医疗界圆满完成的一次次“光明行”任务，成了中国医疗外交的一张亮丽名片。

2018年，张美芬（右一）带队在栗战书委员长访问纳米比亚期间完成“光明行”任务（前排左一：王造文；左二：张顺华；均为此次主刀医生）

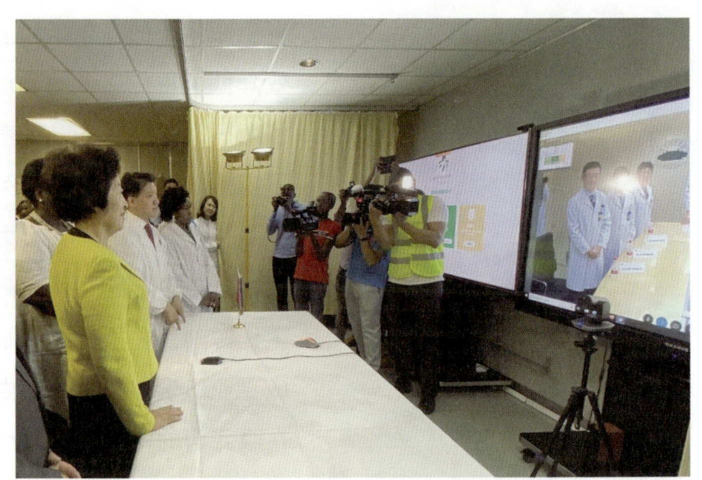

2019年，陈有信（左二）带队完成“纳米比亚光明行”工作后，回国陪同孙春兰副总理为纳方眼科患者完成首次国际远程会诊

（陈哲　杨治坤）

第二十节　抗击“非典”与“新冠”，协和眼科人从未缺席

近年来，有两次著名的波及全国乃至全球的公共卫生事件——2003年的“非典”与2020年的“新冠”。在这两次事件中，协和眼科的医护人员，不仅是亲身经历者，也是奋战在一线的勇士，留下了不可忘却的光辉身影。

2002年年末，“非典”（SARS，严重急性呼吸系统综合征）在中国广东地区出现，并扩散至东南亚乃至全球。此病发病急，传染性强，死亡率高，引起了社会极大的恐慌。2003年年初，北京疫情加重，医疗人员严重短缺。北京协和医院派出了多支医疗队奔赴疫情战场。时任眼科主任赵家良在科里动员大家参与疫情抗战。最终时任住院医师的戴荣平和研究生许卓再主动请缨，申请前往疫情一线。戴荣平随医院医疗队前往石景山西翠宾馆，许卓再后因疫情控制未能成行。西翠宾馆被临时改成疫情使用病房，收治了数十名重症患者。在疫情病房，戴荣平与各科医疗队员通力协作，密切监测患

戴荣平（现任协和眼科眼底专业组副组长、眼底内科组长）

者生命体征的变化，加强对症治疗，有效降低了重症患者的死亡率，圆满完成了两周的医疗任务。医疗队也成功保持了零感染，体现了协和医院应对呼吸系统急性传染病的强大实力。时值百年院庆，当年的住院医师戴荣平已成为教授、主任医师，并担任协和眼科副主任、眼底专业组副组长、眼底内科组长，无论在眼底病的内科还是外科方面都已颇有建树，回忆起当年初出茅庐、不怕艰险、勇冒风险的精神，戴荣平仍觉得备受鼓舞、记忆犹新。

无独有偶，2020年的一场“瘟疫”再次席卷全国乃至全球。协和眼科谢丹护士和张燕宁护士，代表眼科参加了北京协和医院的第二批武汉抗疫医疗队，去往集中收治极危重患者的武汉同济医院中法新城院区C9重症监护病房，投入了抗疫一线紧张而繁忙的工作。她们每天都要轮班穿着犹如“太空服”的防护服，戴着时而“雾里看花”

2003年5月，赴西翠宾馆医疗队出征疫情一线（第二排左三为戴荣平）

谢丹与张燕宁出征武汉前的合影

的护目镜和难以自由呼吸的N95口罩，精心救治着那些每一位都需要1名医生与4—5名护士配合才能完成医疗工作的急危重病人，一个班下来，脸上总是被护目镜和口罩勒出深深的印痕。

这两次事件，突出体现了协和眼科人作为协和医院大家庭的一分子，从未缺席并且责无旁贷地冲在大型公共卫生事件最前线的大无畏精神，永远值得后辈们铭记！

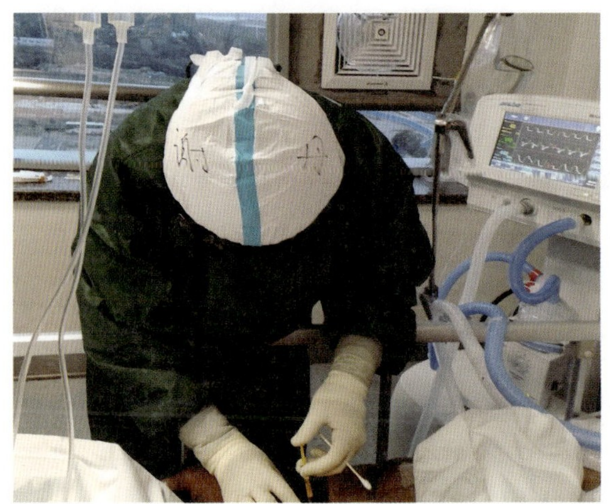
谢丹正在给“新冠”病房的病人做皮下注射操作

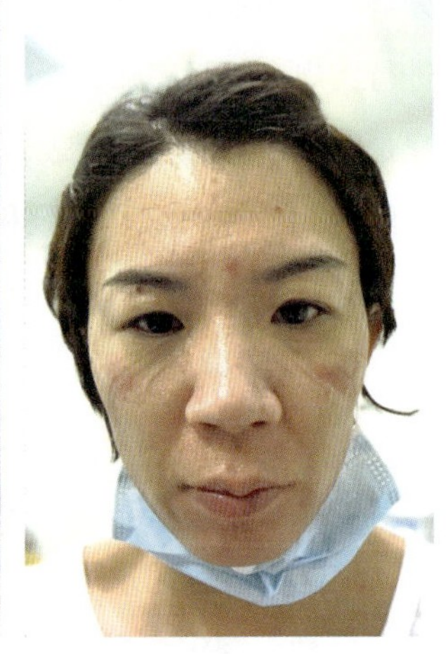
张燕宁在一轮工作后，脸上被勒出深深的印痕

（戴荣平　谢丹　张燕宁　陈哲）

第二十一节　眼科人工智能研究引领国内方向

2016年年底，随着时代和计算机算法技术的巨大进步，医学影像的人工智能（Artificial Intelligence, AI）研究时代开始了。眼底组紧紧抓住这个契机，早在2016年年底，研究工作就在陈有信教授的直接布局规划下启动，于伟泓作为主要协调人员，负责组建以眼底组主治医师和住院医师、陈教授的研究生为主要成员的人工智能研究团队，计20余人，具体执行各项相关科研工作。经过数年的努力，协和眼科人工智能研究目前已经在国内处于领先水平。

协和眼科人工智能研究内容上以糖尿病视网膜病变为切入点。当时国际国内的主流研究方向也是以此为起点，因为糖尿病是重大的慢性疾病，患病人群多，而不论国际还是国内，眼底医生缺乏是现状，亟须借助人工智能来进行大规模的眼底筛查，因此受到政府与医学科研人员的重视。人工智能研究是医工结合的典型代表，因为人工智能算法是临床医生力所不及的，需要与院外团队进行合作。眼科医生主要的任务是找到与临床需求相契合的思路，进行影像的标注和文章的总结归纳，推进人工智能在真实世界的应用。

在工作启动之初，团队就确定了整体工作一定要流程合理、合规的原则。最初的工作是建立人工智能研究平台，眼科人工智能团队与院外算法团队紧密合作，建立数据上传、标注的路径和界面，经过多次讨论、试用、优化，使这些数据更方便于医生使用，提高效率。在工作中，注意每一个步骤的合规性，制定标准作业程序（Standard Operation Procedure，SOP），从而为后来的人工智能研究提供规范的流程与借鉴。例如，眼底人工智能研究的方案均经过伦理委员会批准，并对于数据进行严格的去隐私化。对于眼底影像资料的标注，同一年资一般不少于三人对全部影像资料进行标注，如有不同意见，则提交更高年资专家复核并仲裁。

为了解决数据量问题，由陈有信主任牵头，联合全国百余家医院成立了“中国眼科真实世界人工智能研究联盟”，也带动了其他医院开展人工智能研究。人工智能研究的标注量很大，早期没有经费支持，但是眼底组上下齐心协力，不计报酬，一起努力付出。

2018年是眼科人工智能研究过程中的关键一年。这一年，眼科眼底病实验室获批为“中国医学科学院眼底病重点实验室”，人工智能研究是主要的工作方向之一。同年人工智能研究也争取到中国医学科学院创新工程支持（课题负责人：陈有信、于伟泓；课题名称：中国糖尿病视网膜病变人工智能眼底图像标准数据库的建立；项目来源：中国医学科学院医学与健康科技创新工程医学人工智能科技先导专项，2018-I2M-AI-001，经费240万元），解决了经费问题。眼科还加入了国家药监局医疗器械技术审评中心人工智能医疗器械创新合作平台，陈有信主任担任“真实世界数据应用工作组”组长，于伟泓担任秘书。借助创新工程项目的支持，团队建立了中国最大的糖尿病人工智能研究标注数据库，共两万张经过精准标注的眼底图片，发布在国家药监局医疗器械技术审评中心人工智能医疗器械创新合作平台上。同时与信通院合作，使其成为多家人工智能公司产品测试的数据库。《糖尿病视网膜病变眼底彩照人工智能研究标准数据库的建立规范》发表在《协和医学杂志》上，成为行业指南。于伟泓的报告《基于病灶识别的深度学习模型辅助糖尿病视网膜病变的转诊》参加了“第十四届全国医药卫生青年科技论坛”，

中国眼科真实世界人工智能研究联盟成立（左一为陈有信主任，其余为加入联盟的单位代表）

获得医学人工智能组二等奖。糖尿病视网膜病变人工智能辅助诊断软件最终获得国家药监局医疗器械技术审评中心批准，取得注册证书。

之后，眼科人工智能研究团队在陈主任引领下，逐渐向更深、更广的领域拓展。一个方向为在程钢炜带领下，开展青光眼的人工智能辅助诊断研究，另一个方向为眼底组的研究，逐渐向眼底多病种、多模态、广角眼底影像人工智能研究和自然语言报告生成的方向发展，两个方向的研究先后获得北京市科委多项课题资助。团队多人次在国际和国内会议上做相关研究成果的汇报发言，培养了硕士、博士研究生多名，研究内容涵盖糖网、糖尿病黄斑水肿、老年黄斑变性/息肉状脉络膜病变、病理性近视周边/黄斑部病变识别、抗血管内皮生长因子（Vascular Endothelial Growth Factor，VEGF）治疗效果预测等多方面，发表SCI论文20余篇。同时，眼底病人工智能辅助诊断软件被全国多家医疗机构使用，已进入各级医院体系。

2021年，于伟泓在援疆过程中申请了兵团科技局重点领域科技攻关计划项目“新疆兵团眼科远程智慧医疗平台的建立与实施”，为推动眼底人工智能在新疆的落地提供了基础。现在，团队已在规划眼与系列全身病的人工智

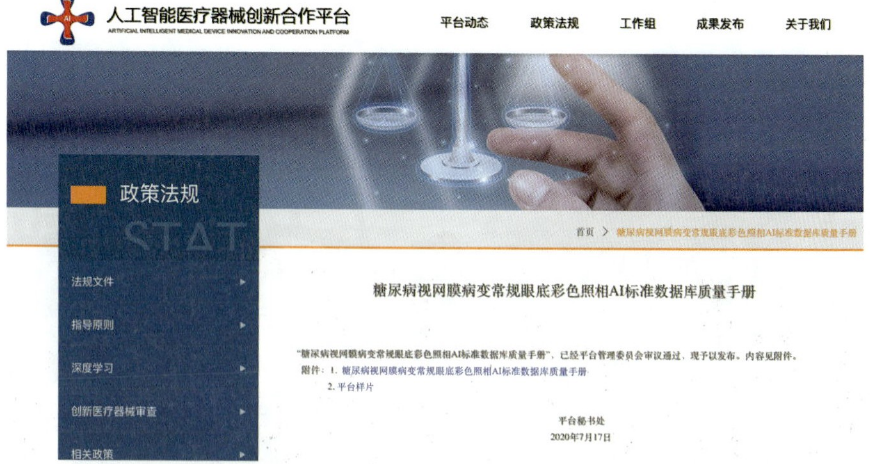

“糖尿病视网膜病变常规眼底彩色照相AI标准数据库”在人工智能医疗器械创新合作平台发布

协和医学杂志
Medical Journal of Peking Union Medical College Hospital

·标准与规范·

糖尿病视网膜病变眼底彩照人工智能研究
标准数据库的建立规范

于伟泓[1]，张　潇[1]，吴　婵[1]，陈　欢[1]，杨治坤[1]，贺　峰[1]，张枝桥[1]，张碧磊[1]，
巩　迪[2]，王月麟[1]，杨景元[1]，李　冰[1]，孙燕媛[1]，马亚静[1]，陆慧琴[3]，夏　蔚[4]，
周　伟[5]，张东磊[6]，潘庆敏[7]，杨　宁[8]，王淑娜[9]，孙晓蕾[10]，逯　颖[11]，
苏　畅[12]，万　博[13]，汪明启[14]，王　敏[15]，陈有信[1]

[1] 中国医学科学院　北京协和医学院　北京协和医院眼科 中国医学科学院眼底病重点实验室，北京 100730
[2] 中日友好医院眼科，北京 100029
[3] 西安市第一医院眼科，西安 710002
[4] 苏州大学附属第一医院眼科，江苏苏州 215006
[5] 天津医科大学总医院眼科，天津 300052
[6] 山西医科大学第一医院眼科，太原 030001
[7] 山东第一医科大学第二附属医院眼科，山东泰安 271016
[8] 徐州医科大学附属医院眼科，江苏徐州 221004
[9] 潍坊医学院附属医院眼科中心，山东潍坊 261035
[10] 山东第一医科大学附属眼科医院（山东省眼科医院），济南 250021
[11] 哈尔滨医科大学附属第四医院眼科，哈尔滨 150001
[12] 承德医学院附属医院眼科，河北承德 067020
[13] 北京市通州区潞河医院眼科，北京 101199
[14] 平顶山市第一人民医院眼科，河南平顶山 467099
[15] 咸阳市第一人民医院眼科，陕西咸阳 712099

通信作者：陈有信　电话：010-69156351，E-mail：chenyouxinpumch@163.com

【摘要】近年来，随着人工智能技术的兴起，世界范围内对于眼底病尤其是糖尿病视网膜病变的人工智能识别研究越来越多，但不同人工智能识别软件准确度的验证与比较问题尚未解决。本文对北京协和医院眼科在建立1.5万张糖尿病视网膜病变眼底彩照人工智能研究标准数据库的过程中所遵循的规范进行阐述，以期为后续眼科以及其他相关学科建立更多的相关数据库提供参考。

【关键词】糖尿病视网膜病变；人工智能；标注；数据库；标准流程
【中图分类号】R77；TP18　【文献标志码】A　【文章编号】1674-9081(2021)05-0684-05
DOI：10.12290/xhyxzz.2021-0613

基金项目：中国医学科学院中央级公益性科研院所基本科研业务经费（2018PT32029）；中国医学科学院医学与健康科技创新工程（2018-I2M-AI-001）；北京市科委医药协同科技创新研究项目（Z191100007719002）；北京自然科学基金-海淀原始创新联合基金（L192062）；北京自然科学基金-京津冀基础研究合作专项（J200006）
引用本文：于伟泓，张潇，吴婵，等. 糖尿病视网膜病变眼底彩照人工智能研究标准数据库的建立规范［J］. 协和医学杂志，2021，12（5）：684-688. doi：10.12290/xhyxzz.2021-0613.

684　September，2021

《糖尿病视网膜病变眼底彩照人工智能研究标准数据库的建立规范》发表在《协和医学杂志》上，成为行业指南

能研究和上市后人工智能软件在真实世界中的应用的研究，继续把眼科人工智能研究推向深入。

（于伟泓）

[第八章]

新中国成立后，从协和眼科走出去的国内其他院校知名教授

新中国成立后，从协和眼科也走出去了很多人，他们曾经时间或短或长地在协和眼科学习、工作、进修过，把协和理念、协和精神带到了祖国各地，其中有的人成长为地方上、全国性的知名教授，为眼科某一方面的发展做出了突出贡献。现将他们的事迹辑录于此，对后来者给予激励。

第一节 范雪定

范雪定，1923年生，山西省解县（今运城解州镇）人，中共党员。山西省眼科学科重要的创始人和奠基人之一，在山西省眼科事业发展史上建立了卓越的功绩。他先后受到的国家级表彰主要有：1960年9月被选为全国文教卫生体育先进工作者，1987年获全国残疾人康复成果二等奖，1993年获国务院残疾人工作协调委员会、民政部、卫生部等七部委颁发的“三项康复先进个人”光荣称号。

1948年，范雪定毕业于山西省立川至医学专科学校，1949年至今先后任山西医科大学助教、讲师、副教授、教授及其附属医院主治医师、主任医师，1999年被聘为山西医科大学第一医院终身教授。曾任中华医学会眼科学分会委员、《中华眼科杂志》编委、山西医学会常务理事、山西医学会眼科专业委员会主任委员和山西省防盲指导组副组长等职。

多年后，范雪定回到协和九号院

1951年8月，范雪定已经工作几年时间了，因为卫生部在北京开办高级师资培训班，他与两位应届毕业生（湖南湘雅的陈光昭、武汉同济的康

1951年进入协和眼科进修的三人，从左至右为康衍、陈光昭、范雪定

衍）一同来到北京协和医院，跟着当时的罗宗贤主任、劳远琇和胡铮见习，出门诊，查病房，当时的同仁医院副院长张晓楼也在协和担任职务，也出门诊，有时做一些手术。范雪定回忆："那时协和眼科的住院医师是肖仁度、张承芬和我们三个进修生。我们开始是见习，之后做了住院大夫的工作，主要是接诊门诊的初诊病人，做初步检查，写出病历记录，提出初步诊断，经主管大夫审核，给出治疗意见，开始治疗。在病房分管几个住院病人，书写大病历，做初步检查，记录病人每日病情以及上级大夫查房意见。"在每天充实的工作中，范雪定积累了丰富的眼科工作经验，为此后的工作打下了坚实的基础。

在协和期间，除了临床能力的培养以外，范雪定也十分珍惜医学知识学习和拓宽的机会。20世纪50年代，眼科从外文翻译的中文书籍很少，国内也没有眼科学教材，能获取眼科知识的途径有限，中文书刊只有1950年创刊的《中华眼科杂志》和之前保存的图书杂志。范雪定回忆，罗宗贤每周给他们讲的课，包括基本眼科知识——如解剖生理、眼睑病、结膜病、角膜病等一一的讲解，还有劳远琇和胡铮讲授的其他内容，这些让他获益匪浅。在协和除了听老师讲课以外，他还经常参加其他专业的大查房和专题讲座，如林巧稚组织的妇产科大查房，刘士豪主持的关于内科病特别是内分泌疾病的查房等。在协和的学习和实践经历拓展了范雪定的知识边界，对他之后的工作有很大的指导意义。他在采访中说道："我感到在协和一下子拓宽了思路和眼界，才知道医学有一个如此广阔的范围，这使我以后在工作中，除了临床病人治疗以外，还知道在山西怎么样能保障全省人民的眼的健康，知道从哪些方面做一些工作。"

1953年，范雪定离开北京协和医院，但依然与协和保持着密切的联系，他说自己经常向老师请教有关病人的诊断治疗，或请老师来会诊，也常邀请协和的专家进行学术交流和做专题讲座、报告，这让他的眼科知识与储备不断得到提高，使其为眼科领域的发展不断地做出贡献。

范雪定后来成为山西省眼科学科重要的创始人和奠基人之一，为山西省眼科事业的发展做出了卓越的贡献。

人员培训，储备中坚力量

作为山西省眼科学科重要的创始人和奠基人之一，范雪定为改善新中国成立初期山西眼科力量薄弱、医生队伍缺乏的情况做出了重要贡献。新中国成立初期山西眼科医生严重缺乏，分布不均，山西医学院（今山西医科大学）和中级卫校的眼科学时少，要满足全省大量眼病病人的医疗需求，只能自己去培训眼科医生。从协和医院回山西后，范雪定牵头，于1953—1955年在山西医学院开办了一年多的眼科班，为运城、临汾、晋城、原平、榆次以及太钢培训了眼科医生，这些医生以后都成了当地的眼科创业骨干。1960年，在校党委支持下，医学院五年级抽调学生组成眼科班，通过一年的眼科专业培训，学员都成了各地市眼科专业带头人。1960—1962年与运城地区医院合作，开办为期半年的两期班，培训了60名县、乡眼科医生。借助这些眼科专业人才，1974—1978年在临汾、侯马、文水开办了4期全省眼科进修班，课程4个月，实习半年。经过近30年的努力，在20世纪80年代初，山西各县、市及大厂矿基本上都有了诊治眼病的人员。

全省眼科医生培训班的传统一直保留了下来，并开发了主治医师提高班，邀请北京协和、同仁、宣武医院的专家来讲学。不仅如此，在此基础上，范雪定将重点转向住院大夫的培训工作，还参与了国家提出的住院大夫的规范培训工作。

范雪定也重视眼科机构的建设，为满足全省广大眼病患者的医治需要，1976年，遵照省委书记的建议，从山西医学院附属医院抽调部分人员，扩大山西省工农兵医院眼科，1978年，山西省工农兵医院改组为山西省眼科医院。经过40年各届医院领导及广大医务工作者的共同努力，它已经成为医、教、研、防三甲专科医院。

防盲工作带来万千光明

20世纪50年代初，范雪定所在的山西医学院附属医院眼科协助省盲人协会，对历届盲人按摩班学员、盲人工厂工人、盲童学校学生进行检查治疗，做白内障摘除、角膜白斑人造瞳手术以恢复部分视力。1974—1977年，范雪定带领学员在侯马、文水农村边实习边检查边治疗眼病，完成十万农村居民眼病调查。在范老和一批眼科学者的共同努力下，1977年山西省卫生厅通过“全省建立眼病防治网、防沙扫盲”规划，1985年山西省防盲指导组成立，防盲工作迈上了新的台阶。1986年，在省卫生厅领导下，开展了十万城乡居民盲与低视力流行病学调查，明确了山西省眼病的患病率及主要致盲率，为以后的防盲工作明确了目标，为制定全省的防治规划提供了科学依据。1987年，范雪定在全国康复学会获康复成果二等奖。

在防盲工作的推进中，范雪定也积极组织与协和医院眼科的沟通和学习。1990年致力于防盲治盲事业的胡铮抵达运城考察，并在太原参加了全国防盲初级眼保健研讨会。之后，山西省眼科医院聘请胡铮为高级顾问，不断加深与协和防盲治盲工作的合作。

当时山西的防盲工作也引起了中国残疾人联合会的关注，并邀请范雪定参加了部分全国残疾人三项康复工作的检查验收。

范雪定自毕业就踏上了眼科工作的道路，在几十年如一日的从业生涯中，他始终怀抱着内心的热爱，为学科建设、人才培养以及防盲事业的发展做出了卓越的贡献。他也对年轻医生提出了期望，希望他们能不断向更有经验的前辈学习，也希望年轻的专家把新一代的学生当作自己工作中的伙伴，共同提高，不断进步！

1990年9月，胡铮视察指导山西防盲工作

（程甜甜　陈哲，感谢山西省眼科医院提供资料）

第二节　吴德正

吴德正，教授、博士生导师，享受国务院特殊津贴。1960—1965年就读于上海复旦大学生物物理专业，毕业后于1978—1981年在中国医学科学院北京协和医学院做陈耀真教授的研究生，1982—1983年于美国约翰斯·霍普金斯大学生物物理系做博士后，1993年在英国伦敦大学眼科研究所任客座教授，2008年退休前工作于中山大学中山眼科中心眼科研究所，任研究员、国家二级教授。退休后，工作于广州爱尔眼科医院（前身为陈耀真－毛文书眼科纪念诊所），任特聘专家。从事临床视功能研究40多年，主要研究方向为视觉电生理和心理物理的临床应用，是我国著名的视觉电生理专家。

吴德正

研究生毕业证书

研究生吴德正系浙江省（市、自治区）绍兴县人，现年38岁，于一九七八年十月　日入本院眼科学专业学习，学制三年，按培养计划完成全部学业，课程考试成绩及格，毕业论文答辩合格，准予毕业。

证书登记第059号

中国医学科学院院长

黄家驷

一九八一年十二月　日

吴德正的协和眼科研究生毕业证

在协和期间的求学经历回忆

据吴德正回忆，1978年，国家恢复研究生报考制度，她第一时间便想报考北京协和医院眼科专业。谈及当时为何对协和充满了憧憬和向往，她毫不犹豫地给出三点原因：其一，北京协和医院是国内外著名的一流医院，有林巧稚、张孝骞等国际国内著名学者，声名远扬；其二，北京协和医院属中国医学科学院，是全国医学研究最权威的机构，是培养医学科研人才的摇篮；其三，北京协和医院拥有全国著名的眼科专家教授，如陈耀真、毛文书、劳远琇、胡铮、张承芬等。怀着对协和眼科的期待，吴德正报考了陈耀真教授的硕士研究生，被顺利录取后开始了她在协和三年的研究生学习和工作。

研究生学习期间，胡铮讲授的青光眼、劳远琇讲授的视野学、张承芬讲授的眼底病（尤其是糖尿病视网膜病变）等课程，让吴德正获益匪浅。作为科研型硕士，吴德正研究生期间的科研题目是“糖尿病视网膜病变的暗适应变化”。在导师陈耀真和眼科各位老教授兢兢业业、严谨勤奋工作作风的影响下，对每一例糖尿病视网膜病变确诊患者，她都书写了完整、清晰、规范的诊治病历，并进行详细的以暗适应为主的视功能检查；她还对每名患者进行长达40分钟的检查，对暗适应曲线不厌其烦地描点连线。吴德正做到了用百分之百的细致对待每一名病人。

回忆起自己在协和短短三年的学习与工作，吴德正印象深刻的是老教授们注重学习、事必躬亲、扎根临床的以身作则的精神；是每位医生兢兢业业、不计较个人得失、一心一意为病人服务的认真奉献的态度；是科室内部及科室间积极交流、实现科研合作的团结互助的氛围。她说：“协和留给我最深刻的烙印是扎实的工作作风、为病人服务的理念、精益求精的精神以及严谨细致的科研态度。”

视觉电生理工作

我国对临床视觉电生理的研究和应用起步较晚，在50多年的临床视功能应用研究中，吴德正的主要研究贡献是开创、推进和发展了我国临床视觉电生理事业。20世纪80年代，吴德正协助吴乐正，带领我国为数不多的热爱视觉电生理的医生，成立了中华医学会眼科学分会视觉电生理学组，开创了我国临床视觉电生理的新征程。

在数十年的临床工作中，吴德正主要做了如下工作：一、参与组织我国视觉电生理学组的各项活动；二、普及和推广视觉电生理的临床应用，撰写了四部中文专著和两部英文专著，发表了150余篇相关论文，多次开办学习班、做专题讲座和会议报告等。据回忆，吴德正教学讲课和交流的脚步遍布我国除西藏自治区以外的所有省份，为视觉电生理的普及做出了重要贡献；三、建立了我国临床视觉电生理有关各项测试指标的相关参数和正常参考值，推进了我国应用的标准化、数字化；四、与国际接轨，进行国际交流，加入国际临床视觉电生理学会（International Society for Clinical Electrophysiology of Vision，ISCEV），参加该学会每年举办的学术研讨会议，在国际电生理学习班进行讲学，并在国内分别于1990年和2017年举办了该学会的国际学术会议，扩大了我国临床视觉电生理在国际上的影响；五、除重点研究的临床视觉电生理外，吴德正与吴乐正等神经电生理学家还进行了色觉、视野、对比敏感度等相应研究，并着重检查眼底形态学，向协和眼科学习，建立了与当今眼底形态检查相匹配的系列检查。

临床、科研双肩挑

谈到临床与科研的关系，吴德正强调，要体会到临床与科研之间的关系——临床是第一线，医务人员直接面对病人，临床工作是重中之重。但要提高临床工作效能，却离不开科学研究——科研是医生总结经验和评估诊治疗效的重要方法，能提高医学思维，培养高素质医学人才；科研能不断创新，实现各类新仪器设备的研发，从而为临床提供各种更先进更有效的检查仪器，并进一步提高诊疗水平。因此，临床和科研相辅相成、不可分割、缺一不可。将临床与科研两者紧密结合起来能够为医疗事业的发展开创新的未来。吴德正对协和年轻人提出殷切期望：要牢记使命，学习前辈，继续奋斗，再接再厉，开创新的征程，在医疗和科研中做出更大贡献！

（赵清　陈哲）

第三节　刘熙朴

刘熙朴曾任美国阿勒格尼大学（Allegheny University）眼科副教授，北京协和医院眼科教授、博士生导师、眼科副主任、青光眼专业组组长，挪威特拉姆瑟大学兼职教授，清华大学第一附属医院眼科主任等，曾兼任中国协和医科大学学位委员会委员、中华眼科学会青年委员、《中华眼科杂志》及《眼科》编委。2004年发起创建北京圣康华眼科医院，先后任北京圣康华眼科医院副院长、院长，同时兼任清华大学第一附属医院眼科主任、北京中医医院特聘专家。

刘熙朴1962年出生，祖籍山东省沂南县，先后就读于青岛医学院医学系和中国医学科学院北京协和医学院研究生院，在美国哈尼曼医学院（Hahnemann Medical College）完成博士后研究工作。

刘熙朴长期致力于眼科学和视觉脑科学的医学应用研究与医疗服务工作，组织、创建了以视觉神经科学与神经康复医学为业务核心的专科医院，并在该专科医院基础上建立了北京视觉科学研究所。

刘熙朴在协和医学院就读时期

刘熙朴于1985—1990年就读于北京协和医学院，在读研究生和住院医师培训期间，正值国家进行巨大变革，亟待培养新一代国家人才的历史转折时期。在导师张承芬和费佩芬、李维业、胡天圣、劳远琇、胡铮的共同关怀和指导下，刘熙朴在学生时代即完成了一系列眼科临床和实验研究工作，是国内最早开展眼科显微手术和人工晶体植入手术实验与临床研究工作的眼科医生之一，他在眼科病理学、眼科细胞生物学研究工作中的优异成绩，使他在完成研究生学业后立即获得了国家自然科学基金会的支持，成为当时北京协和医院最年轻的国家自然科学基金获得者。

1998年，刘熙朴在北京协和医院陆召麟院长、马遂副院长和宗书杰书记等院领导的邀请和安排下，自美国返回北京协和医院重新任职，工作至2004年。刘熙朴回国后，先后受聘任中国医学科学院学术委员会委员、教育部学位委员会评委、国家医学奖二级评委等学术职务，并受医院领导委托，对北京协和医院的学术资源进行调查研究，对北京协和医院的学术研究管理体制的改革工作提出了许多建设性意见，促成了北京协和医院中心实验室的设立。

在北京协和医院工作期间，作为科室负责人之一，刘熙朴与董方田密切协作，团结科内老、中、青三代同事，在科室基础设施建设、专业团队建设、业务管理体系建设等多方面进行了一系列的改革探索，使科室工作环境

刘熙朴与导师张承芬及另两位同门在新疆（从左至右：刘熙朴、董方田、张承芬、陈有信）

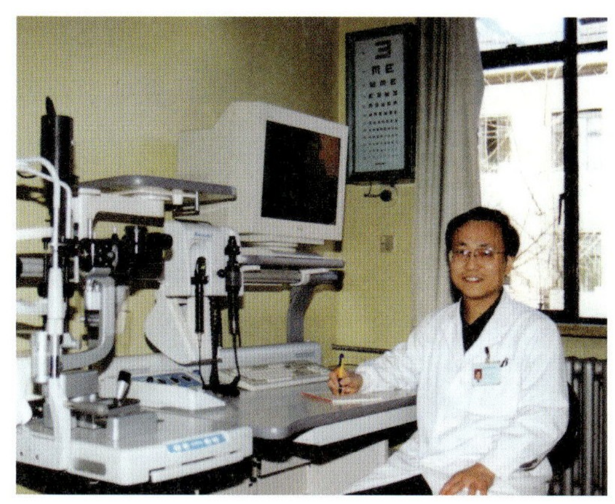

刘熙朴在当年门诊引进的综合检查台前

和学术面貌焕然一新。

刘熙朴十分重视教书育人工作，积极参与院校、医院和科内的教育管理体制的改革工作和对优秀人才的培养工作。刘熙朴教授连续多年承担北京协和医学院研究生入学的教育讲学工作，其研究生培养工作涉及眼底病、青光眼、角膜病、眼免疫性疾病等多个专业领域。

离开协和医院之后，刘熙朴先后任职于挪威特拉姆瑟大学和清华大学，并创立了北京视觉科学研究所，继续致力于眼科和视觉科学医学应用的研究工作，积极推动国家视觉康复医疗体系的发展和专业人才的培养工作。

刘熙朴积极参与社会组织工作，先后担任《中华眼科杂志》编委、《眼科》编委、北京市残疾人康复协会常务理事、北京市残疾人康复协会视觉康

低视力康复国际研讨讲习班

复专业委员会主任委员等职务，是挪威和平基金组织南北合作与南南合作项目“亚洲健康研究协作组织”的主要发起人和组织者。

刘熙朴的工作曾先后获得国家自然科学基金会、卫生部、教育部、人事部及美国防盲协会、美国老年病研究基金会、挪威科学议会、挪威和平基金组织、国际糖尿病联合会等国内外政府组织和学术组织的支持。

（孟丽慧　陈哲）

第四节　张铭志

张铭志，教授、主任医师，汕头国际眼科中心常务副院长，博士生导师、硕士生导师。2020年5月，获得“第二届全国创新争先奖”。先后赴美国、新加坡、德国等地进修学习，在青光眼、白内障的临床诊治方面有多年的临床经验，完成单纯和复杂白内障超声乳化及难治性青光眼手术数万例，是我国最早开展白内障超声乳化联合多焦人工晶体植入及有晶体眼植入人工晶体矫治高度近视的专家之一，技术水平居全国前列。同时，兼任中华医学会眼科分会白内障及视光学组委员，亚太地区白内障、屈光手术医师学会委员，亚太青光眼防盲指导委员会委员，世界眼外科医师学会执行委员，《中国实用眼科杂志》《眼科研究》编委，《中华眼科杂志》特约审稿专家，广东省医师协会眼科医师分会副主任委员，中国女医师协会眼科分会会长等社会职务。以下为张铭志回忆劳远琇教授的文章。

我永远的老师——劳远琇教授

人的一生会遇到很多人，经历很多事，有些人和事，或润物无声，或潜移默化，会对人生轨迹产生很大的影响。适逢北京协和医院建院百年之际，我心潮起伏，年轻时曾在北京协和医院师从德高望重的劳远琇教授的学习经

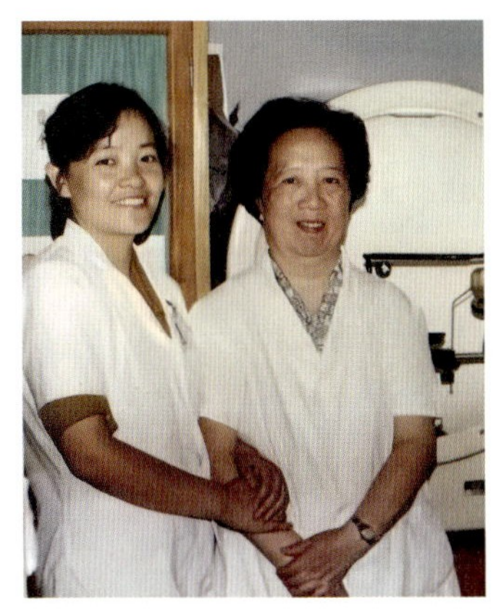
张铭志当年与恩师劳远琇教授在视野计前合影

历，不仅改变了我对疾病诊断的思维，也给予了足以影响我一生的精神滋养。

1991年，我有幸赴北京协和医院进修。北京协和医院是我国顶尖医疗水平的代名词，也是中国医学界的一面旗帜，在我心目中它更是一座神圣的医学殿堂。踏入协和医院的大门，我既兴奋又忐忑。初次与老师见面，早已听闻她治学严谨，因敬仰她的才学，恐惧自己专业知识的浅薄，整整三个月我缄口不言，生怕出错。回想当初青涩的自己，忍俊不禁。

当时已逾古稀之年的劳教授，其实本人平易亲切，完全不似我想象中那样不苟言笑、令人望而生畏。作为中国神经视野学的先驱和开创者，她具有极高造诣，在眼科界德高望重。在后来短短半年多的学习时光里，我更加深刻地体会到了她作为医生和老师的大家学者风范。当时的协和医院已经开展了多学科联合诊疗（眼科、内分泌科、神经内科、神经外科、妇科），全身疾病合并眼科疾病的患者从全国各地来到协和医院就诊。她从不简单地说教，对于疾病诊断的分析见微知著，抽丝剥茧，由表及里，从局部到系统，严谨而有序。目睹无数患者经她分析后获得明确的诊断、治愈后患者视她为神明般的由衷感激以及她淡然置之的风范，这些无不潜移默化地影响着我。而学习融会贯通地重建知识点架构，拓展疾病诊疗思维，以系统概念分析眼科疾病的共性及特性，这些使我受益终身。追忆与劳教授相处的时光，历历在目，恩师的点拨指引，言犹在耳……

劳教授当时坚持每周有两天到科室指导，每周四下午对我进行一对一教学指导，从理论、原理、分析思路到视野检查技术，逐一娓娓道来，让我不仅要知其然，还要知其所以然，为我打通了一条又一条学习认知之路，而我的进步也得到了更多老师同学的认同。因此，劳教授给我上课之日，总是会吸引很多其他进修的医生来“蹭课”，而这一天也自发地成为进修医生的另一个集体学习日。

在劳教授的言传身教以及悉心指导下，我从缄口不言到每次跟诊时的问题不断，彼此的沟通逐渐深入。她教导我说，在对疾病的诊疗过程中，对于每一位医生发现的临床问题，都要用科学研究的思路去解决它，才能让自己在实践中成长和提高。她希望我在进修期间注重学习总结，她给我详细讲解了三个病例后让我选择，我选择了以视野表现为“管视”的病例，这是一组多发性颅脑损伤造成视力障碍，而通过视野检查定位颅内损伤的病例，也是临床的罕见病例。她说学习总结，不仅是要你写一篇病例报告，而是要以写论文的思维和方法去完成。接着，她亲自提供了英文方面的文献，让我了解背景、深入学习，并亲自从病案室调出病历加以详细分析。经过数十次的指导修改后，以我为第一作者的首篇论文《双眼两侧同名偏盲》最终发表于《中国实用眼科杂志》上。

这种以科研思维为导向来解决临床问题的理念，无声无息地植入我一生的职业生涯里。时至今日，我带领自己的团队开创性地运用国际前沿技术实现自主研发，突破临床疑难眼病精准诊疗及培训的瓶颈，溯源归本地来看，也是受益于此。

随着时间的流逝，我的进修学习即将结束，忘不掉那一天，她照常来到科里，面带微笑地对我说：“张大夫你要结束学习了，今天就由你来讲课。”毫无准备的我顿时感到紧张，是我交答卷的时刻到了！我忐忑地从视网膜到枕叶中枢的疾病及视野特点进行讲解汇报，惴惴不安地等待她的评价，最后她的一句“小张大夫，你合格了！”

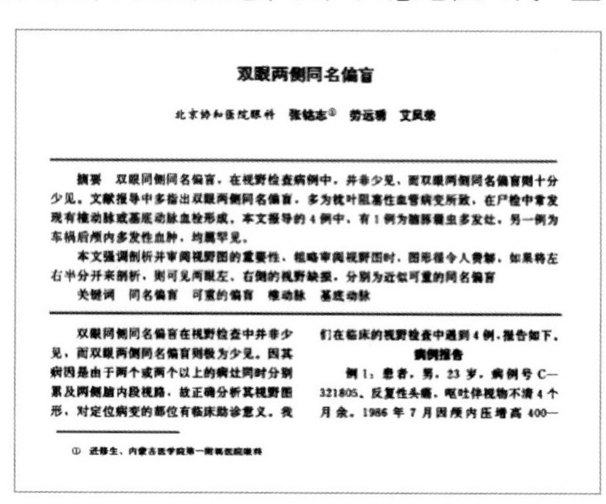

双眼两侧同名偏盲

北京协和医院眼科　张铭志[①]　劳远琇　艾凤荣

摘要　双眼同侧同名偏盲，在视野检查病例中，并非少见，而双眼两侧同名偏盲则十分少见。文献报导中多指出双眼两侧同名偏盲，多为枕叶阻塞性血管病变所致，在尸检中常发现有椎动脉或基底动脉血栓形成，本文报导的4例中，有1例为脑囊虫多发灶，另一例为车祸后颅内多发性血肿，均属罕见。

本文强调剖析并审阅视野图的重要性，粗略审阅视野图时，图形很令人费解，如果将左右半分开来剖析，则可见两眼左、右侧的视野缺损，分别为近似可重的同名偏盲

关键词　同名偏盲　可重的偏盲　椎动脉　基底动脉

双眼同侧同名偏盲在视野检查中并非少见，而双眼两侧同名偏盲则较为少见。因其病因是由于两个或两个以上的病灶同时分别累及两侧脑内段视路，故正确分析其视野图形，对定位病变的部位有临床助诊意义。我们在临床的视野检查中遇到4例，报告如下。

病例报告

例1：患者，男，23岁，病例号C—321805，反复性头痛，呕吐伴视物不清4个月余。1986年7月因颅内压增高400—

① 进修生、内蒙古医学院第一附属医院眼科

1996年，张铭志在劳远琇教授指导下发表的首篇论文（部分）

让我如释重负，而这个“合格”也激励着我在以后的职业生涯中挽救了众多的误诊和漏诊患者。

一时的感动，延绵一生的感恩！

学习结束了，最后一次跟劳教授出门诊，等我办理完各项手续回到办公室时，劳教授已经离开了，我遗憾自己没能跟她做最后的道别。当我整理办公桌上的杂物时，一张字迹工整的字条跃入眼帘：“小张大夫，你在学习期间所提出的问题，我没有及时回答你，我去图书馆查阅了资料，这是相关的文献，会对你的问题有所帮助。”字里行间饱含了她对青年医生的爱之切和盼之深，力透纸背，字字入心。除了字条，桌上还有文献资料。我顿时泪盈眼眶，一幅画面在脑海中浮现：一位古稀老人在满是书籍文献的图书馆里，登梯一格一格地找出原始文献，并将有关内容一页一页地复印，然后再仔细将文献杂志归位……这个场景永远镌刻在我的记忆之中。

循循善诱，谆谆教诲，一字一句我都铭记于心。我时刻以师为镜，决心传承她一生探求学术真谛、春风化雨般启迪后学的精神与行动。怀念我永远的老师——劳远琇教授！

（张铭志）

第五节　张吉平

张吉平，主任医师，教授。曾任山东省德州市人民医院眼科中心主任，硕士研究生导师，山东省医药卫生重点专业学科带头人，中国医师协会山东省眼科常委，山东省白内障专家指导组专家，德州市眼科专业委员会主任委员。曾被评为德州市拔尖人才，德州市有突出贡献中青年专家，中华医学会会员。以下为张吉平回忆在协和医院进修的经历。

短暂的进修，永恒的教诲

我于1986年4月至1987年6月在北京协和医院眼科进修。岁月如梭、时光荏苒，学习生活虽已过去了35年，但老师们治病救人的高尚情操、严谨细致的治学态度、宽厚待人的情怀，使我终生难忘，并时刻激励着我不忘初心、不辱使命、克服困难、砥砺前行。今年适逢协和建院百年，谨以我记忆犹新、刻骨铭心的几个片段的回忆，表达对百年协和庆典的祝贺，对我恩师教诲的纪念。

1987年，张吉平在北京协和医院九号院门口留影

（一）

来协和医院眼科进修之前，我就十分仰慕著名的眼底病专家、博士生导师张承芬教授。来协和进修以后，学员们都以能跟张老师出门诊为一大幸事。

有一天，我接到通知，跟张承芬老师出门诊。虽然这一天我盼望已久，但这一刻真的来临时我又十分胆怯，因为听说过张老师作风非常严格，给病人诊断严谨认真，书写病历一丝不苟。这令我既敬佩又畏惧。

这天一早，我提前一小时来到医院，打扫完诊室的卫生，即着手整理物品、排列病历、安置病人，一切布置安排妥当后，等待着张老师的到来。张老师到来后，环视了一下四周，可能是看到了整洁有序的环境，给了我一个满意的微笑。这个微笑使我心里踏实了许多，也增加了几分自信。

等张老师就座后，我问：“开始叫病人吗？”张老师和蔼地说：“是‘请’

病人。”一个“请”字，让我领悟到了老教授拿病人当亲人的医者仁心。

我注意到，张教授接诊每一个病人，都那么认真、仔细。发病时间，治疗过程，用药情况，血压、血糖等问得仔仔细细，而且亲自做裂隙灯检查、眼底检查、三面镜检查等，神情专注，一丝不苟。遇到年龄大的病人，张老师就称“老人家”，让患者感到非常贴心、温暖。对看过别的医生的患者，张老师认真对待其他医生的诊断，从不轻易否定别人的结论，而是根据病情变化进行补充诊断。跟张老师出一个上午的门诊，收获良多。

张承芬老师的医术是国内知名的。检查眼睛的荧光血管造影，在当时国内还是一项先进技术，有许多省市医院还没有开展这项工作。由于张老师经验丰富，北京市不少大医院的大夫也经常带着荧光造影片子来请教张老师。我也有幸在这个过程中学到了很多。

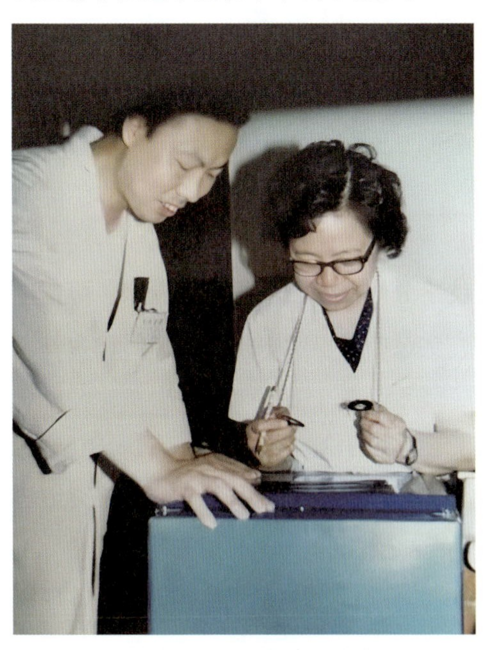

张吉平跟从张承芬教授查看眼底造影片子

张老师对这些疑难病例的专注和重视，是最令我敬佩的。记得协和医院有一位留学美国回来的骨科大夫，高度近视，大范围视网膜脱离。张老师对他的病情进行反复研究，征求许多同行的治疗建议，最后由她亲自做了外垫压环扎复位手术。我有幸目睹了手术全过程，张老师熟练的技巧和精湛的医术给我留下了深刻的印象。对这些疑难杂症我很感兴趣，这也是我学习的最好机会。给我印象最深的是对疑难病例的讨论，张老师让每位学员都要发表意见，最后她再一一点评、总结。对张老师的诊断和点评，我做了不少笔记，这些对我以后的工作帮助极大。

张老师有一个习惯让所有的医生和病人都为之感动。无论多晚，她都要把最后一个病人诊断完才离开诊室。因为每次门诊，张老师的病人都是一个接一个，经常12点以后还有病人在排队。张老师不忍心让病人等待太久，尤其是那些远道而来的病人，她宁肯自己饿肚子也要诊断完最后一个病人。跟张老师出门诊的学员都知道，下午1点以后吃午饭是常有的事。

也许是我学习比较认真，张老师对我厚爱有加。在进修期间，张老师送给我一把她从美国带回来的手术刀，亲手教我怎么使用，现在想起来仍然觉得十分亲切、感动。张老师还经常指导我写病历、修改病历，给我布置学习任务，指导我看书，教我怎样写论文，帮我到图书馆借书，表扬我字写得认真仔细，这增强了我学习的信心。有一天，张老师给我们这个博士生、硕士生、住院医师、进修医师“四组合”的学生团队讲完课，示意我留下，在她的办公室，她微笑着从一个厚厚的牛皮纸袋子里拿出一沓手稿，说这是她带领团队用了近5年时间，用心血写出的一篇论文，也是《中华眼科杂志》的约稿，让我用仿宋正楷体写出来，复写3份，还教给我具体书写格式、标点、引用论文如何标注等等。她问我用5天时间来完成行不行，我回答说：“3天。”回到宿舍，我先认真地看了两遍论文，尽可能领会其中的要义，然后就开始认真复写。我怀着对张老师敬佩的热情，边复写，边领会，大有近水楼台、先睹为快的感觉。我越写越兴奋，一直到凌晨4点，40多页的论文复写，我用了8个小时，一气呵成。早上8点，我拿着复写完、装订好的文稿轻轻推开张老师办公室的门。张老师看到我布满血丝的双眼，再看看那一沓字迹清晰、工整的文稿，非常感动地说：“太快了，太快了！”我当时已经是地级市医院的主治医师了，还担任进修医师的临时队长。张老师说：“毕竟当过兵，有军人的作风，雷厉风行。”后来还有三四次任务她也交给我来完成。

在跟随张承芬教授学习期间，我不仅学会了怎样设计课题，怎样写论文、编写综述，还开阔了视野，了解了眼科新技术的发展前沿。学习老师的理论，结合自己的实践，后来我写出了几篇论文，在业内刊物上发表。张老师每次都送给我单册作为纪念，还帮助我在《国外医学眼科学分册》上发表了一篇综述。都说人的成长过程中最珍贵的是遇到良师益友，可以说张承芬老师是我终生难忘的良师。

（二）

在协和医院，赵家良教授是另一位我非常敬佩的老师。赵老师在协和医院负责青光眼专业，兼做住院总医师的工作，他基本是24小时在医院。我在协和进修期间，有幸获得赵老师带着我值夜班的安排。

当时夜间值班，既要负责门诊急症的处理，又要参加紧急会诊。那时手机还没有普及，为了联系畅通，接班时要带上BP机。我非常珍惜这个机会，想从赵老师身上多学点东西，便紧紧地跟着赵老师。眼科的夜班十分繁忙。有的是突发眼疾来急诊室治疗，也有很多是因为白天挂不上号或因工作脱不开身，特意选择下班之后来看急诊的。赵老师每次都是忙完了急症事宜后才能去吃晚饭。借着这吃饭的时间，赵老师给我讲接诊处理急症的要领：要做到忙而不乱，紧张有序，处理得当。做到这几条是一种能力。

记得一天深夜来了一个年龄比较大的青光眼病人，眼压高、头痛、恶心呕吐，精神也很紧张。赵老师先安慰病人，检查后立刻采取措施降压，进一步观察治疗，直至病人症状缓解，整整忙了一夜。早上，赵老师带我去吃早餐，特意点了两份北京老酸奶。那是我第一次喝酸奶，喝到口中觉得味儿不对。赵老师告诉我说："喝吧，酸奶就是这个味儿，很有营养。"赵老师工作上对我言传身教，生活上对我关心备至。35年过去了，我仍然记忆犹新，终生难忘。许多年以后，在赵老师当选中华医学会眼科学分会主任委员那天晚上，我跟赵老师带的一帮博士生坐在一起等待消息，不经意间说起了我曾和赵老师一起值夜班的经历，他们都惊讶地看着我，问："你真的和赵老师一起值过夜班？"从他们既羡慕又多少有点妒忌的表情上，我知道跟老师值过夜班是一件非常幸运的事。

前几年我在市人民医院退休了，去德州爱尔眼科医院任职，请赵老师、陈有信主任来德州做学术讲座。赵老师是国际眼科院士，百忙之中到基层医院指导工作，帮助我们研究如何加强管理、规范程序，做到健康、有序地发展，给我们以极大的鼓励和鞭策。

（张吉平）

［第九章］

结语

以上，只是编撰了协和医院自有记录以来，直至建院百年时已去世或已退休，以及部分目前在院外的各位协和眼科前辈曾经做出的努力和取得的成就。其实，这些也只是他们努力的一生中的一个个片段，此书的笔墨，远不能描述出这些前辈在协和眼科发展道路上孜孜以求的所有细小瞬间。

还有一些曾在协和眼科工作过、奋斗过的人，去世后留下的资料甚少，由此他们的事迹在本书中没有详述，但他们对协和眼科发展的贡献也是不可磨灭的。

另外，历代技术员团队和护士团队，也对协和眼科的发展，做出了很多贡献，本文因史海浩渺资料难寻，也没有详述。

目前的协和眼科，经过数辈人的不懈努力，已经有了相当的规模，各专业组不断完善和壮大。2021年，建院百年之际，在陈有信等各位教授的带领下，协和眼科更是在“复旦医学排行榜”上，连续多年位居第六，成为全国综合性医院眼科的首位。各专业组的领头人，和他们的前辈们一样，正带领着组员们，激情澎湃地书写着协和眼科的现在。有一天，这些“现在”也会成为“历史”，这些新的辉煌动人的故事，且留待后人来记录和述说吧。

百年眼科，百年辉煌。新百年，再起航。祝愿协和眼科明天更美好！

（陈哲）

附录

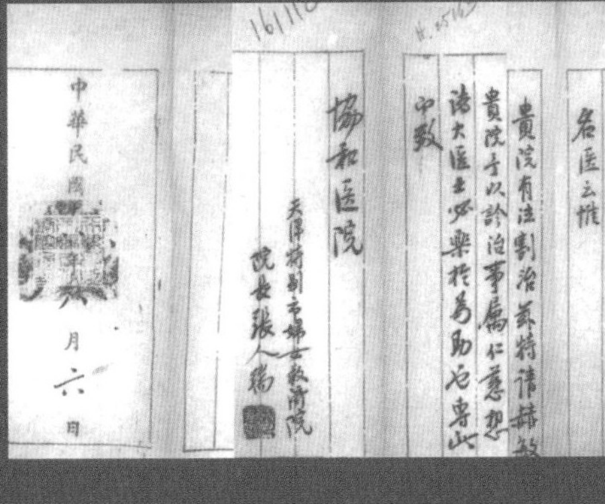
名医云樵

貴院有注射治……

貴院予以診治事屬仁慈……

諸大醫士必樂於為助……

此致

協和醫院

天津特別市婦女救濟院

院長張人瑞

中華民國　　月六日

附录1　老协和眼科病历

附录2　协和眼科大事编年记

附录3　人名英文（拼音）中文对照表

附录4　参考文献

附录1　老协和眼科病历

老协和有许多图文并茂的优秀病例，体现了协和眼科老一辈工作者一丝不苟面对病情、面对患者的态度，在此举几个例子，供后辈们学习。

一、1922年，郝文德主刀所写的外路视网膜复位术记录

这位患者的这份住院病历，完整记录了他的整个住院过程，这里展示了住院首页、麻醉记录单、手术记录。要知道，这种术式经过改进，直到今天还在沿用，而在当时是非常先进的手术。

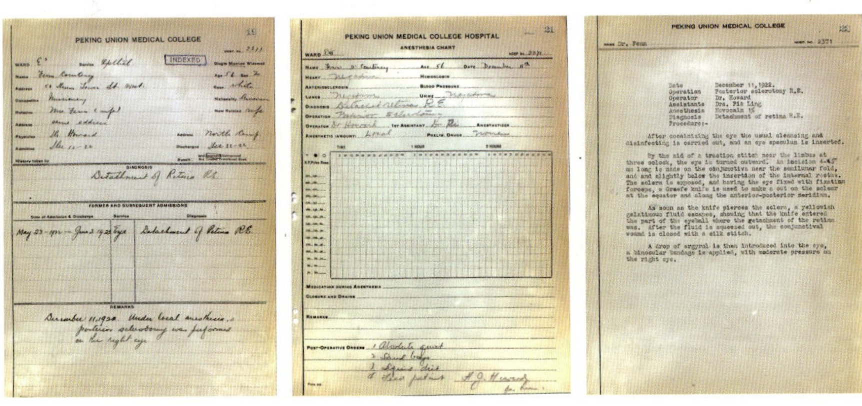

PEKING UNION MEDICAL COLLEGE

PEKING UNION MEDICAL COLLEGE HOSPITAL

ANESTHESIA CHART

PEKING UNION MEDICAL COLLEGE

Dr. Fenn　2371

Date　December 11, 1922.
Operation　Posterior sclerotomy R.E.
Operator　Dr. Howard
Assistants　Drs. Pi & Ling
Anesthesia　Novocain 1%
Diagnosis　Detachment of retina R.E.
Procedure:-

After cocainizing the eye the usual cleansing and disinfecting is carried out, and an eye speculum is inserted.

By the aid of a traction stitch near the limbus at three oclock, the eye is turned outward. An incision 4-4.5 mm long is made on the conjunctiva near the semilunar fold, and and slightly below the insertion of the internal rectus. The sclera is exposed, and having the eye fixed with fixation forceps, a Graefe knife is used to make a cut on the sclear at the equator and along the anterior-posterior meridian.

As soon as the knife pierces the sclera, a yellowish gelatinous fluid escapes, showing that the knife entered the part of the eyeball where the getachment of the retina was. After the fluid is squeezed out, the conjunctival wound is closed with a silk stitch.

A drop of argyrol is then introduced into the eye, a binocular bandage is applied, with moderate pressure on the right eye.

郝文德于1922年行视网膜脱离、巩膜开窗放液手术的病历

二、1929年，裴乐德与林文秉分别主刀的先天性白内障手术

这位患者是天津特别市妇女救济院转至协和医院的一位先天性白内障、

双盲的患者，裴乐德与林文秉分别为这位患者的双眼实施了白内障针拨术。这种手术方式虽然在当代眼科已然被摒弃，但在当时，对患者却有莫大的帮助。

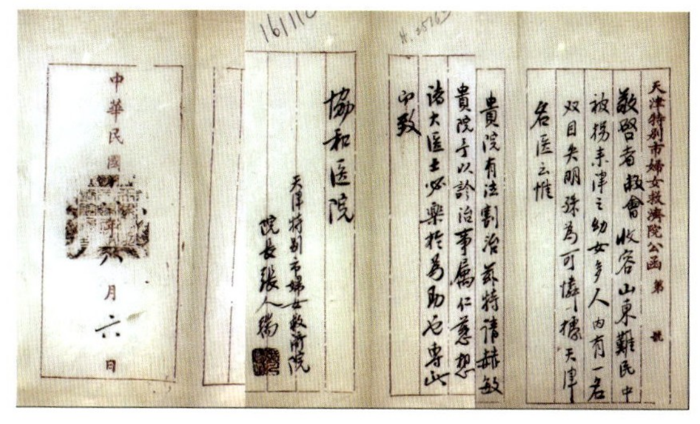

天津特別市婦女救濟院公函 第 號

敬啓者 敝會收容山東難民中被拐來津之幼女多人 內有一名双目失明 殊為可憐 據天津名医云 惟貴院有法割治 茲特備函致貴院予以診治 事屬仁慈 想諸大医士必樂於為助也 專此函致

協和医院

天津特別市婦女救濟院

院長張人錫

中華民國 月 六 日

1929年，天津特别市妇女救济院公函，拟转至协和医院一位先天性白内障，双眼失明的女童

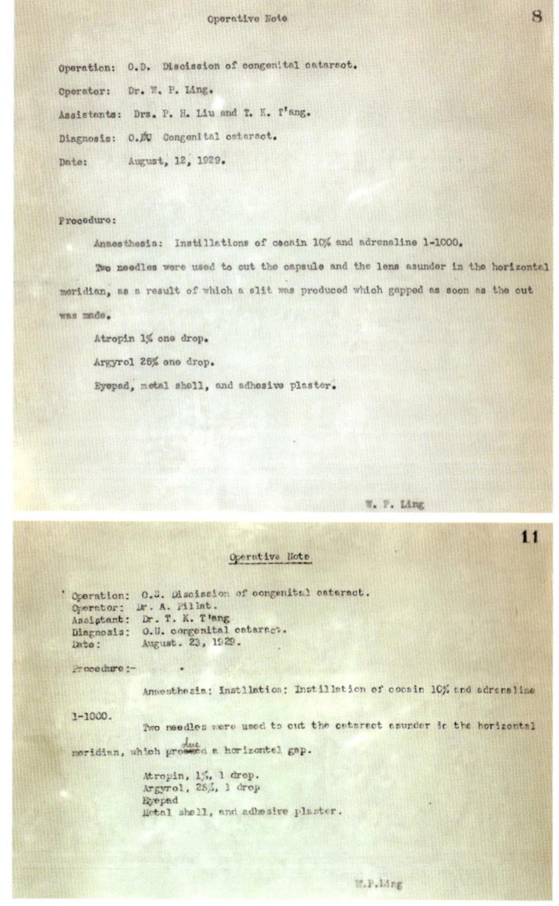

8

Operative Note

Operation: O.D. Discission of congenital cataract.

Operator: Dr. W. P. Ling.

Assistants: Drs. P. H. Liu and T. K. T'ang.

Diagnosis: O.U. Congenital cataract.

Date: August, 12, 1929.

Procedure:

Anaesthesia: Instillations of cocain 10% and adrenaline 1-1000.

Two needles were used to cut the capsule and the lens asunder in the horizontal meridian, as a result of which a slit was produced which gapped as soon as the cut was made.

Atropin 1% one drop.

Argyrol 25% one drop.

Eyepad, metal shell, and adhesive plaster.

W. P. Ling

11

Operative Note

Operation: O.S. Discission of congenital cataract.
Operator: Dr. A. Pillat.
Assistant: Dr. T. K. T'ang
Diagnosis: O.U. congenital cataract.
Date: August. 23, 1929.

Procedure:-

Anaesthesia: Instillation: Instillation of cocain 10% and adrenaline 1-1000.

Two needles were used to cut the cataract asunder in the horizontal meridian, which produced a horizontal gap.

Atropin, 1%, 1 drop.
Argyrol, 25%, 1 drop
Eyepad
Metal shell, and adhesive plaster.

W.P.Ling

裴乐德与林文秉给这位患儿的双眼分别实施了白内障针拨术

三、1930年，林文秉所写病理报告

林文秉为这位患者切下来的半月皱襞做了仔细的检查，包括临床情况的记录和显微镜下的观察。

四、1930年，毕华德所绘制的眼底图

患者有脉络膜视网膜炎，要知道，当时只有直接检眼镜，间接检眼镜还没有问世，对眼底观察的细致程度，离不开医生本人极大的耐心。

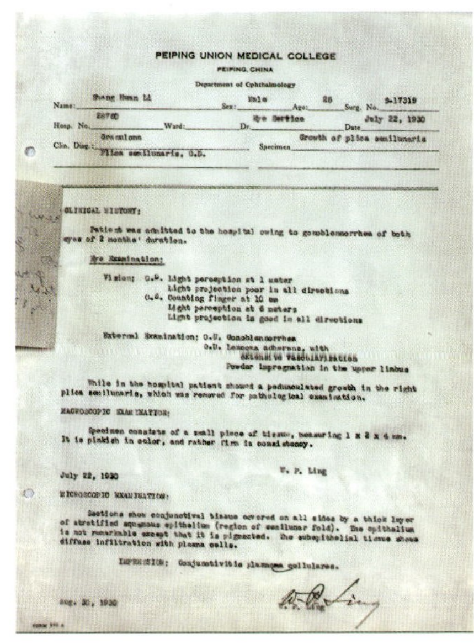

PEIPING UNION MEDICAL COLLEGE
PEIPING, CHINA
Department of Ophthalmology

Name: Sheng Huan Li　Sex: Male　Age: 25　Surg. No. 9-17319
Hosp. No. 28760　Ward:　Dr. Eye Service　Date July 22, 1930
Clin. Diag.: Granuloma Plica semilunaris, O.D.　Specimen Growth of plica semilunaris

CLINICAL HISTORY:

Patient was admitted to the hospital owing to gonoblennorrhea of both eyes of 2 months' duration.

Eye Examination:

Vision: O.D. Light perception at 1 meter
Light projection poor in all directions
O.S. Counting finger at 10 cm
Light perception at 6 meters
Light projection is good in all directions

External Examination: O.U. Gonoblennorrhea
O.D. Leucoma adherens, with
extensive vascularization
Powder impregnation in the upper limbus

While in the hospital patient showed a pedunculated growth in the right plica semilunaris, which was removed for pathological examination.

MACROSCOPIC EXAMINATION:

Specimen consists of a small piece of tissue, measuring 1 x 2 x 4 mm. It is pinkish in color, and rather firm in consistency.

July 22, 1930　W. P. Ling

MICROSCOPIC EXAMINATION:

Sections show conjunctival tissue covered on all sides by a thick layer of stratified squamous epithelium (region of semilunar fold). The epithelium is not remarkable except that it is pigmented. The subepithelial tissue shows diffuse infiltration with plasma cells.

IMPRESSION: Conjunctivitis plasmoma cellulares.

Aug. 30, 1930　W. P. Ling

1930年，林文秉出具的病理报告

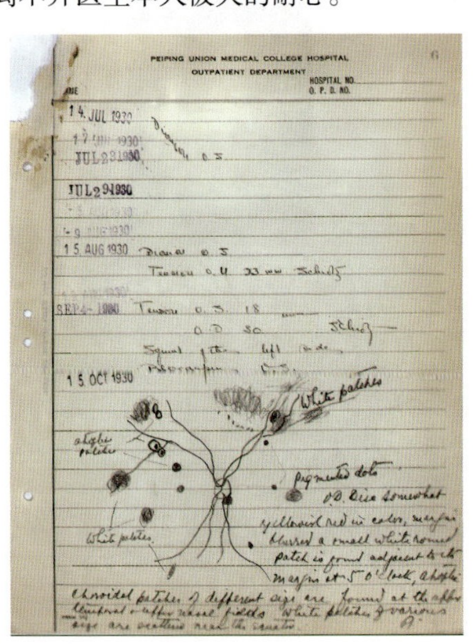

PEIPING UNION MEDICAL COLLEGE HOSPITAL
OUTPATIENT DEPARTMENT
HOSPITAL NO.
O. P. D. NO.

14 JUL 1930
JUL 29 1930
15 AUG 1930
15 OCT 1930

1930年，毕华德在门诊病历中绘制的眼底图

五、1932年，林文秉所拍的眼位记录及所写的手术记录

术前，林文秉给这位外斜视患者拍了照片以作为眼位的记录，还对手术过程进行了详细的描述并且画了图。要知道，在当时，照片是非常珍贵和少见的。

六、1932年，桑德科夫所写的入院记录

桑德科夫（Soundakoff）所写的这份病历详细地记录了一位角巩膜炎患者的入院情况，并配有手绘的眼表情况的彩图。

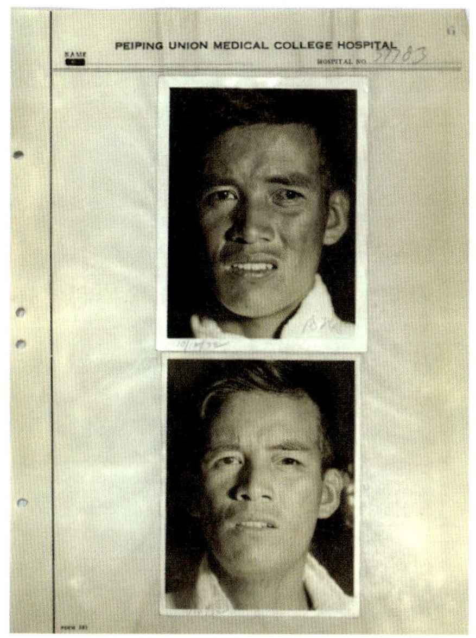

1932年，林文秉为外斜视患者拍摄的术前眼位照片

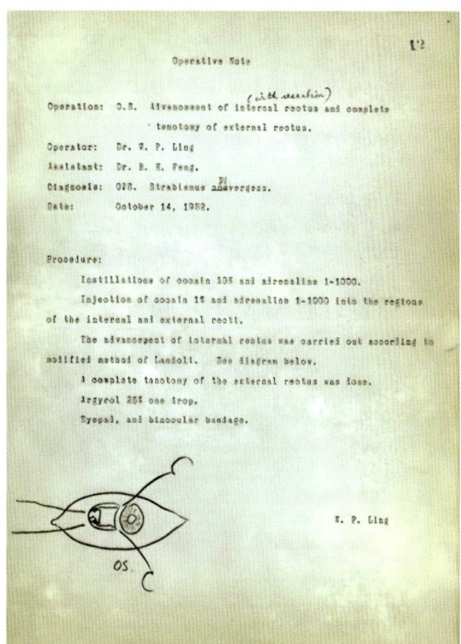

12

Operative Note

Operation: O.S. Advancement of internal rectus (with resection) and complete tenotomy of external rectus.

Operator: Dr. W. P. Ling

Assistant: Dr. B. S. Feng.

Diagnosis: O78. Strabismus divergens.

Date: October 14, 1932.

Procedure:

Instillations of cocain 10% and adrenaline 1-1000.

Injection of cocain 1% and adrenaline 1-1000 into the regions of the internal and external recti.

The advancement of internal rectus was carried out according to modified method of Landolt. See diagram below.

A complete tenotomy of the external rectus was done.

Argyrol 25% one drop.

Eyepad, and binocular bandage.

W. P. Ling

OS.

1932年，林文秉所写的图文并茂的手术记录

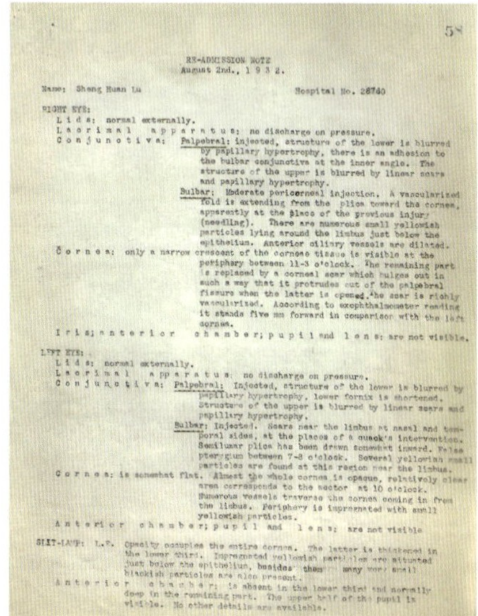

58

RE-ADMISSION NOTE
August 2nd., 1 9 3 2.

Name: Shang Huan Lu　　Hospital No. 28740

RIGHT EYE:

Lids: normal externally.

Lacrimal apparatus: no discharge on pressure.

Conjunctiva: Palpebral: injected, structure of the lower is blurred by papillary hypertrophy, there is an adhesion to the bulbar conjunctiva at the inner angle. The structure of the upper is blurred by linear scars and papillary hypertrophy.

Bulbar: Moderate pericorneal injection. A vascularized fold is extending from the plica toward the cornea, apparently at the place of the previous injury (needling). There are numerous small yellowish particles lying around the limbus just below the epithelium. Anterior ciliary vessels are dilated.

Cornea: only a narrow crescent of the cornea tissue is visible at the periphery between 11-3 o'clock. The remaining part is replaced by a corneal scar which bulges out in such a way that it protrudes out of the palpebral fissure when the latter is opened. The scar is richly vascularized. According to exophthalmometer reading it stands five mm forward in comparison with the left cornea.

Iris; anterior chamber; pupil and lens: are not visible.

LEFT EYE:

Lids: normal externally.

Lacrimal apparatus: no discharge on pressure.

Conjunctiva: Palpebral: Injected, structure of the lower is blurred by papillary hypertrophy, lower fornix is shortened. Structure of the upper is blurred by linear scars and papillary hypertrophy.

Bulbar: Injected. Scars near the limbus at nasal and temporal sides, at the places of a quack's intervention. Semilunar plica has been drawn somewhat inward. False pterygium between 7-8 o'clock. Several yellowish small particles are found at this region near the limbus.

Cornea: is somewhat flat. Almost the whole cornea is opaque, relatively clear area corresponds to the sector at 10 o'clock. Numerous vessels traverse the cornea coming in from the limbus. Periphery is impregnated with small yellowish particles.

Anterior chamber; pupil and lens: are not visible

SLIT-LAMP: L.E. Opacity occupies the entire cornea. The latter is thickened in the lower third. Impregnated yellowish particles are situated just below the epithelium, besides them many very small blackish particles are also present.

Anterior chamber: is absent in the lower third and normally deep in the remaining part. The upper half of the pupil is visible. No other details are available.

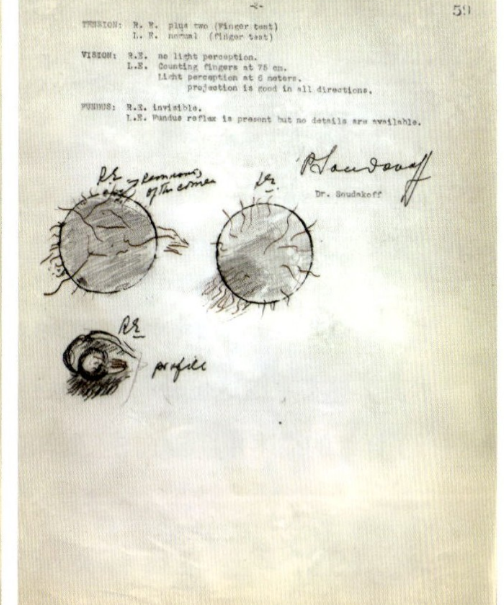

-2-　　59

TENSION: R. E. plus two (Finger test)
L. E. normal (Finger test)

VISION: R.E. no light perception.
L.E. Counting fingers at 75 cm.
Light perception at 6 meters.
projection is good in all directions.

FUNDUS: R.E. invisible.
L.E. Fundus reflex is present but no details are available.

Dr. Soudakoff

R.E.

profile

1932年，桑德科夫所写的图文并茂的入院记录

七、1932年，罗宗贤所写的入院记录和手绘视野检查图

该病人是位球后视神经炎患者，罗宗贤详细记录了入院情况，手写了补充说明，并亲自检查、手绘了患者的视野检查图。

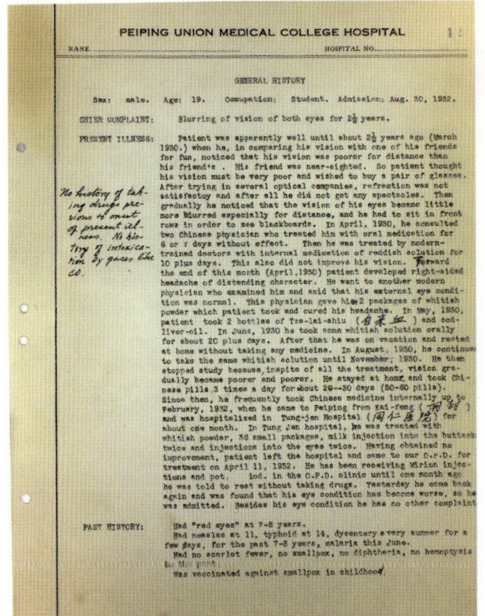

PEIPING UNION MEDICAL COLLEGE HOSPITAL

NAME .... HOSPITAL NO. ....

GENERAL HISTORY

Sex: male. Age: 19. Occupation: Student. Admission: Aug. 30, 1932.

CHIEF COMPLAINT: Blurring of vision of both eyes for 2½ years.

PRESENT ILLNESS: Patient was apparently well until about 2½ years ago (March 1930.) when he, in comparing his vision with one of his friends for fun, noticed that his vision was poorer for distance than his friend's . His friend was near-sighted. So patient thought his vision must be very poor and wished to buy a pair of glasses. After trying in several optical companies, refraction was not satisfactoy and after all he did not get any spectacles. Then gradually he noticed that the vision of his eyes became little more blurred especially for distance, and he had to sit in front rows in order to see blackboards. In April, 1930, he consulted two Chinese physician who treated him with oral medication for 6 or 7 days without effect. Then he was treated by modern-trained doctors with internal medication of reddish solution for 10 plus days. This also did not improve his vision. Forward the end of this month (April,1930) patient developed right-sided headache of distending character. He want to another modern physician who examined him and said that his external eye condition was normal. This physician gave him 2 packages of whitish powder which patient took and cured his headache. In May, 1930, patient took 2 bottles of Tze-lai-shiu (自来血) and cod-liver-oil. In June, 1930 he took some whitish solution orally for about 20 plus days. After that he was on vacation and rested at home without taking any medicine. In August, 1930, he continued to take the same whitish solution until November, 1930. He then stopped study because, inspite of all the treatment, vision gradually became poorer and poorer. He stayed at home and took Chinese pills 3 times a day for about 20--30 days (50-60 pills). Since then, he frequently took Chinese medicine internally up to February, 1932, when he came to Peiping from Kai-feng (開封) and was hospitalized in Tung-jen Hospital (同仁医院) for about one month. In Tung Jen hospital, he was treated with whitish powder, 36 small packages, milk injection into the buttock twice and injections into the eyes twice. Having obtained no improvement, patient left the hospital and came to our O.P.D. for treatment on April 11, 1932. He has been receiving Mirion injections and pot. iod. in the O.P.D. clinic until one month ago he was told to rest without taking drugs. Yesterday he came back again and was found that his eye condition has become worse, so he was admitted. Besides his eye condition he has no other complaint.

No history of taking drugs previous to onset of present illness. No history of intoxication by gases like CO.

PAST HISTORY: Had "red eyes" at 7-8 years.
Had measles at 11, typhoid at 14, dysentery every summer for a few days, for the past 7-8 years, malaria this June.
Had no scarlet fever, no smallpox, no diphtheria, no hemoptysis
Was vaccinated against smallpox in childhood.

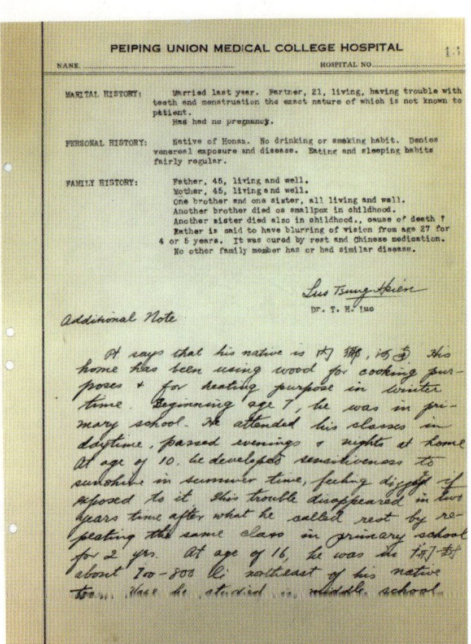

PEIPING UNION MEDICAL COLLEGE HOSPITAL

NAME .... HOSPITAL NO. ....

MARITAL HISTORY: Married last year. Partner, 21, living, having trouble with teeth and menstruation the exact nature of which is not known to patient.
Has had no pregnancy.

PERSONAL HISTORY: Native of Honan. No drinking or smoking habit. Denies venereal exposure and disease. Eating and sleeping habits fairly regular.

FAMILY HISTORY: Father, 45, living and well.
Mother, 45, living and well.
One brother and one sister, all living and well.
Another brother died of smallpox in childhood.
Another sister died also in childhood., cause of death ?
Father is said to have blurring of vision from age 27 for 4 or 5 years. It was cured by rest and Chinese medication.
No other family member has or had similar disease.

Luo Tsung-Hsien

Dr. T. H. Luo

Additional Note

Pt. says that his native is 内鄉, 河南. His home has been using wood for cooking purposes + for heating purpose in winter time. Beginning age 7, he was in primary school. He attended his classes in daytime, passed evenings + nights at home. At age of 10, he developed sensitiveness to sunshine in summer time, feeling dizzy if exposed to it. This trouble disappeared in two years time after what he called rest by repeating the same class in primary school for 2 yrs. At age of 16, he was in 開封 about 700-800 li northeast of his native ... there he studied in middle school

1932年，罗宗贤记录的入院情况及手写的补充说明

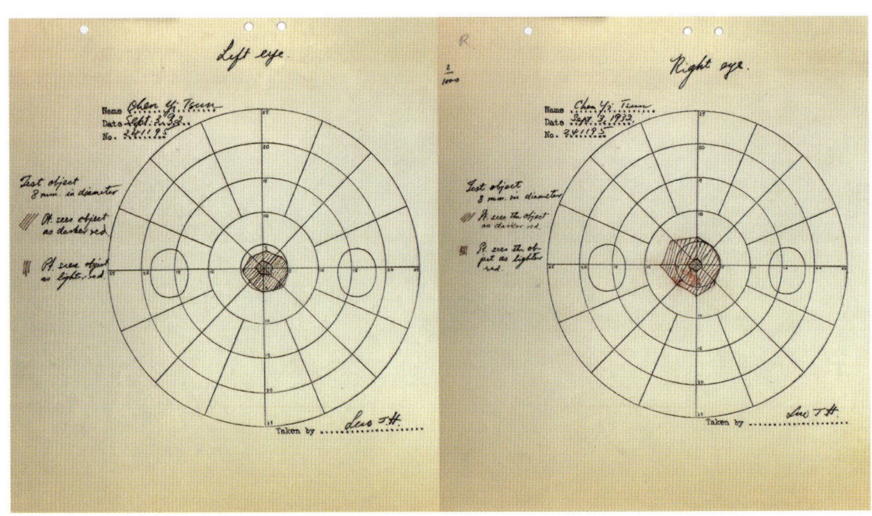

1932年，罗宗贤绘制的视野图

八、1934年，张式溥所写的入院记录

这份入院记录详细描述了患者眼底视网膜脱离的情况，并且画图和标注，这在当时只有直接检眼镜的情况下，是很不容易的。

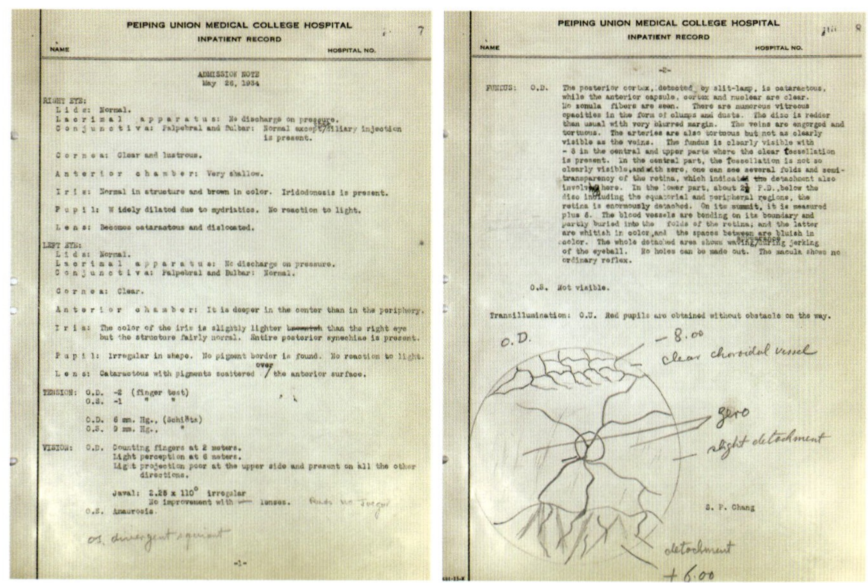

PEIPING UNION MEDICAL COLLEGE HOSPITAL
INPATIENT RECORD
NAME HOSPITAL NO.

ADMISSION NOTE
May 26, 1934

RIGHT EYE:
Lids: Normal.
Lacrimal apparatus: No discharge on pressure.
Conjunctiva: Palpebral and Bulbar: Normal except ciliary injection is present.

Cornea: Clear and lustrous.

Anterior chamber: Very shallow.

Iris: Normal in structure and brown in color. Iridodonesis is present.

Pupil: Widely dilated due to mydriatics. No reaction to light.

Lens: Becomes cataractous and dislocated.

LEFT EYE:
Lids: Normal.
Lacrimal apparatus: No discharge on pressure.
Conjunctiva: Palpebral and Bulbar: Normal.

Cornea: Clear.

Anterior chamber: It is deeper in the center than in the periphery.

Iris: The color of the iris is slightly lighter than the right eye but the structure fairly normal. Entire posterior synechiae is present.

Pupil: Irregular in shape. No pigment border is found. No reaction to light.

Lens: Cataractous with pigments scattered over the anterior surface.

TENSION: O.D. -2 (finger test)
O.S. -1 " "

O.D. 6 mm. Hg., (Schiötz)
O.S. 9 mm. Hg., "

VISION: O.D. Counting fingers at 2 meters.
Light perception at 6 meters.
Light projection poor at the upper side and present on all the other directions.

Javal: 2.25 x 110° irregular
No improvement with lenses.
O.S. Amaurosis.

O.S. divergent squint

-1-

PEIPING UNION MEDICAL COLLEGE HOSPITAL
INPATIENT RECORD
NAME HOSPITAL NO.

-2-

FUNDUS: O.D. The posterior cortex, detected by slit-lamp, is cataractous, while the anterior capsule, cortex and nuclear are clear. No zonula fibers are seen. There are numerous vitreous opacities in the form of clumps and dusts. The disc is redder than usual with very blurred margin. The veins are engorged and tortuous. The arteries are also tortuous but not as clearly visible as the veins. The fundus is clearly visible with - 8 in the central and upper parts where the clear tessellation is present. In the central part, the tessellation is not so clearly visible, and with zero, one can see several folds and semi-transparency of the retina, which indicates detachment also involved here. In the lower part, about 2½ P.D., below the disc including the equatorial and peripheral regions, the retina is enormously detached. On its summit, it is measured plus 6. The blood vessels are bending on its boundary and partly buried into the folds of the retina; and the latter are whitish in color, and the spaces between are bluish in color. The whole detached area shows waving appearance during jerking of the eyeball. No holes can be made out. The macula shows no ordinary reflex.

O.S. Not visible.

Transillumination: O.U. Red pupils are obtained without obstacle on the way.

S. P. Chang

1934年，张式溥详细附图的入院记录

附录2　协和眼科大事编年记

1918年　眼科自协和医学堂眼耳鼻喉科独立成科，自美国学成归国的李清茂博士负责临床和教学工作，毕华德医师任实习医师

1919年　设立沙眼专病门诊

1920年　郝文德博士受聘任协和眼科首位主任（1920—1927）

1921年　新建成的北京协和医院盛大开院，眼科正式开科

美国医学会时任主席及1922年国际眼科大会当选主席乔治·德·施韦尼茨博士参加医院启用典礼并做主旨演讲，后连续在眼科学术交流3周

1922年　李清茂代表中国参加在华盛顿召开的国际眼科大会并当选为副主席

当时世界最著名的眼科学家恩斯特·富克斯教授来协和眼科讲学一个月之久，轰动一时

1928年　裴乐德博士任协和眼科主任（第一段任期：1928—1930）

1930年　路德维希·冯·索曼博士任协和眼科主任（1930—1931）

1931年　裴乐德博士任协和眼科主任（第二段任期：1931—1933）

1932年　毕华德连同刘宝华、裴乐德创建北平眼科学会，任首任会长

周诚浒（1927—1929年在协和眼科工作）创建上海眼科学会，任首任会长

1934年　孔培德博士任协和眼科主任（1934—1939）

1937年　中华医学会眼科学会成立，周诚浒任首任会长

1942年　太平洋战争爆发，协和医院关闭，眼科诊疗随之被迫中断

1947年　林文秉（1920—1933年在协和眼科工作）任第二届中华眼科学会会长

1948年　罗宗贤恢复协和眼科，任协和眼科主任，也是协和眼科第一位中国人主任（1948—1974）

1950年　中华医学会眼科分会成立，毕华德（1918—1939年在协和眼科工作）任第一届主任委员，创刊《中华眼科杂志》并任总编辑，罗宗贤任副主委及杂志副总编辑

1951年　罗宗贤成立眼底病专业组，张承芬主攻眼底工作

1954年　神经视野学专业组（现在的神经眼科亚专业组）成立，劳远琇任首任组长

1958年　青光眼专业组成立，胡铮任首任组长

劳远琇《临床视野学》出版，后分别于1965年、1978年再版，在业内影响深远

1959年　北京市眼科研究所成立，罗宗贤兼首任所长

1974年　罗宗贤逝世，胡铮接任协和眼科主任（1974—1983）

张承芬主导在协和眼科开展眼底荧光血管造影和红宝石激光眼底治疗

1977年　陈耀真、毛文书、吴乐正来协和工作，逐步建立遗传专业组、生化实验室和电生理实验室

开始使用与中国科学院合作研发的氩离子激光进行眼底病治疗

1978年　罗宗贤生前编纂的《眼底病》一书出版，是当时国内唯一的眼底病参考书籍

1979年　费佩芬恢复老协和时代的眼科病理实验室工作

1981年　屈光斜弱视与眼肌专业组成立，刘玉华主持专业组工作

张承芬的“红宝石与氩离子激光治疗眼底病”研究获卫生部甲级科研成果奖

1983年　杜源耀首次开展协和眼科眼部超声检查
胡天圣在协和眼科首次开展葡萄膜炎门诊，标志着该专业组成立
在国内率先引进法国的“氩离子”激光机，由金家炽（胡铮教授的研究生）主导，逐步开展眼前节激光工作

1984年　眼科获批为“中国医学科学院眼科研究中心”
胡铮当选中华医学会眼科学分会副主委兼《中华眼科杂志》总编辑
张承芬担任协和眼科主任（1984—1989）

1985年　李维业自美国获博士学位回国，建立协和眼科“绿洲”生化实验室

1986年　张承芬的“脉络膜血管瘤临床诊断及激光治疗研究”获卫生部乙级科研成果奖

1988年　李维业的“糖尿病发病机理研究”获卫生部科技进步一等奖
董方田自香港学成回院，开展协和眼科现代玻璃体视网膜手术

1990年　李维业担任协和眼科主任（1990—1999）
张承芬的“糖尿病视网膜病变临床研究”获国家科技进步三等奖
胡铮获国际防盲协会颁发的防盲事业终身成就奖
角膜专业组成立并建立眼库，庞国祥担任首任组长

1992年　劳远琇参与的“激素分泌性垂体瘤的临床及基础研究”获国家科技进步一等奖

1993年　全国首家准分子激光近视矫正中心成立，庞国祥主持工作

1994年　张承芬的“糖尿病视网膜病变亚临床生物学信息研究”获卫生部科技进步三等奖
眼科病房搬至内科楼5段5层，床位增加至44张

1995年　陈有信在国内率先开展吲哚青绿眼底血管造影检查

1996年　庞国祥的“准分子激光屈光性角膜切削治疗近视眼临床研究”获卫生部科技进步三等奖

1998年　张承芬主编的《眼底病学》出版（2010年再版）

1999年　眼科首开主任竞聘制，董方田和刘熙朴竞聘成为协和眼科副主任，

董方田主持工作（1999—2002）

2000年　赵家良当选中华医学会眼科学分会主任委员（连任两届，2000—2007），同年任《中华眼科杂志》总编辑（连任两届）

张承芬主编的《眼底病学》获北京市科技进步一等奖

2001年　医院任命赵家良为中国医学科学院眼科研究中心主任

2002年　北京协和医院与原信息产业部邮电总医院合并，成立东西院区，两院眼科随之融合，眼科分为东西两个院区工作

赵家良任协和眼科主任（2002—2005）

2003年　赵家良的“我国防盲治盲现状的研究和防盲治盲工作的实施”获中华医学科技二等奖

眼科遗传临床研究工作恢复，睢瑞芳担纲负责

2004年　赵家良因在眼流行病学研究、防盲及青光眼领域成绩瞩目，当选为中国大陆首位国际眼科科学院院士

董方田的“玻璃体切除手术治疗黄斑前膜的临床研究”获北京市科技进步二等奖

2005年　赵家良创立中国医师学会眼科分会，任第一任、第二任会长（2005—2011）

2005年　董方田担任协和眼科主任（2005—2014）

2012年　北京协和医院东单院区北区新大楼整体启用，眼科门诊及病房搬入现今所在地，病房床位增至49张

2014年　钟勇、陈有信、张美芬担任协和眼科副主任，钟勇主持工作（2014—2018）

眼科新成立整形与泪道、遗传与视觉生理专业组，刘小伟、睢瑞芳分别任组长

董方田首次带领“埃塞俄比亚光明行”医疗队援助埃塞俄比亚，受到同期访问的李克强总理的亲切接见

2015年　中毛建交50周年，钟勇带领“毛里塔尼亚光明行”医疗队援助毛里

塔尼亚

2016年　配合国家海上丝绸之路建设，董方田带领“斯里兰卡光明行”医疗队援助斯里兰卡

2017年　钟勇带领“老挝光明行”医疗队援助老挝，受到习近平主席的亲切接见

2018年　钟勇任眼科学系主任、帅府院区眼科主任（2018至今）

陈有信任眼科常务副主任，主持工作（2018—2020）

张美芬带队“纳米比亚光明行”，受到同期访问纳米比亚的栗战书委员长亲切接见

白内障、视光专业组正式成立，张顺华、李辉（代）担任组长

赵家良当选为国际眼科科学院副主席

眼科实验室获批“中国医学科学院眼底病重点实验室”

2019年　眼科牵头成立“中国眼科住院医师培训精英教学联盟”

陈有信带队“纳米比亚光明行”，受到孙春兰副总理的亲切接见，并在孙总理的见证下进行了北京协和医院首次国际远程会诊

眼科成立临床药理中心，戴荣平主持工作

眼科成立阅片中心，陈有信、于伟泓主持工作

睢瑞芳的“遗传眼病的精准诊疗技术的创研与应用”获中华医学科学技术三等奖

2020年　眼科影像归档和通信系统（PACS）全面上线启用

眼科日间病房启用，开创北京协和医院日间手术之先河

2021年　眼科启动月度标兵评选

陈有信任协和眼科主任（2021—2023）

庆祝协和眼科成立100周年学术会议隆重举行

眼科病房获第20届团中央和国家卫健委授予的“青年文明号”称号

首批协和眼科专科医联体（北京第六医院、北京垂杨柳医院、中国宝石花医疗集团、新疆生产建设兵团医院）启动

附录3　人名英文（拼音）中文对照表

1 Isa John　伊萨 · 约翰

2 Paul R. Tang　保罗 · 唐

3 Charles A. Coolidge　柯立芝

4 Elbert Y. Chung　钟 · 艾尔伯特

5 Charles W. Young　杨怀德

6 Marguerite V. Woodman　玛格丽特 · 伍德曼

7 Roger Sherman Greene　顾临

8 Thomas Cochrane　科龄

9 Peter S. Soudakoff　彼得 · 桑德科夫

10 Peter Clemens Kronfeld　孔培德

11 Ludwig von Sallmann　路德维希 · 冯 · 索曼

12 Arnold Pillat　裴乐德

13 Adalbert Fuchs　阿德尔伯特 · 富克斯

14 Henry S. Houghton　胡恒德

15 Harvey J. Howard　郝文德

16 Li Tsing-Meu　李清茂

17 Pi Hua-Teh　毕华德

18 Ling Wen-Ping　林文秉

19 Lee Tan-Piew　李腾彪

20 Chou Chen-Hu　周诚浒

21 Liu Pao-Hua　刘宝华

22 Chang Shih-Pu　张式溥

23 Kiang Sing-Mei　姜辛曼

24 Pan Tso-Hsin　潘作新

25 Lin Ching-Kuei　林景奎

26 Luo Tsung-Hsien　罗宗贤

27 Liu Gia-Chi　刘家琦

28 Chang E　张峨

29 Sui Jen-Tsung　隋仁增

30 Chang Hsiao-lou　张晓楼

31 John Hong　约翰 · 洪

32 James HinQuong Hall　詹姆士 · 霍尔

33 Lai Tsung-Yao　赖宗尧

34 Chang Tsu-Feng　张祖棻

35 Chan Yik-Ping　陈翼平

36 Liu Shu-Wan　刘书万

37 Liang Pao-ping　梁宝平

38 Ling Chin-Huan　凌炽桓

39 Lin Shin-Hsi　林世熙

40 Tai Meng-Chun　戴孟群

41 Chen Hsi-The　陈锡德

42 Lam Tin-Kwan　林天均

43 Tang Tze-Kuang　汤泽光

44 Hu C. K.　胡传揆

45 Kung Hsien-Gieh　孔宪杰

46 Pan Wei-Tu　潘为杜

47 Feng Hui-Hsi 冯蕙熹

48 Tang Jun-Teh 汤润德

49 Chen Wen-Yuin 陈文润

50 Chi Hsu-Che 齐续哲

51 Chu Cheng-Fang 瞿承方

52 Fan Chang-Sung 樊长松

53 Renald P. Ching 雷纳德·秦

54 Teng Chih-Chiang 邓志强

55 Chen Hsi-Li 陈希礼

56 Marion Y. M. Li 马里恩·李

57 Ma Wen-Chao 马文昭

58 Tang Fei-fan 汤飞凡

59 Kuo Ping-Kuan 郭秉宽

附录4 参考文献

[1] [No authors listed]. The Peking Union Medical College: Opening of the New Rockefeller Building. *Br Med J*. 1921 Nov 5;2（3175）:764-6.

[2] Daniel GV. Peking Union Medical College: A Golden Age In Ophthalmology. *Transactions of the Pacific Coast Oto-Ophthalmological Society*, Vol. 62, 1981.

[3] Chan CC, Ardeljan D. Ten Chairpersons of the Ophthalmology Department at Peking Union Medical College. *Asia-Pac ific Journal of Ophthalmol ogy*（*Phila*）. 2013 Jan-Feb; 2(1): 3-8.

[4] Bowers JZ. Western Medicine in a Chinese Palace. Peking Union Medical College, 1917–1951. The Josiah Macy, Jr. Foundation. 1972. *The American Journal of Tropical Medicine and Hygiene*. 23(2): 317-318.

[5] Bullock MB. *An American Transplant: The Rockefeller Foundation Peking Union Medical College*. University of California Press, 1980.

[6] Ferguson ME. *China Medical Board and Peking Union Medical College: A Chronicle of Fruitful Collaboration 1914-1951*. China Medical Board of New York, Inc. 1970.

[7] [No authors listed]. Obituary. Dr. James H. Ingram. *The Chinese Medical Journal*. 1933.

[8] Ludwig von Sallmann. In memoriam of Professor Ernst Fuchs, Visiting

Professor of Ophthalmology to China in 1922. *National Medical Journal of China*. 1931 Feb. Vol. XVII. No. 1.

[9] Peter C. Kronfeld. The Trachoma Situation in China. *Surgery, Gynecology and Obstetrics*. 1938. Vol 66:389-94.

[10] Howard H. *Ten Weeks with Chinese Bandits*. 1926, published by Dodd, Mead and Company (New York).

[11] Paul Mooney.《中美往事》。

[12] Houghton SH. Contributions from the Peking Union Medical College, Peking, China. *American Journal of the Medical Sciences*. 1922.

[13] 陈有信、张梦雨:《奉献协和，成就伟业：记北京协和医院眼科创始人 Harvey J. Howard 博士》,《协和医学杂志》, 2013年第2期, 217-220。

[14] 赵玉沛、姜玉新、张抒扬、吴沛新:《中国现代医院史话：北京协和医院》，北京：人民卫生出版社，2021年。

[15] 马家润、周炯:《协和瑰宝 病案芳华 —— 协和百年病案发展回眸》，北京：科学技术文献出版社，2021年。

[16] 田蓉:《A. Fuchs 对中国眼科发展的建议》,《眼界》，2012年。

[17] 才瑜:《毕华德教授传记》,《眼界》，2013年。

[18] 胡天圣:《先生之风，山高水长——记中国眼底病学先驱罗宗贤》,《中国卫生人才》2013年第9期，66—67。

[19] 吴立文:《打开“视界”的中国眼底病学教授 —— 罗宗贤》，2012年，载 http://www.rmzxb.com.cn/c/2017-04-19/1490266.shtml。

[20] 眼科研究所45周年纪念出版刊物——关于罗宗贤教授的文章——《当代眼科铺路人 —— 罗宗贤》。

[21] 赵家良:《中华医学会眼科学分会的建立和发展简史(至2007年)》(一),《中华眼科杂志》2016年第2期，154—158。

[22] 赵家良:《中华医学会眼科学分会的建立和发展简史(至2007年)》(二),《中华眼科杂志》2016年第3期，236—240。

[23] 金秀英:《沙眼衣原体研究历程及进展》,《眼科》2006年第3期，145—150。

[24] 钱佳燕:《回忆我的母亲劳远琇教授》。

[25] 赖宗白:《回忆劳远琇教授》。

[26] 青光眼专业组回忆胡铮教授的资料。

[27] 葡萄膜炎专业组回忆胡天圣教授的资料。

[28] 眼底专业组回忆张承芬教授的资料。

[29] 刘英:《眼科教授李维业的“绿洲”》,《瞭望周刊》1990第26期，9—10。

[30] 张广有:《赵家良任国际眼科科学院副主席》，载 http://www.mdweekly.com.cn/plus/view.php?aid=28217。

[31] 南通大学附属医院:《中国眼科博物馆在我院正式开馆》，载 http://www.ahnmc.com/shownews.asp?id=4364。

[32] 刘欣:《朗朗明眸，澄澈我心 —— 中国著名眼科专家赵家良教授专访》(上),《中国医学人文》2017年第7期，18—21。

[33] 刘欣:《朗朗明眸，澄澈我心 —— 中国著名眼科专家赵家良教授专访》(下),《中国医学人文》2017年第8期，20—23。

[34] 韩洪迅:《求真务实，勇攀眼科事业巅峰 —— 访国际眼科科学院院士、中华医学会眼科学分会主任委员赵家良》,《中国医药指南》2007年第8期，32—34。

[35] 张顺华、张路:《协和群英系列之六 —— 北京协和医院眼科“光明行”医疗团队介绍》，2018年，载 https://m.sohu.com/a/227705561_99939414。

[36] 张璐:《协和名医非洲行，因陋就简展神技 —— 记董方田教授乍得“光明行”》，2019年，载 https://www.sohu.com/a/341913503_120054723。

[37] 罗辉、林夕夕、陈媛:《“光明使者”董方田 —— 记北京协和医院眼科主任董方田教授》,《中国医药指南》2006年第2期，62—63。

[38] 陆基民:《张荛：远去的却永远闪亮的眼睛》，载谢显扬、陆基民、来军喜:《生命河流摆渡人》，广州：广东高等教育出版社，2021年。

[39] 张雯斐、赵清:《李维业教授视频采访》。
[40] 张潇整理:《董方田教授专访》。
[41] 赵清整理:《赵家良教授专访》。
[42] 孟丽慧整理:《刘玉华教授专访》。
[43] 程甜甜整理:《李静贞教授专访》。
[44] 孟丽慧整理:《秦梅教授专访》。
[45] 赵清整理:《叶俊杰教授专访》。
[46] 孟丽慧整理:《赖宗白教授专访》。
[47] 程甜甜整理:《范雪定教授专访》。
[48] 赵清整理:《吴德政教授专访》。
[49] 孟丽慧整理:《刘熙朴教授专访》。
[50] 孟丽慧整理:《孙玉敏老师专访》。
[51] 清华大学校史馆:《清华学校毕业生考(1912—1919级)》。
[52]《崇明县志(1985—2005)》。
[53]《青岛市卫生志(1891—1991)》。
[54] 2015年，罗宗贤教授100周年诞辰，家人的回忆文稿。
[55]《协和年鉴》(1922—1940)。

图书在版编目（CIP）数据

协和眼科百年史话 / 陈有信主编 . -- 北京 : 生活·读书·新知三联书店，2025.8
ISBN 978-7-108-07723-3

Ⅰ. ①协… Ⅱ. ①陈… Ⅲ. ①北京协和医院—眼科学—学科发展—概况 Ⅳ. ① R77-121

中国国家版本馆 CIP 数据核字 (2023) 第 177009 号

特约编辑　戴申倩
责任编辑　龚黔兰
装帧设计　康　健
责任校对　曹秋月　陈　格　张　睿
责任印制　李思佳
出版发行　生活·讀書·新知 三联书店
（北京市东城区美术馆东街 22 号　100010）
网　　址　www.sdxjpc.com
经　　销　新华书店
印　　刷　河北品睿印刷有限公司
版　　次　2025 年 8 月北京第 1 版
2025 年 8 月北京第 1 次印刷
开　　本　720 毫米 × 965 毫米　1/16　印张 20
字　　数　285 千字　图 370 幅
印　　数　0,001－3,000 册
定　　价　198.00 元
（印装查询：01064002715；邮购查询：01084010542）